ヨーロッパの死

未完連載集

福田和也

青土社

ヨーロッパの死――未完連載集　目次

まえがき　7

露伴彬彬

第一章　露伴的な文と溢れ出るもの　23
第二章　露伴的な歴史と過去という炎（上）　51
露伴的な歴史と過去という炎（下）　76
第三章　写生の虚偽と解釈の真実（上）　96

ヨーロッパの死

序　章　ローマ人との対話　115
第一章　H・ブロッホとM・ユルスナール（上）　133
H・ブロッホとM・ユルスナール（下）　150
第二章　教養と普遍と――古典主義と自己目的（上）　170
教養と普遍と――古典主義と自己目的（中）　184
教養と普遍と――古典主義と自己目的（三）　197
教養と普遍と――古典主義と自己目的（四）　212
第三章　若きヨーロッパ人――魂と身振り（上）　231
若きヨーロッパ人――魂と身振り（中）　246

若きヨーロッパ人――魂と身振り（下の一）　260
若きヨーロッパ人――魂と身振り（下の二）　269
第四章　ワーグナー的人間（上）　279
ワーグナー的人間（二）　290
ワーグナー的人間（下）　297
アドルフ・ヒトラーとハイデガー哲学
序　テクネーとテクノロジィ　309
建築と共同体（上）　329
建築と共同体（中）　348
テンス、テラー＆テロワール
文芸評論家（一）　361
文芸評論家（二）　371
初出一覧　381

ヨーロッパの死――未完連載集

まえがき

はじめにこの本の企画の話をいただいたとき、中断連載ばかり集めて本になるものだろうかと訝ったが、こうしてまとまってみると、中断連載集ならではの面白さがある。

文壇史上最も有名な中断連載の一つに、小林秀雄の「感想」がある。『新潮』誌上で昭和三十三年五月から五十六回にわたって連載され、中断されたこの作品は「ベルグソン論」と呼ばれている。

確かに毎回ベルグソンの著書、論文、概念をとりあげてはいるのだが、進行に従っての問題の深化も整理もなく、祖述と言われても仕方がないほど、何の分析もなされていない。論理も展開も放棄したような「感想」を失敗作とする人は多く、小林自身、「書きましたが、失敗しました。力尽きて、やめてしまった。無学を乗りきることが出来なかったからです。大体の見当はついたのですが、見当がついただけでは物は書けません」(『人間の建設』)と、「失敗」の烙印を押している。

しかしながら、『モオツァルト』以降の小林の批評の特徴を、作品化の否定、破綻と考えたとき、「感想」は破綻のもっとも激しく極端な姿を示していることで、小林の中のダイモン——ギリシャ思想における、個人の運命を導く心霊的な存在——を最も顕著に露呈させた作品といえるだろう。

私は「感想」の中断を小林の挫折、放棄とみることはできない。小林は六年にわたって、ベルグソンに、あらゆる合理的顧慮を捨てて、推参した結果、ベルグソン自身を変容させてしまったのではないだろうか。論理的構成に必要な距離をとらず、極めて近い距離で眺め続けていたベルグソンの姿がある日突然自分の前からかき消えてしまったため、小林は筆を擱かざるを得なかったのでないかと、私は考えている。

もちろん「感想」の中断と私の連載の中断には何の関係もない。自分で明言するのも恥ずかしいが、私の連載の中断理由は、挫折と放棄以外のなにものでもない。ただ中断された連載の中には、「感想」のように中断自体に意味があるような作品もあるのだということを示したかっただけである

ここに収録した評論は、「テンス、テラー&テロワール」を除くと、一九九六年〜九九年に各誌で連載されたものである。

一九八九年、処女作『奇妙な廃墟』を刊行した私はその翌年、江藤淳先生のお力添えもあって、雑誌『諸君!』に初めて連載原稿を書かせてもらえることになった。

「近代の超克」座談会を問題意識の中枢に据えながら、ベルリンの壁崩壊という当時のトピックスを論じた「遥かなる日本ルネサンス」は、一回百枚、全四回の連載だった。

当時『諸君!』の編集長だった白川浩司氏が私の提案したテーマを受け入れてくださったときは、ただもう狼狽と興奮でどうしていいか分からず、いつも以上に飲みすぎて、レストランの階段から転げ落ちて尾てい骨を打ってしまったほどだった。

一九九一年からは『新潮』にも書く場を得、初めて書いた一連の文芸評論「虚妄としての日本」「生成する日本」「日本の家郷」は『日本の家郷』という本にまとまり、三島由紀夫賞をいただいた。

一九九六年〜九九年といえば、文芸誌、論壇誌における足場も固まり、自分の書きたいテーマで書けるような余裕も出てきた頃であるから、このとき書かれた連載は当時の私の興味がダイレクトに反映されているといっていいだろう。

時系列でいくと、いちばん早いのが「露伴彬彬」(『文學界』一九九六年五月号〜)である。平安歌壇より近代文芸批評まで、日本の文芸は、日本とは何かを問い続け、この問いから、日本の四季の様々な表情を観察し、歴史と人生を眺め、歓喜と悲嘆に見合う言葉を紡いできた。文芸批評を書き始めてから、私自身も日本を正面から扱わないではいられなくなった。西欧の文学や歴史について書くときでも、頭から日本が離れなくなった。

そうした私に、露伴の作品、言葉は強烈な一撃とともに、「日本とは何か」という問いを突きつけてきた。

口語体という新しい文体が確立された明治時代、露伴は漢語を多用した難解な文体で作品を書き続けた。一見時代に逆行するかのようなその試みは結果的に、小説の可能性、文章の許容力の極限を押し広げることとなった。

露伴の書く言葉は、けして過去の言葉ではなかった。今現在、日本語で批評を書いている私の言葉の問題と直結していた。

ところが、露伴について書かれた評論を読む限り、彼の作品を今、生きている言葉の問題としてとらえているものは一つもなかった。

露伴がいかに日本語と格闘したか、格闘によって何を成しえたのか、なぜ彼の言葉は今、この私に強烈な一撃を与えるのか、それを自ら解明することがこの連載の意図であった。

そのために私は、いくつかの補助線を用意した。

一つが、近代日本小説に、認識と文体の一致した基盤を与えた写生文の普及、発展に努めた正岡子規である。

子規は露伴の「風流佛」に感動し、露伴に師事した。しかし、交わったかに見えた二人の道程は、ある決定的な認識の違いから、全く逆の方向に向かっていく。

もう一つは森鷗外。

明治三十年代に「舞姫」「うたかたの記」「文づかい」の雅文三部作で日本の文学界に新風を巻き起こした鷗外は、明治の終焉、乃木将軍の殉死を機に、歴史小説、史伝小説へと転換した。

それから後の鷗外の小説は全て文献学の連鎖によってなっている。

露伴もまた歴史的事実を重要視し、典拠に忠実ではあったけれど、考証の連鎖の中に入ろうとはしなかった。露伴の視点は遥かに高いところにあったのである。

そして、もう一つが夏目漱石。

漱石は、西欧の近代小説が日本に移入される過程で導入された写実的描写について、より本格的な探求を行った結果、小説の世界を絵画として、あるいはすでに存在するイマージュとして構成するという手法をとった。そして、絵にもイマージュにもおさまりきらない小説的現実を描き出した。

それに対して露伴は、世界の現実を、自分の解釈と意思によって、露伴的コスモスに造り変えていた。

その解釈学の基盤にあるのが「諦観」であることを見定め、露伴の「諦観」について言及している途中でこの連載は中断している。

今読むと、当時の自分の気概の大きさが窺えて、気恥ずかしい。私は本気で露伴という大渦を自分の言葉で封じ込めようとしていたのだ。

「彬彬」とは、文物が盛んに起こる様を言う。このタイトルには、露伴が「彬彬」たる存在である事実ともに、自分自身が「彬彬」たる存在たりえたいという私の思いも込められている。

露伴の言葉は今なお私にとって、強烈な一撃であり続けている。「諦観」後の展開については、改めて考えてみる必要がありそうだ。


一九九六年～九九年はまた、頻繁にヨーロッパを訪れた時期でもあった。

一九九六年夏にベルリンとパリ、九七年春にウィーン、夏にジュネーブとパリ、九八年春にローマ、夏にハンブルクとミュンヘン、九九年春にヴェネツィア、夏にブダペストとパリ、といった具合である。

私は高校の頃からフランス語を勉強していた。それはフランス文学にことさら思い入れがあったわけでなく、外国文学の中ではいちばん惰弱で遊蕩に近く、自分の性分に合っていると思われたからだ。大学の仏文科に進んだ私が研究テーマを、コラボラトゥール――第二次世界大戦中のヴィシー政権下のフランスにおいてナチス・ドイツに協力したフランスの文学者たち――とした理由はこれまでいろいろなところで書いてきたので、詳細は省く。簡単に言えば、フランス人と同じような研究をしていても仕方がない、フランス人がいちばん嫌がることをやってやろうと思ったのだ。

高校のときに初めてパリに行って以来、学生時代はフランスに限らず、広くヨーロッパを旅行した。二十代の半ばにいっとき父親の仕事を手伝っていたときは、何度もイタリアに出張した。しかしながら、物を書くようになってからのヨーロッパ行は、それ以前とは異なっていた。

ベルリンは、当時、『諸君!』で連載していた石原莞爾の評伝の取材だった。

石原はドイツに留学した際、ポツダムに下宿していた。ポツダムはベルリンから電車で三十～四十分のところにある。ベルリンに宿をとり、一日を費やしてポツダムに出かけた。資料を頼りに彼の下宿を探しあてると、その家はポツダム会談が行われたツェツィーリエンホーフ宮殿のすぐ近くにあった。

石原がドイツに留学したのは大正十二年、三十四歳のときである。自分が毎日散歩をしていた宮殿で、よもや日本の命運を決定づける会談が行われようとは夢にも思わなかったに違いない。

石原が歩いた道を歩きながら私はツェツィーリエンホーフ宮殿と下宿の近さを体感し、それを文章に書いた。

物を書くようになってからは最早、気ままなそぞろ歩きは不可能になった。見るもの一つ一つが何らかの意味をもってインプットされる。それを文章にしてアウトプットする。何処に行ってもその務めから逃れることはできなくなった。

パリのサン゠ジェルマン゠デ゠プレで古本を漁り、ウィーンの劇場でオペラを見、ジュネーブで鳩時計を眺め、ローマのアッピア街道を歩き、ミュンヘンのビヤレストランで大酒を飲み、ブダペストの温泉に入り、ヨーロッパの今を体感しながら、私は、ヨーロッパが徐々に侵食され、形が崩れていく気配を感じていた。

一九九三年にEUが成立し、強大な旧ソ連やアメリカに対抗しうる、強い共同体にヨーロッパは生まれ変わりつつあった。しかし、私にはEUの成立がヨーロッパの崩壊を助長しているように思われた。

そうした自分の感じた気配を、批評という形で表現しようとした試みが、「ヨーロッパの死――トーマス・マンとフルトヴェングラー」である。

この連載はイタリア人のマルコと私がローマの街を訪れるところから始まっている。マルコと私は街中に点在する古代ローマの遺跡を眺めながら、第二次大戦下の三国同盟について、アメリカの世界支配について、日本の文化の洗練について、ヨーロッパ文明の根源について語り合う。

二人の対話から派生してくる問題を取り上げ考察しながら、論は展開されていく。

ユルスナールとブロッホにとってのローマ帝国、ゲーテによって形成された教養観念、カスパー・フリードリヒの非芸術、ワーグナーが提議した全体の思想……。

その展開は、ナチス・ドイツの犯罪に対する、トーマス・マンとフルトヴェングラーの対立の問題を経て、ヨーロッパの死へと収斂されていく予定だったのだが、私の根気不足により、連載は中断されてしまった。

私は『日本の家郷』を書いて以来、批評のスタイルについての探求を主眼に置くようになった。考えられないことを考えるためには形式の助けが必要だからである。

中断してしまったけれど、この連載で私の形式の模索は一段落がついたとみていいだろう。

ヒトラーが死んで七十年以上がたった今なお、世界中で、ヒトラーについて、ナチスについて、驚くべき数の本が出版され、映画やドキュメンタリー番組が作られ続けている。

ナチズムはいまだに謎の集積であり、全体像も本質も明らかにされていないのだ。

マルチン・ハイデガーは一九三三年、ナチ党員の支援を受け、フライブルク大学の総長に就任した。

その後ナチスに入党し、突撃隊に接近すると、学生突撃隊の指導者たちに影響を及ぼすことで、大学に「革命」を企て、政治運動に深くコミットした。

しかし、彼の政治的経歴は、ヒトラーによる突撃隊の粛清とレーム以下幹部の処刑によって頓挫した。たった九か月で総長を辞任すると、以後は研究生活に没頭して終戦を迎えた。

戦後はナチスへの協力により教職を追放されたが、一九五一年に復帰。ドイツ思想界に第二次ハイデガーブームを起こした。

一九八七年に刊行された、チリ出身の哲学者ヴィクトル・ファリアスの『ハイデガーとナチズム』は、膨大な資料と記録から、ハイデガーのナチへの参加が一時的な過ちや戯れではなく思想の根幹からナチであったと実証し、ヨーロッパ思想界に論争を巻き起した。

しかしながらファリアスが明らかにした事実のほとんどはそれ以前から知られていたことであり、本書は情報の断片をナチ党員としてのハイデガーのストーリーにまとめ上げたものに過ぎないと私はみていた。

私が興味を持ったのは、ハイデガーの中のナチ性ではなく、彼の哲学がナチへの参加によってどう変化したか、であった。さらに詳しくいえば、後期ハイデガーの言葉と詩作を中心に据えた哲学の誕生とナチ党への参加ならびに離反の間の関係であった。

「アドルフ・ヒトラーとハイデガー哲学」において、私は「テクネーによる「本来性」の喚起」の問題を取り上げた。

ハイデガーが『存在と時間』の中で現存在の最も基本的なカテゴリーとして導入した「本来性」、その本来性を喚起する「テクネー」そして、世界史上はじめて顕在的かつ複合的におこなわれたテクネーによる政治であるところの「ナチズム」。

この関係性を詳らかにすることで、私はナチズムを、西欧文化、政治の必然かつ正統的な帰結であり、未だ完結されていない一段落として評価することを試みた。バルザック、スタンダール、フロベールの小説から小説のテクノロジィについて考察し、ウィリアム・モリスらが発明した「本来的労働」に話題を移したところで連載は中断された。

言い訳がましいけれど、三回で筆を擱いてしまったのは、新しい批評のスタイルを探求するなか、こうしたバロック的なアプローチを続けることに疑問が生じたからではなかったかと、今になっては思う。

二〇〇九年九月、私はアメリカのメンフィスを旅行した。

アメリカ本土の土を踏むのは、実に二十数年ぶりだった。別に避けていたわけではないのだが、特に行く目的もなく、行きたいとも思わなかったのだ。

それで何故行く気になったのか、しかも何故メンフィスなのかは、これもまた深い意味はない。たまたま『ワッツタックス／スタックス・コンサート』のDVDを見ていたら、急にメンフィスに行きたくなったという単純な理由だった。

メンフィスではガイドを雇って、ブルースツアーを敢行した。キャデラックで、メンフィス周辺のブルースマンの家や墓や殺されたモーテル、ブルース発祥の地となったミシシッピィ・デルタを回った。

果てしなく続くコットンフィールドには人っ子一人いない。かつては多くの黒人が綿花栽培の重労働に従事し、自らを慰め励ます労働歌として、ブルースは誕生した。しかし、今では農作業は全て機械化され、デルタのど真ん中にはカジノ・タウンができていた。

途中で車を降り、コットンフィールドの風に吹かれながら私は、ヨーロッパで感じた崩壊の気配がアメリカにもしのびよっているのを感じた。

世界は変わりつつあり、この土壌も空気も文化も失われつつある。そうであるならば、今、ここにあるものについて書いておこうと思った。

そうして私は、「テンス、テラー＆テロワール」を書き始めた。

この連載が始まった二〇一〇年、私は『週刊新潮』、『週刊現代』、『週刊ＳＰＡ！』の三誌に連載を持っていた。

週刊誌の連載は注目度が高く、しかも原稿料収入が破格にいい。物書きにとって、これほど有難い仕事はない。

反面、時間に追われるハードさは月刊誌の比ではない。毎週やってくる締め切りに間に合わせるため、酔いを振り払い、勢いで書き上げなければならないこともしばしばだった。もちろん、記述のあいまいところは編集者から厳しい指摘を受けるのだが、直すにしても時間が限られる。

週刊誌と月刊誌とでは、自ずと書き方も文体も違ってくる。短距離ランナーと長距離ランナーの呼吸法が違うように。

ところが、今読み返してみると、「テンス、テラー＆テロワール」は明らかに週刊誌の書き方になっている。

ドライブ感はあるのだが、遠くに目標を定め、ときに迂回しながらゆっくり近づいていく文章ではない。案の定、メンフィスの街と郊外の風景を書き、エグルストンとウィリアム・アレクサンダー・チルトンについて書いたところで息が切れてしまった。

今後の戒めにしたい。

私にとって批評とは、致命的な、人がその選びえない対象の中で何を取り、何を捨てるかという全存在をかけた判断である。そうした覚悟をもって、文芸評論も書いてきた。

今、文芸誌に連載されている評論を読んで感じるのは、表現方法こそ多様化してはいるものの、学問や研究の枠の中におさまってしまい、生きた教養になっていないということだ。

学問や研究を援用するのはいいけれど、それを今を生きる人間の問題とつなげなければ、批評たりえない。

そんなことを言っても途中で中断してしまっては意味がないじゃないかと言われれば、それまでなのだが。

本来完結しているべき評論の途中までを読むことに戸惑う読者もいるだろう。

しかしながら、中断連載ばかりを集めた本書は、数ある著書のなかでも、私の愚かさと厄介さをもっとも露呈するものとなった。それを感じとっていただければ、幸いである。

露伴彬彬

第一章　露伴的な文と溢れ出るもの

有對質言者。如曰質勝文則野。文勝質則史。文質彬彬。然後君子。又曰。文猶質也。質猶文也。皆以人言。質者質行也。謂孝弟忠信類。文者謂學詩書禮樂。其言辭威儀煥然也。唯質而無文。鄕人而已。學而成德。然後爲君子。但其有質行而文不足者。未免鄙野之誚。文而無質行者。其所學不能成德。唯記憶耳。故以爲史也。

『辮名』文質體用本末八則

私たちは皆、小さく、儚い存在であり、虚無の淵に乗り出し乍ら持ち堪えている茅舎の如き物であると云う様な事を、然う語り、思う事自体の詰まら無さ甲斐の無さを知りながら、時に口に出して云わないでは気が済まない。私が露伴について書き出すに際して、考えているのは、露伴の大きさといった事を語りたくないという事だけだ。

＊

露伴の胸底に就いて語りたい訳ではない。露伴に深い悲しみ、寂しみの有った事は、其の作を繙けば容易に知れる。或いは、限界なり、狭さなりをあげつらいたくもない。露伴自身の大きさや広さや、或いは相貌や表情よりも先に、何処に、露伴が立ち、何に乗り出し、持ち堪えていたのか。何故露伴の頁を繰りながら、時に耐え難くなり、読み続ける事が不可能に思われるのか。それは、文彩の多様や、難解の故ではない。

＊

露伴は、偉大だろう。業績の全体像は巨大だろう。だが一体誰が、露伴を、その言葉を、致命的な一撃として読んだか。篤学者や好事家の感嘆のヴェールを引き剝がして、今、生きている、発せられようとして身悶えしている言葉の問題として露伴を読もうとしたか。批評の重要な名前は、露伴に就いて何も語っていない。

＊

露伴の解り難さは、彼を文学者として考える、或いは作家から学者へ移行をしたのだと見倣すような基本的な問題設定の誤りから発している。私が誤りと云っているのは、「文学者」という規定のエピステモロジックな狭さ、といった事ではない。露伴を、文学史の展開の上で考える事が、まず誤っている。

整理や分類のための概念を洗い流して、露伴をまず明治前半の、言葉の、文字の、話の空間の渦中に置いて見ること。

露伴の作品こそが、その渦であり、竜巻であり、旋風であると知る、ある場面に出会うだろう。

＊

露伴は、まず岡倉天心や南方熊楠と並ぶ、明治的巨人の一人として考えるべきだ。近代日本屈指のアウトサイダーでありながら、最も太く大きな柱として近代を支えた存在でもある。南方熊楠が、紀伊の森に潜んだ怪人だとすれば、露伴は言葉の森に棲んだ巨獣だ。

＊

我々は、その森を伐採し、切り開き、焼き尽くしてしまった。

＊

清の康熙五十一年（我が正徳二年、西暦一千七百十二年）内閣侍讀圖理琛、命を奉じて土爾扈特に使し、阿玉奇汗を問ひ、綏撫の任を果す。往復ほとんど四年に及びて、同五十四年三月京師に回る。其の經歴するところ、遠く蒙古喀爾喀を出で、深く西比利亞に入り、西南下して土爾扈特に至る。當時の北徼の狀を知る可きもの、唯圖理琛紀行あるのみ。其中、伊聶謝河（エニセイ河）を歷るの條下に記して曰く。北地最も寒し。一種の獸有り、地内を行く。陽氣に遇へば卽ち死す。身大にして重さ萬斤なり。骨の色甚だ白く潤ふこと象牙に類し、質柔らかなり。甚だ傷損せず、毎に河濱の土内に於て之を得、俄羅斯其骨を獲て、碗碟梳篦を製して之を用ふ。肉の性最も寒、人これを食へば煩熱を除くべし。梵の名は麻門橐窪、華の名は磎鼠なり。此の地北海の大洋を去ること、一月程なり。夏至の前後、夜甚だ暗からず。日落ち夜深しと雖も、猶博奕す可く、數刻ならずして東方卽ち曙けて而して日出づと。

（「東方朔とマンモックス」『閑窓偶筆』）

「近代文学」とか、「ジャーナリズム」とか、「ヒューマニズム」と言われている「陽氣」が、幸田露伴の文業を殺した。殺された露伴の文から、ディレッタントたちは骨片を取り出し、「碗礫梳篦を製して之を用」いた。

だが、「廝門槖窪」は滅びたのか。

＊

露伴の文業を把む事の難しさを、解り易く云えば、露伴には、天心に於けるシカゴ万国博覧会や、熊楠に於ける大英博物館の如き場所はなかったという事になる。

その兄弟姉妹が、シベリアからロンドンに至る各地に渡ったのに対して、露伴は外遊の機会を一度たりとも持たなかった。漱石、鷗外は勿論、子規でさえ支那に渡っている（露伴は朝鮮の山河を識っているが、朝鮮は「外地」ではなかった）。

露伴が外遊しなかったと云う事は、二次的な問題ではあるが、にも拘わらず露伴の小説の最も革新的なものと密接に結びついている。

露伴が、実生活に於いて、異国の習俗の中に投げ入れられ、否応なく異邦の言葉で語り、考える経験をしなかった事は、その作品の核心を成すダイナミズムと深い関係がある。

その問いは、まず、果して幸田露伴に「内」と「外」と云うような区別や、分割の意識があったのか、という問題として現れる。

「区分」の有無はそのまま、露伴を国粋主義や、東洋趣味として見る規定の有効性に拘わる。或いは、それらの文学史的「常識」を逆転させた、キリスト教やユニテリアン、ヒューマニズム、啓蒙主義の影響という議論も同様だろう。

云う迄もなく、露伴は、先んじて万葉集を読んでいた。芭蕉の注釈も書いた。漢学に通じていた。仏書を蒐めていた。露伴は祖国を誇りに思い、皇祖を尊奉していた。儒の聖人たちを敬い、仏に基づいて死生観を得ていた。露伴は、植村正久の説教を聞いた。聖書を読んだ。ミルトンと、ダンテと、プルタークを読んでいた。

だが、それらの事象を露伴は、「国粋」や「東洋」や「西洋」という枠組みに於いて受け止め、理解し、提示したのか。寧ろそれは互いに等価であり、無差別だったのではないか。

ある、一つの、坩堝に於いて。

露伴は、明治維新を以下の様に説明した人物である。封建の体制が、外国により震撼させられ、尊皇攘夷運動により倒された、と語った後に続ける。

> これは外國に對する幕府の處置が宜しきを得ざるために人心が睽離して是の如くなるに至つたとも云へるが、又幕府の權力、兵力、經濟力が局に當つて自ら任じて料理するに能はざるがために其の處置が左支右梧して遂に自ら保つ能はざるを致したとも云へるが、大處高處より俯瞰的に論ずれば、樹には樹齢といふものが有るが如く、封建的統治が、終はらざるを得ざる時期に到達して封建的統治は終はつたのであつた。三百年餘りの生活の平和と人文の發達とは、卽に自體をして封建的統治の下に在《あ》るには餘りに廣大ならしめてゐたのであつた。全社會の思想も解展し、

感情も遷移し、携帯も長育して、將に他の規式の下に統治さるゝことを要せんとするに至つて居たのであつた。卽ち封建的よりは包容力の洪大なる、割據的よりは整理性の便宜ある規式の下に統治さるゝことをば、無意識的にせよ、又は微意識的にせよ、一世は自然に要求してゐたのであつた。そこへ封建時代は卽に卒業して、一國全體圭義の繁榮冨强を致した外國の波濤は連續的に我邦の磯に濱に打ち寄せたので、琴と琴とは其體を別にして居ても、音と音とは相感ずる道理で、彼の弦は彼に鳴つたのであるが、此の弦も此に應じて鳴り出すが如くに、非封建的の形勢は此處に盛上がつた。

（『澁澤榮一傳』）

明治の知的な操作の前提として、最も基本的かつ根源的なカテゴリィである、我が国と列強の緊張関係、我が国がその圧倒的な文明の力量に脅かされて味わった緊張と発展を、露伴は事も無げに「琴と琴とは其體を別にして居ても、音と音とは相感ずる道理」と示し、国際情勢の急変による幕府の瓦解を、自らもその余波を受けて窮境に居た事もあるのに拘わらず「樹には樹齢といふものが有る」と云い放つ。

この言葉は、露伴が近代社会を性格づけているとされる諸民族、諸文明間の「交通」を理解しなかった、その暴力と必然を味わわなかったという事を示している訳ではない。確かに露伴は、「交通」といった概念が前提としているような、諸地域の異質さ、明らかな差異と区別を強く認識していない。無論、それが等しなみであると考えて居た訳ではないが、そこに絶対的な、解消することも相対化して併置する事も不可能な段差を感じてはいなかった。「東洋」と「西洋」や、「日本」と「列強」という区分が、露伴の裡にあったとしても、それらの枠組み自体が激しい緊張を孕むとは意識されていなかった。

文明間に際立った段差を認めなかったという事は、露伴が、「暴力」を意識していなかったという事ではない。寧ろ露伴は、時代が動き、文物が流れ込み、意匠が興亡する成り行きの激しさ、道理のなさに敏感であり、その運動を、それ自体として捕らえようとしていた。

幸田露伴の問題は、その圧倒的な運動を、如何にそのまま、露伴自身が受容した形そのままに、現出せしめるか、という点に置かれていた。

*

露伴に於ける、迸り出て、天空を疾っていく何物か。

珠運という仏師がいる。修行と遍歴を成就して古京に向う道すがら、孤児の花売り娘お辰と出会う。叔父七蔵に使役される娘の苦境に同情した仏師は、修行のための蓄えを彼女の為に投げ出すが、その犠牲を以て娘を得る事を厭うて立ち去った末、病に倒れる。娘の看病の後に、回復した珠運は、漸くその想いを告げるが、娘は主府で子爵となった生き別れの父に見出され連れて行かれる。仏師は檜板を得て娘の姿を彫りつける。「戀をば恨む戀の愚痴、吾から吾を辨へ難く、恍惚とする所へ現るゝお辰の姿、眉付媚かしく生々《いき〱》として晴、何の情を含みてか吾與へし櫛にヂッと見とれ居る美しさ、ア、此處なりと幻影を寫して再一鑿、漸く二十日を越えて最初の意匠誤らず、花漬賣の時の襤褸をも着せねば子爵令孃の錦をも着せず、梅桃櫻菊色々の花綴衣麗しく引纏せたる全身像、惚た眼からは觀音の化身かとも見れば誰に遠慮なく後光輪まで付て、天女の如く見事に出來上り、吾ながら滿足して眷々とながめ暮せしが、其夜の夢に逢瀬平常より嬉しく、胸あり丈ヶの口說濃に、戀知ざりし珠運を煩惱の深水へ導きしが憎しと云へば、可愛がられて喜ぶは淺し、方樣に口惜しい程憎まれてこそ誓文移り氣ならぬ眞實を命打込んで御見せ申たけれ」（『風流佛』「第九　如是果　上　既に佛體を作りて未得安心」）

かつてお辰が暮らしていた荒小屋で、様々な花を身に纏ったお辰の神々しい姿を彫った珠運は、夢の中でお辰と再び目見えるが、お辰の姿は、自らの成した像よりも数層倍美しい。自らの工夫を捨て、ありのままのお辰を顕現させようと、その体を覆っていた花を削り取る。「腕を隠せし花一輪削り二輪削り、自己が意匠の飾を捨て人の天眞の美を露はさんと勤めたる甲斐ありて、なまじ着せたる花衣脱するだけ面白し。終に肩のあたり頸筋のあたり、梅も櫻も此君の肉付の美しきを蔽ひて誇るべき程の美しさあるべきやと、截ち落し切り落し、むつちりとして愛らしき乳首、是を隠す菊の花、香も無き癖に小癪なりきと刀急しく是もとつて拂ひ可笑や珠運自ら爲たる業をお辰の仇が爲たる事の様に憎み、今刻み出す裸體も想像の一塊なるを實在の様に思へば、愈々昨日は愚なり、玉の上に泥繪具彩りしと何が何やら獨り後悔慚愧して、聖書の中へ山水天狗樂書したる兒童が日曜の朝字消護謨に氣をあせる如く、周章狼狽一生懸命、刀は手を離れず手は刀を離さず、必死と成つて無我夢中、きらめく刃は金剛石の燈下に轉ぶ光きら〳〵、截切る音は空駈る矢羽の風を剪る如く、一足退つて配合を見糺す時は琴の絲斷えて餘韵のある如く、心糾々気昂々、抑も幾年の學びたる力一杯鍛ひたる腕一杯の經験修錬、渦まき起つて沸々と今拳頭に迸り。倦も疲も忘れ果て、心は冴に冴渡る不亂不動の精進波羅密、骨をも休めず筋をも緩めず」（同前「下　堅く妄想を捏して自覺妙諦」）

完成したお辰像、風流仏を眺めて、微笑する珠運を、宿の主人吉兵衛が呼び寄せて、恋を思い切り、猶修行に励め、場合によっては洋行をしろ等としきりに勧める。主人の様子を訝しんで、吉兵衛が残した新聞を読むと、父親に引き取られたお辰が、ある侯爵に嫁ぐと報じられている。

先刻の満足を忘れて、怒り心頭に発した珠運は、お辰の像を口を極めて罵る。すると像は、お辰の声を発して、珠運の非難に応える。幻覚か、実像かと訝りながら、珠運はお辰と問答する。

あゝら怪しや、扨は一念の思を凝して、作り出せしお辰の像に、我魂の入たるか、よしや我身の妄執の憑り移りたる者にもせよ、今は恩愛切つて捨、迷はぬ初に立歸る珠運に妨なす妖怪、いでいで佛師が腕の冴、戀も未練も段々に切捨くれんと突立て、右の手高く振上し鉈には鐵をも砕くべきが、氣高く仁しき情溢るゝ計りに湛ゆる姿、さても水々として柔かそうな裸身、斬らば熱き血も迸りなんを、どうまあ邪見に鬼々しく刃の酷くあてらるべき。恨も憎も、火上の氷、思はず珠運は鉈取落して、戀の叶はず思の切れぬを流石男の男泣き、一聲呑で身をもがき、其儘ドウと臥す途端、ガタリと何かの倒るゝ音して天より出でしか地より湧しか、玉の腕は温く我頸筋にからまりて、雲の鬢の毛匂やかに頰を摩るを、ハット驚き急しく見れば、有し昔に其儘の。お辰かと珠運も抱しめて額に唇。彫像が動いたのやら、女が來たのやら、問ば拙く語らば遲し。

（同前「第十如是本末究竟等　下戀戀戀、戀は金剛不壊なるが聖」）

自らの妄執からか、腕の冴えからか現れ出た妖怪を粉々に打ち壊し、煩悩を断ち切ろうとして珠運は鉈を振り上げるが、その芳醇な姿を害することが出来ずに号泣してしまう。そのうちに、珠運は、お辰の腕に抱かれている自分に気づく。像が動いたとも、お辰が帰って来たとも分からない内に、その身はお辰と共に天空へと飛翔する。

戀に必ず、必ず、感應ありて、一念の誠御心に協ひ、珠運は自が歸依佛の來迎に辱なくも拯ひとられて、お辰と共に手を携へ肩を駢べ悠々と雲の上に行し後には、白薔薇香薫じて吉兵衞を初め一村の老幼芽出度とさゞめく聲は天鼓を撃つ如く、七藏がゆがみたる耳を貫けば、是も我慢の角を落して黒山の鬼窟を出、發心勇ましく田原と共に左右の御前立となりぬ。

（同前「團圓　諸法實相　歸依佛の御利益眼前にあり」）

『風流佛』の結末をどう読むのか、という事は発表時より議論されてきた。その読みは総て、珠運の幻影を描いているのだ、或いは興奮の余りに珠運は死んだのだというような形で、合理化を計る、辻褄を合わせようとする努力である。

或いは結果を、作品の構成上の破綻と見る論者も少なくない。日夏耿之介の「後半に至ってすずろに筆が乱れ」た「失敗作」だとする意見や、河盛好蔵の、結末は露伴の「説教趣味」から出た、「蛇足」であるとする批判などは代表的なものだろう。

文芸作品を読んでいく上で、合理的に解釈する努力や、不合理を構成上の問題から考察してみる事が、重要である事は、今更断るまでもない。だが、この処女作『露團々』に引き続いて発表され、作家の才能を朝野に認めさせた出世作の核心は、結末に外ならない。結末を認めない事は、露伴を露伴として認めないに等しい。

此処に於いて露伴的なダイナミズムは、初めて、そして決定的な姿を現している。露伴の小説が何処に向かって書き進まれて行くのかと云う事が、此処で明らかになっている。

露伴は、様々な力の、執拗な拮抗の果てに訪れる跳躍に向けて、小説を書いている。

此処で留意すべき事は、露伴がけしてこの跳躍、あるいは超越する力の姿を、絶対的な形象として示すまいとしている事だ。「其後光輪美しく白雲に駕つて所々に見ゆる者あり。或紳士の拝まれたるは、天鵞絨の洋服裳長く着玉ひて駝鳥の羽寳冠に鮮なりしに、某貴族の見られしは、白襟を召して錦の御帯金色赫奕たりしとかや。夫に引き變へ、破褞袍着て藁草履はき腰に利鎌さしたるを農夫は拝み、阿波縮の浴衣、綿八反の帯、洋銀の簪位の御姿を見しは小商人にて、風寒き北海道にては鰊の鱗怪しく光るどんざ布子、浪さやぐ佐渡には色も定かならぬさき織を着て漁師共の眼にあらはれ玉ひける」（同前）些かユーモラスな調子で、天空を駆ける二人の姿が、見る者の意識によって如何に異なって映ったかを露伴が書いているのは、飛翔の逆りのみを、姿なく、イメージの拘束を逃れて示すためである。

この飛翔は恋や修行への執着が仏の道に、あるいは恋愛が聖愛に昇華されるといった変化の比喩ではない。

噴出の形態ではなく、噴出自体、飛躍、超越自体が問題なのであり、ゆえに露伴は噴出のイメージを相対化して見せた。

確かに此処で露伴は、幻想と現実、実在と模像、人工と天然といった常識的なカテゴリィに頼りながら、小説を組み立てている。だがそれは露伴が、カテゴリィに囚われていた事を意味しない。寧ろ、このようなカテゴリィに対する無頓着な頻用は、往々にして露伴の小説作品の瑕瑾となっている。『風流佛』において露伴は、恋に拘わる愛憎、制作に恃む意志と観照、矜持を守ろうとする意志といった情熱の、様々な類型的位相を並べ、相前後して拮抗させながら、昂揚させ、追い詰め、最後に一体化させてあらゆる地上的分割を押し流して跳耀させる。露伴小説に於いて本質的であるのは、カテゴリィの対立ではなく、カテゴリィの粉砕でもなく、区分し得ぬ物の顕現に外ならない。その本質は、正岡子規の文業の軌跡を、露伴と比較する事で、一層明らかになる。

正岡子規が学生時代に『風流佛』を読み、感動して生涯の裡に一度このような作品を書きたいと願った事は知られている。実際に子規は、小説執筆のために、生活費に窮しているにも拘わらず、わざわざ常盤会の寄宿舎を出て駒込に下宿をし、『月の都』を書いた。

子規は、明治二十五年二月の末、露伴を訪れ、『月の都』を示した。『風流佛』が十是如に従って章割りがされているのに対して、『月の都』が易卦で章が立てられている等、趣向を借りた事を憚って、と云う口上だが、露伴による批評を求め、首尾よければ刊行の斡旋を期待していたのであろう。と云うよりも、とにかく露伴に読ませたかったに違いない。

露伴は原稿を子規に返送し、簡単な批評を記したが、子規は更に数度訪れて細かく意見を求めた。露伴は、二葉亭四迷などにも原稿を回覧してくれたが、結局、自作が出版に値しないことを、子規は納得せざるを得なかった。

『月の都』が興味深いのは、子規が『風流佛』を真似しようとしながら、成功していない、その失敗に於いて、子規の資質が明らかになっているからである。

子規は、余りにも直接的に露伴の作品を真似しすぎている。子規は、小説を書こうとせず、また露伴調の作品を書こうともせず、『風流佛』を書こうとしていた、『風流佛』の、結末に至るエネルギッシュな昂揚だけを書きたいために、小説家になろうとしていた。原稿を見せられた露伴が辟易するとともに、無造作には扱えない恐ろしさを、子規に感じた事は、容易に想像出来る。

若き正岡子規は、露伴的と云えるようなエネルギーを、大量に蓄えていた。そのエネルギーが「野心」と呼ばれるべき事を、桶谷秀昭氏が高浜虚子宛の書簡を踏まえながら懇切に説いている。

子規の「野心」は、ほとんど「無窮大」の「狂」に近いものだ、といふ。しかも子規自身は身動きのとれぬ病人であり、餘命の多くないことは自明である。「狂」はいやでも激烈にならざるをえない。

（『正岡子規』）

高名な道灌山の茶店での、虚子の将来についての談判について、桶谷氏はさらにこのように書く。

たとへばここで取り交された問答が、子規の文學的事業の後繼者になる氣があるか、ないかといふ次元の事納だつたなら、虚子への答へもまたちがつてゐたであらう。何よりも虚子は、子規の「せつぱ詰つた苛立つた心持」に答へることを強ひられたのである。それは、子規の「野心」の後繼者たれといふ要請にほかならなかつた。子規の「野心」とは「情慾」の異名である。虚子が虚子といふ存在を變へてしまはぬ以上、子規といふ別の存在の「野心（情欲）」を相續することなど、どうして出來よう。（中略）それは「弧立すると同時にいよ〳〵自立」する以外に、どんな共有者も後繼者もありえない、彼の存在にひとしい情熱であつた。そしてそれはまた、後年、病苦の煩悶の中で、自分には宗教心はどこをさがしてもない、ただ野心があるばかりだ、と或る僧に言ひ放つたやうな、それじたい宗教的な情熱でもあつた。

（同前）

子規の「野心」が、読書欲から、食欲、色欲といった様々な対象を持ちながら、それ自体で「狂」であり、「宗教的な情熱」であり、他者の存在を併呑しようとするエネルギィであった事を、桶谷氏は示している。

このように厄介な「野心」を抱いていた子規が、『風流佛』に強い共感を持ち、小説家たらんと志した。それは、自らの「野心」の相続を虚子に迫ったのと同様に、露伴の噴出を簒奪しようとする試みだったのである。

前述したように、子規は露伴を再三訪ね、話し込んだ末小説家志望を断念した。この断念は、甚だしい精神的苦痛を伴うものだった。

小説を、というよりは、露伴的な溢出を断念した子規は、俳句に没頭した。断念直後の碧梧桐宛の書簡にこう記した。「愚意を平たくいへば即ち尤コンクリートにいへば／人間より花鳥風月がすき也／といふ位の事に有之候」。

子規が、「花鳥風月がすき」という文句の中で示そうとしているのは、人間たちが蝟集する世間、社会から逃れて、脱俗の境地に遊ぶと云う様な決意ではない。「人間」という言葉に込められているのは、子規の「野心」の無限に外ならない。「花鳥風月」とは、人間の希望や絶望とは関係なく存在しつづける客観的な世界である。花の美しさ、鳥の可憐な姿は、「野心」の存亡に拘わらず、人間世界の興亡とは無縁に、子規の心を撃つ。

「花鳥風月がすき」と子規が宣言すると同時に、二つの領域が成立した。

花や鳥が生息する「外」が像として区切られ、同時にその光景に心揺すぶられる「内」が思念として現れる。そこで、「内」と「外」、心理と風景の対応を基本とした、投射と感応を原理とする記号と叙述の体系の基礎が提示されている。それはまた、露伴的な「区分し得ぬ物の顕現」を「内」「外」の照応関係に於いて分解し、定着し、評価する試みであった。

この解体を子規は、「寫生」と呼んだのである。『墨汁六尺』四十五「寫生といふ事」は、「畫の上にも詩歌の上」にも、「理想といふ事を稱へる」人が少なくなく、「寫生の味を知らない人」が多いと指摘し、理想は「到底類似と陳腐」を免れないと述べつつ、写生は「天然を寫す」ので、「寫生文寫生畫の趣味も變化」し、「深く味へば味はふ程變化が多く趣味が深い」と子規が書いた時の「理想」には、露伴の姿が、露伴をなぞり書きした自身の処女小説が反映していた。

露伴の許に通った末に小説家志望を断念してから、十年近い歳月を経た明治三十四年三月二十一日の、『墨汁一滴』の中で、子規は露伴の『二日物語』について、このように語っている。「露伴の二日物語といふが出たから久しぶりに読んで見て、露伴がこんなまづい文章（趣向にあらず）を作つたかと驚いた。それを世間では明治の名文だの修辞の妙を極めて居るのだと評して居る。各人批評の標準がそんなに違ふものであらうか」

子規はまず、露伴を学匠と見做して畏敬と敬遠の交じった尊敬を示す世間に苛立っている。と同時に、かつてその出世作に感動した自分と、その作者との距離が、十年という、長くもあり、短くもある時間の中で、決定的に遠ざかってしまった事に驚いている。

『二日物語』は、西行の事蹟に題材を取った「此一日」「彼一日」の二編から成る小説である。腹案はかなり以前からあり、明治二十五年には「此一日」の過半を新聞に掲載している。その稿に加筆、推敲の上に完成させた作を明治三十一年に雑誌（『文芸倶楽部』）に掲載し、さらに三年後「彼一日」を掲載して、明治三十五年に漸く上梓した、露伴本人にとっても重要な作品だった。谷崎潤一郎は、明治期の露伴の代表作として挙げている。

「此一日」は、上田秋成の『雨月物語』の「白峯」の、西行が御陵で崇徳上皇の亡霊に出会うという趣向を踏襲している。わざわざ秋成の作品に範をとった事には、秋成への敬慕が窺われると共に、きわめて「野心的」かつ「挑戦的」な姿勢も見逃せない。露伴は、文章に於いて秋成を遥かに凌駕して見せようとした。

されば往時は朕とても人をば責めず身を責めて、佛に誓ひ世に誓ひ、おのれが業をあさましく拙かりしと悔い歎きて、心の水の淺ければ胸の蓮華いつしかと開けんことは難けれど、辿る〱も闇き世を出づべき道に入らんとて、天へと伸ぶる呉竹の直なる願を獨り立て、他し望みは思ひ絶つ其麻衣ひきまとひ、供ふる華に置く露の露散る曉、燒く香の煙の煙立つ夕を疾も來れと待つ間、一字三禮妙典書寫の功を積みしに、思ひ出づるも腹立たしや、たゞに朕が現世の事を破りしのみならず、また未來世の道をも妨ぐる人の振舞、善惡も邪正もこれ迄なりと入つたる此道、得たる此果、今は金輪崩るゝとも、鐵圍劈裂け破るゝとも、思ふ事果さでは得こそ止まじ、眞夏の午の日輪を我が眼の中に壓し入れらるゝは能く忍ぶべし、胸の恨を棄てなんことは忍ぶべからず、平等の見は我が敵なり、差別の觀は朕が宗なり、佛陀は智なり朕は情なり、智水千頃の池を湛へば情火萬丈の燄を擧げん、拔苦與樂の法可笑や、滅理絶義の道こゝに在り、朕が一脚の踏むところは、柳紅に花緑に、朕が一指のそれと指すところは、烏も白く鷺も黒し、天死せしむべく地舞はしむべく、日月暗からしむべく江海涸れしむべし、頑石笑つて且歌ひ、枯草花さいて、しかも芬る、獅子は美人が膝下に馴れ大蛇は小兒の坐前に戲る、朔風暖かにして絳雪香しく、瓦礫光輝を放つて盲井醇醴を噴き、胡蝶聲あつて夜深く相思の吟をなす、聾者能く聞き瞽者能く見る、劒戟も折つて食ふべく鼎鑊も就いて浴すべし、世界はほと〱朕がまゝなり、黄身の匹夫、碧眼の胡兒、烏滸の者ども朕を如何にか爲し得べき、心とゞめてよく見よや、見よ、やがて此世は修羅道となり朕が眷屬となるべきぞ、あら心地快や、と笑ひたまふ御聲ばかりは耳に殘りて、放たせ玉ふ赤光の谷々山々に映りあひ、天地忽ち紅色になるかと見る間に失せ玉ひぬ。

（『二日物語』「此一日　其六」）

一見して明らかなのは、秋成の文章よりも、露伴の文章の方が格段に晦渋かつ難解であり、長大であることだ。「新院呵々と笑はせ給ひ、「汝しらずや。近來の世の亂れは朕が爲す事なり。生きてありし日より、魔道に志を傾けて、平治の亂れを發さしめ、死して猶朝家に崇りを爲す。見よ、軈て天が下に大亂を生ぜしめん」と云ふ」（『雨月物語』「白峯」）。

江戸時代の文章の方が、明治も終わりに近づく三十五年になって書かれた文章よりも、同じ事態を書いて分かり易いという事は、やはり異常と云うべきかもしれない。実際『二日物語』は、露伴の作品の中でも、難解晦渋（「黄身の匹夫」がシャカを意味し、碧眼の胡児がダルマを意味する等）を以て知られ、既に明治三十九年に注釈書が出版される程だった（『評釈二日ものがたり』沼田頴川）。

近代日本小説に、認識と文体の一致した基盤を与えた写生文の普及、発展に努めていた正岡子規の目から見て、露伴の試みが、極めてグロテスクに映ったことは、想像に難くなく、「こんなまづい文章」という台詞は当然のものだろう。

露伴が敢えて秋成の文を遥かに越える文飾を用いたのは、ペダントリィの誇示のためでもなければ、仏教思想を注入するためでもなかった。極めて意識的な小説構成上の必然性があった。

秋成が、ゴシック・コントとして『雨月物語』を描いた時の創作意識と、露伴の狙いは全く異なっていた。露伴には、恐ろしさや、恨みのおぞましさといった印象をドラマとして描こうとする意図はなかった。劇的な展開ではなく、圧倒的な物の臨在自体を示そうとしたのである。崇徳上皇が出現して恨みを語った、という事態を「再現」するのではなく、作品に上皇の意志そのものを顕現させ、読者に上皇の逆巻く憤怒と沸き立つ想念を「体験」させようとした。

つまり、秋成が読者に上皇の亡霊を見せようとしたとすれば、露伴は読者を上皇にしようとしたのである。その体験は、異常であると同時に純粋かつ無規定であるから、子規的な「内」「外」の照応に支えられた「写生」としては定着しえない。子規の言葉を借りれば、「理想」が逃れえない「類似と陳腐」の残骸を寄せ集め、堆く積み上げる事で、露伴は、上皇に事依せて、現世を転覆し、「頑石笑つて且歌ひ、枯草花さいて、しかも芬」らせようとしたのである。それは、小説の可能性、文章の許容力の極限を圧し広げる試みであり、その力によって文芸が日常生活や官制やメディアの言葉に対して、自在さ、自由を獲得する試みにほかならなかった。

かつて『風流佛』で交わったかに見えた子規と露伴の道程は、明治三十四年の時点で全く逆の方向に向かっている。

肝要な事は、子規もまたある種の自由、自在さを、「写生」を通して求めていたという事である。「写生」によって、客観世界の多様な変化に言葉を晒す事で、子規は既成の修辞から認識論的な枠組み迄を一挙に解体し、平明かつ柔軟であり、近代日本の生まれたばかりの生活実感を表現し、主題化しうる言葉を作ろうとした。それゆえに、語彙は整理され、明晰で、「客観的」な現実を指向した言葉は、大衆に共有される言葉となり、近代日本語の基盤を形成したのである。

一方で露伴は、巷間よく指摘されるように、小説の設定や人物造形において、臆面もなく、月並な道具立てを用いた。だが、職人はあくまで職人らしく、町娘はあくまで町娘らしいといった類型の援用は、写生的な照応関係を離れて現相の奥にある渾然とした力を溢れ出させようとした露伴にとって、必然的だった。露伴は、「内」と「外」という認識の設定を経る事が無かったがために、必然的に設定をパターンに頼るという月並に堕した。

だが、再述する事になるが、露伴にとってこれらの設定は本質的な物ではない。文が生動していくための足がかりにすぎないのである。これらの設定を左右、上下に揺すぶりながら、露伴は、文をイメージと言葉の坩堝にし、その氾濫と狂瀾の中から、生成を、純粋な噴出を露呈させる。

その点からすれば、月並なパターン認識に対する態度は、子規の発句に於いても、露伴の小説に於いても、共通していると云い得るかもしれない。いずれにしても、月並的な枠を脱する自在や自由を、創作の基にしているからである。だが、両者において、月並みを脱する方法は、著しく異なっている。子規が、月並を継続的に「外」の像に突きつける「写生」によって認識の自由を得るのに対して、露伴は瞬間的な溢出を目指して、莫大な「理想」を積み上げていく。子規の方法は、露伴と比べて著しく簡便であるだけでなく、経済的である事は云うまでもない。露伴の「理想」は、常に作者をより強い刺激へと追い込んで行くばかりではなく、余人には真似の出来ない、言葉と知識の経済的な浪費を前提としている。だが、そのエントロピーの高さのために、一度噴出が始まると、爆発的になる。

この方法の相違は、露伴が子規と逆の道を歩んだという事を示しているだけではなく、露伴の試みが近代日本文学の趨勢に逆行する形で、潮流の先頭からみれば加速度的に「時代遅れ」となるような形で営まれつづけた事を示している。

だが、露伴の試みが前近代的だった、と云う訳ではない。露伴的な奇景もまた日本近代の所産なのであり、その事はこの項で重ねて論じていくつもりだ。此処で指摘しておきたいのは、ただ露伴が歩んだ近代の歩みが、近代日本文学の大勢が追った展開と逆の方向であったという事である。文章だけを云えば、旧時代の文章よりも複雑、晦渋な文章にして、優れて近代的な事象を扱った者は、三宅雲嶺を顕著な例として、枚挙に遑がない。ただ、露伴の場合が独特であるのは、彼が小説家であり、小説が、文体に於いても、その作品世界の構造に於いても、近代日本の知的枠組みと極めて緊密な関係をもっていたという事である。その点で露伴の弧独は深いと云わねばなるまい。

露伴の小説に於いて本質的なのは、露伴の文章には描写がないという事である。無論、書き割り的、ト書き的な描写はあるが、文章は、描写とは別の表象に向けられており、言葉は喚起や照応ではなく、描写ではないが、語りでもない、言葉の連なりを通して、あの「区分し得ぬ物の顕現」へと自らを追いつめて行く。

そこには、言文一致といった言語制度にかかわる意識よりもさらに溯る、記号の生成過程自体にかかわる問題が覆蔵されている。

＊

露伴の文が抱えている「外」と「内」との対応関係の欠如が示しているのは、露伴に於ける「写生」の、あるいは描写の不在だけではない。

確かに描写的な記述の欠如は、露伴小説の最も明らかな特徴である。

長夜の夢を覺まされて江戸四里四方の老若男女、悪風來りと驚き騒ぎ、雨戸の横柄子緊乎と插せ、辛張棒を強く張れと家々ごとに狼狽ゆるを、可愍とも見ぬ飛天夜叉王、怒號の聲音たけ〴〵

しく、汝等人を憚るな、汝等人間に憚られよ、人間は我等を輕んじたり、久しく我等を賤みたり、我等に捧ぐべき筈の定めの牲を忘れたり、這ふ代りとして立つて行く狗、驕奢の塒巣作れる禽、尻尾なき猿、物言ふ蛇、露誠實なき狐の子、汚穢を知らざる豕の女、彼等に長く侮られて遂に何時まで忍び得む、我等を長く侮らせて彼等を何時まで誇らすべき、忍ぶべきだけ忍びたり誇らすべきだけ誇らしたり、六十四年は既に過ぎたり、我等を縛せし機運の鐵鎖、我等を囚へし慈忍の岩窟は我神力にて扯斷り棄てたり崩潰さしたり、汝等暴れよ今こそ暴れよ、何十年の恨の毒氣を彼らに返せ一時に返せ、彼等が驕慢の氣の臭さを鐵圍山外に攫んで捨てよ、彼等の頭を地につかしめよ、無慈悲の斧の刃味の好さを彼等が胸に試みよ、慘酷の矛、瞋恚の劍の刃糞と彼等をなしくれよ、彼等が喉に氷を與へて苦寒に怖れ顫かしめよ、彼等が膽に針を與へて祕密の痛みに堪ざらしめよ、彼等が眼前に彼等が生したる多數の奢侈の子孫を殺して、玩物の念を嗟歎の灰の河に埋めよ、彼等は蠶兒の家を奪ひぬ汝等彼等の家を奪へや、彼等は蠶兒の知慧を笑ひぬ汝等彼等の智慧を讃せよ、（中略）協へりとなす理を讃せよ、剛しとなせる力を讃せよ、すべては我等の矛の餌なれば、劍の餌なれば斧の餌なれば、讃して後に利器に餌ひ、よき餌をつくりし彼等を笑へ、嬲らるゝだけ彼等を嬲れ、急に屠るな嬲り殺せ、活しながらに一枚一枚皮を剝ぎ取れ、肉を剝ぎとれ、彼等が心臟を鞠として蹴よ、枳棘をもて脊を鞭てよ、歎息の呼吸涙の水、動悸の血の音悲鳴の聲、其等をすべて人間より取れ、殘忍の外快樂なし

（『五重塔』其三十二）

暴風雨の惨状を克明に記述するのではなく、嵐を擬人化し、その叱咤の号令のディスクールの連なりを以て、嵐の激しさ、迫力、人間の丈を超えた圧倒的な力を示す手腕は、正しく露伴自家薬籠中の

ものである。

それでは、同じ嵐の下にいる人物の心象はどのように描かれるのか。

世界に我を慈悲の眼で見て下さるゝ唯一つの神とも佛ともおもふて居た上人様にも、眞底からは我が手腕たしかと思はれざりし歟、つくぐ〳〵頼母しげ無き世間、もう十兵衞の生き甲斐無し、たま〳〵當時に双なき尊き智識に知られしを、是れ一生の面目とおもふて空に悦びしも眞に果敢無き少時の夢、嵐の風のそよと吹けば丹誠凝らせし彼塔も倒れやせむと疑はるゝとは、ゑゝ腹の立つ、泣きたいやうな、それほど我は腑の無い奴か、恥をも知らぬ奴と見ゆる歟、（中略）假令ば彼塔倒れた時生きて居やうか生きたからう歟、ゑゝ口惜い、腹の立つ、お浪、それほど我が鄙しからうか、嗚呼々々生命も既いらぬ、我が身體にも愛想の盡きた、此世の中から見放された十兵衞は生きて居るだけ恥辱をかく苦惱を受ける、ゑゝいつその事塔も倒れよ暴風雨も此上烈しくなれ（同前　其三十四）

暴風雨の中、死力を尽くして建てた塔の堅牢さを、一人宛にしていた上人にも疑われていると誤解して憤り、絶望する大工のあり様も、嵐の描き様と全く同様に、その内部に入りこんでの、述懐の連なりの激しさと氾濫に於いて、等質である。

この一致は何を示しているのか。

それは、大工の内面と、暴風雨という外界の現象が対応しているという事ではない。

ここで示されているのは、そうした近代文学、特にリアリズム的な照応関係とは全く異なった事態である。

つまり、暴風雨と大工の心境は、照応しているのではなく、同一なのである。同一の現象の、異なった部分なのだ。

露伴的な文に於いては、総ての現象は同一のカテゴリィの中で把握される。カテゴリィが一つしかないと云う事は、カテゴリィがないに等しいのだが、その唯一のカテゴリィにおいて、総てを貫いている何ものかが、何ものかが溢れ、迸り、疾走し、跳躍していく速さと連鎖が存在している。

故に露伴の小説には、人間と社会の対立などといったものはない。人の心が走るのと同様に、世間も走り出す。そこには競合はあっても、質的、構造的な差異はない。

露伴は、精神世界の現象を、天地の自然と全く同一の地平に於いて見ていた。同時に、あらゆる事象を一つの文に於いて把えようとした。露伴的文体に於いては、森羅万象が貫通する力によって一体化されており、精神と物体、理念と現実、自然と人工、内面と外部といった一切のカテゴリィが、存立し得ない。

露伴の作品世界では、山も河も、虫も鳥も、戦国武将も宮大工も、歌も風も、すべて「火の玉魂」を持っており、それが故に、客観世界は成り立ち得ない。「八郎爲朝の歌は弓箭である」「八郎の歌は强弓長箭、九ツ眼の鏑の長鳴り、それが爲朝の歌で無くて何で有らう」（『爲朝』）

肝要なのは、客観世界が成り立たない、客観的な現象を定立し得るようなカテゴリィを露伴が持たないことは、けして露伴の前近代性を示しているのではない、と云う事である。寧ろ、範疇の破壊と、同一の地平における事象の連結こそが、露伴的近代の課題であったのであり、露伴はそれを自らの手で作りだしたのだ、という事である。朱子学イデオロギィに基づく基礎教育を受けた露伴にとって、客観的世界の存在は寧ろ受け入れ易い世界解釈だった。

故に「内」「外」の区分や、客観といった先入観を解体することが露伴にとっての近代の体験だったのである。露伴的近代は、その点で、子規的写生文を中核とする日本文学の近代とは別の、異なる歴史を持つ。

その点からすれば、露伴について常に云われる「ロマンティク」という規定も再検討すべきだろう。確かに露伴は、「ロマンティク」だった。だが、露伴のロマン主義は、笹淵友一氏が周到に跡づけた、自己と外界を峻別し、自己の内面をほしいままに外に向かって投射する、ゲーテ・バイロン的なロマン主義ではない。

それは花が笑い、石が歌う、メルヘンのロマン主義であり、より本質的には汎神論的なヘーゲル・シェリング的な世界である。肯定と否定の絶え間無い展開の中で、物質も精神もすべて一つの生成の中に生起する世界と、その展開をかき立てる諸力の横溢こそが、幸田露伴の文の実相である。汎神論的な、力の横溢として露伴の文を見れば、描写がされている様に見える時でも、そこに現れているのは、「力」の絡み合いであり、衝突であり、拮抗であり、乗り越え合いである事が明らかになる。肉弾で鯨に立ち向かい、銛を打ちたてる羽刺たちの奮闘も、描写を通り越して力が蝟集する場を形成する。


いざ劍切を爲て呉れむと金剛力士をあざむく如き赤條々の羽指ども、一丈二尺の柄つきたる見るさへ身の毛のよだつやうなる中身とも三尺あまりの劍の刃先を揃へて待つたる樣、云はう樣なく慘然にて、後世の罪報も目前の危きことも思へばこそ、二貫目足らずの劍とりしぼり力任せに突き切りて、殺しはてゝは難澁なり沈鯨と仕なしては引き揚げ難しと思ふにぞ、半死半生七顚八倒もがき苦しむ鯨の頭上に身を躍らして飛び乗る羽指、動くがまゝに浮きつ沈みつ、手形切と名づけたる大包丁を振りかぶり、柄も砕けよ中心も折れよと潮噴く鼻の障子を切り穿き、切りし相圖に包丁を頭上に高く差し上ぐれば、心得たりと一人の羽指、手に障子釣りの綱持てるまゝ水に飛び入り浪をくゞりて、切り穿つたる手形の穴に綱引き通し船に繋ぐ其間に、他の羽指共は背といはず腹といはず例の劍にて突き切る三昧、刃先臟腑に達く時には傷口よりして潮入り泡ふつ〳〵と湧きあがる。麾持親父は機を見計らひ麾を揮つて相圖をなせば、水練達者の羽指等は大綱持つて海に沒し、鯨の腹の下をば泳ぎ胴を縛りて浮み出づる様、さばけ髪面を掩ふて血交りの滴額を染め、見るから夜叉の相好なり。

（『いさなとり』「第六十七　小人は山の奥にも海の果にもあり」）

＊

総ては、機械が成した事だ。天空の機械、星雲の機械、山脈の機械が、彼の体を成している様々な機械と繫がっている。

彼は、自然を自然として生きてはいない。生産の過程として生きているのだ。そこには最早、人間もなければ自然もない。ただ人を自然のなかから生みだしていく過程と機械を相互に結びつけていく過程があるだけだ。至るところに、生産し、欲望する機械がある。そして精神分裂的な機械は、類的な生命を全うする。私と私ではないもの。内部と外部。それは最早何の意味もない。

（『アンチ・エディプス』）

＊

露伴的な文は、常にアポリアを強いられている。文が、力を析出しようとする時に、文の表面は、様々なイメージの交錯に覆われざるを得ない。そのイメージは力の反映であるが、同時に雑多かつ月並みな意匠の混淆体でもある。

強烈な力の乱舞として露伴の文章は、そのまま残骸の渦巻きでもあるのだ。

そのアポリアについて露伴は、いわゆる「地獄渓書簡」で語っている。

風流第一は生死關頭に妄相を切る事と考へ候より從前の自適は畢竟我を賣つて魔坑に投せしを思ひ從前の學問は妄想の刀を研くに同じかりしを心付き先つ手はしめに世評を度外にして人の是非を去り……

（明治二十三年七月九日　坪内逍遙宛）

露伴の「風流」については項を改めて論ずるが、ここでは露伴的な迸りや噴出の純粋な現れと理解して貰いたい。その現れのために、「生死關頭」に於いて「妄想を切る」とは如何なる事か。

露伴は風流の実現を妨げる「妄想」「夢」の媒介を、世評や人気といった受容の問題に帰そうとしているが、「學問」について述べている事が示すように、その質は結局は露伴の教養、つまりはイメージの蓄積の質と量の問題へと帰される。

だが、イメージの質を向上させれば「妄想」とは無縁に成れるのか。「妄想」が「力」を文に表しめるために必須の媒介項であるとすれば、「妄想」との絶縁は文の構成上の問題とならざるを得ない。

露伴の文では、「風流」の為に「妄想」を否定する意志と、文を文として成り立たしむるために夥しい「妄想」を導入する契機のせめぎ合いが、螺旋状に展開されている。「地獄渓書簡」の後に、露伴は、自ら剃髪して「出家」すら試みたが、この絡み合いから脱することは出来なかった。同年十一月に書かれた『封じ文』は、露伴が自らの文の宿命的な成り立ちを寓意した作品とも考えられる。

大地から現れた藍面金眼の夜叉が、十余年の修行の後に悟ったつもりの僧幻鉤を摘み上げ、昔捨てた女の恨みに満ちた遺言を読み聞かせた後に食らう。と思うと、直ぐに夜叉は修行僧幻鉤の姿になる。その修行僧は、また新しく現れた藍面夜叉に摘まれて食われ、食われたかと思うと、夜叉は修行僧の姿になり、また現れた藍面夜叉に……という無限連鎖は、「風流」を現したかと思うと「妄想」に覆われ、そして終に分割不可能な超越へと至る、自己同一なき機械としての、露伴の文の姿を暗示している。

読み了りて夜叉は幻鉤が雙つの脚を左右の手にもち、めり〳〵と引き裂きて血一滴殘さず食ひにけり。

三苦八苦、もがいても叶はず、幻鉤は夜叉に喰ひつくされしに、不思議や其夜叉は忽ち幻鉤がありし姿となつて、尚恐ろしき藍面金睛の夜叉が手に引提られ、耳に鑽する聲烈しく、五百生髮なき女に生るゝとも、舊惡の記録を愛するあたはざるもの、恥辱の歴史を塗抹せんとするものどもを捉り殺さんと慥に申しのこし候ふ云々と讀み聞かされ、ひたすら怖れ顫ふ內、めり〳〵と又引裂かれて、骨も臟腑も酷き牙にかゝり食ひ盡さるゝかと思へば、何時か基夜叉は又我が身にて宙に提げられ、來世はさだめし恐ろしき極樂世界に居り申すべくと、膽にこたふる毒言を落雷の如く打掛けられ、(中略)食ひ終はらるゝかとおもへば、食ふたる其は夜叉ならで我が身に違ひなく、(中略)喰はれては又喰はれ、割かれては又割かれ、責められては又責められ、身を逆しまに提げられては又提げられ、何時まで經てど限りなく、息つく暇さへあらばこそ、流石の幻鉤泣くに涙は早く枯れ、呼ぶに舌は既に強り、唯心のみ了々と苦患を受くるばかりなりしが、終には心も暗くなり、次第に魂魄散り飛ぶか、朝日に細る氷柱の如く頓ては渾身むなしくなつて、暗濛々黒漫々、天地一つに合して、雪も白からず風も吹かず、這裏の消息さらに知るものなし。

(『封じ文』)

＊

《彼は我、我は彼なり春の宵》

(『ねじまき鳥クロニクル』)

第二章　露伴的な歴史と過去という炎（上）

それは、存在していたり／あるいは、存在していなかったりした／事物を定義するために／でっちあげられた言葉であった、／一つの要求としての／切実な切迫感と／向い合って／つまりはイデーを抑えつけるという要求／イデー、又は、その神話／そして、この爆発的な、必然性の／雷鳴のような示威行動を／その場所に支配させるという要求、／つまり俺の内部の闇である肉体を膨張させることである／俺の自我の／内なる無である肉体、／それは闇であり、／無であり、／無思慮である

『神の審判とけりをつける為に』A・アルトー　坂東光之訳

「歴史」は新規で熾烈な利害問題に、絶えず成熟せしめられて、速やかに老朽して行った。

『暗黒事件』H・ド・バルザック　小西茂也訳

幸田露伴の文を、自己同一なき機械として考えるという事。そこまで、この稿は、前回進む事が出来た。

だがこの場合の自己同一とは一体何を示しているのか、それは曖昧なままに残され、ただ露伴の小

説が提示しているイメージによって寓意として示されているだけである。そのために、さらなる錯綜した問いを、ここで問わねばならない。

露伴的機械としての文において、自己同一とは、どの様な場所に於いて、誰に対して成立しているのか。

露伴にとって、自己とは何者か。

このような問いは、「露伴」について問う前に当然のことながら、「私」の「自己」を、「自己同一」を問うことをまず要める。

はたまた、一体、私たちが、自分なるものを、なんとか姿形の整った、面貌正しいと云わないまでも、ある一定の、理解可能な範囲の内で、了解したい、了解しようとする意志、あるいは欲望というのは、一体何をめざしているのか。

その了解しようとする意志は、一体何に向けられているのか。何者にたいして語られるのか。もちろんそれが、「自己同一」性の証明なり「自己了解」なりと呼ばれるべきものなのであれば、「私」が「私」であるという理解は、「私」に向けられているというように考えることができる。

このような推論、あるいは論理の展開に、いかがわしい処はどこにもあるまい。しかしながら、問いは勝手にあらゆる答えをやりすごしていく。私とは何か。

私が、誰なのか、という答えを、私が、やむにやまれず問い聞かせようとしている、その対象としての、「私」とは、一体誰なのか。

＊

「私」とは何なのか。

この、自明と思われる問いは、問いを発し、答える、そのような言葉の働き、運動に先取りされており、内在されており、了解されているように思われる。

「私」は「私」だ、これ以上明らかなことはあるだろうか。かの、諸国を遍歴し、豪壮な宮廷から敬虔な信仰集団に至るまで、ありとあらゆる人間の社会の様相の裡を旅して、その移ろいと変化の多様に驚き惑った哲学者でさえ、最後の最後に疑い得ぬものとして、「私」を提示した。「我思う、故に我有り」。

確かに「思う」ている「私」、「思考」なり、「精神」なりを生動させている「私」なるものは、ここに、今、あるように思われる。

だが、この「思考」している「私」は、不安定な体温をもち、時に膨らみ、捩れ、あるいは休まるこの皮につつまれた肉とどのような関係にあるのか。

考える「私」と、皮につつまれた肉は、おなじものなのか。切り離しえない一つなのか。あるいは、考える「私」だけが、「私」であって、肉は私ではないのか。

もし肉と「私」が無縁ならば、なぜ「私」は、この肉が痛み、病むたびに思考を歪められ、差し止められなければならないのか。

やはり「私」は、この肉とともにあって、「私」なのだ。

だが、今、目の前の手のささくれ立った指先を見ても、繰り出すべき問いが止めどないことに、「私」はたじろがざるをえない。

不摂生の堆積なのか、不健康の証しなのか、不気味に波うった爪を凝視し、何というのでもなく、もう一方の指先で、いじっていると、白い、埃か灰のような、角質化した皮膚が、次から次へと間断なく、湧くように現れ、落ちていく。

これらの塵は、つい先程までは私であった。

もしも私という者が、私の身体とぴっちりと重なっている、身体でもあり、精神でもあり、考えたり、喋ったりするような、そのような何者かとかさなっており、一体であり、一つであるような存在であったのだとしたら、この、今もう、微細な室内の空気の動きに運ばれどこかに消えようとしている屑も、かつて、今さっきまで「私」の一部なのであった。

「私」が今、ゴミになった。

ついさっきまで「私」であった、「私」の身体に含まれていた、組織が、今、ゴミになろうとしている。

このゴミは、私であるのか、私ではないのか。

私たちが、この地上において、いずれにしろ身体を持たずにはおれないということを認めるところから、この厄介な問いははじまる。

私が私の身体とかかわりをもって以来、したがって生れてこの方、私はもはや私の身体ではない。私が一つの身体を得て以来、私はもはやその身体ではなく、それゆえ、その身体を所有してもいない。この喪失が私と生との関係を設定し、教える。私の身体はそれゆえ久しく私から奪われている。ある一人の『他者』でなければ、一体誰が私の身体を盗みえたのだろうか？《あたかも誕生が久しく死の悪臭を放っていたように》（『八四』）、もし私の代りにそいつが母の腹のなかにしのび込まなかったのだとすれば、もしそいつが私の代りに生れなかったとすれば、もし私が誕生のときから奪われていたのではないとすれば、もし私の誕生が私からちょろまかされていたのではないとすれば。

（「息を吹き込まれた言葉」『エクリチュールと差異』J・デリダ）

ジャック・デリダは、その高名な論文のなかで、伝説的な演劇人＝元シュルレアリスト＝阿片中毒者の物云いを分析しながら、「私」という発語、あるいは自覚が、どのような迷宮を用意するのかを縷々物語っている。

「私」が、この身体は、「私」のものだ、と云った途端に、「私」は「私」からはみださざるを得なくなる。「私」が「ペン」を持つといった時に、「私」は主体であり、「ペン」は対象だ。だが「私」が、「私」の「身体」を持つ、と云った時に、「私」と「身体」の関係は、一体いかなるものになるだろう。「持つ」ということ、「である」ということが、必ず何かの対象を要請し、その対象であるこの「身体」が、「肉」が、私自身と重なっている時に、「私」は主体であり、かつ対象であるという難関が、あるいはある種の逼迫が浮かび上がってくる。

このような議論は、言葉の遊びだろうか。だが、迷宮と化さざるを得ない問答を打ち切る良識や健全さの傍らで、皮に包まれた私の肉は、熱を発し唸りを上げている。私の思考は、常に肉のあり様に左右され、爽やかに歩み正しく進むかと思えば、沈鬱にうらぶれてしまうのである。むしろ肉こそが「私」であって、思考する「私」などというものは、微細で取るに足らない付け足しの如きものにすぎないのではないか。「思考」が、「肉」に、「身体」に直面し、その力を直視した途端に、「私」が、「私」に対して等しくなく、余っている、あるいは欠けているという事態が出来する。

そして、刻々とゴミになっていく、この身体が、私であるという認識が、「私」は「私」ではない、という不均等の認識とあいまった時に、「自己了解」という試みが、どのように荒々しく、素朴な形としてであれ、緊急の課題、第一の発語として要請されざるをえない。その点からするならば、最初に物語ったように、「自己了解」とは「私」に物語り聞かせるものだ、という云い方は、いささか不正確であるかもしれない。むしろ、「自己了解」とは、「私」と「私」の透き間に、その間隙にこそ、問い聞かせられるべきものなのだ。

「私」と「私」の間の、反発し、吸引しながら常に捩り戻っていく懸隔においてこそ、「自己了解」の物語は耳欹てられる。

「私」と「私」の間において語られるが故に、「自己了解」は、「間」を、「時間」を持たねばならない。今、「私」が、何者であるか、という事を語るためには、その「私」と「私」の交錯をめぐるメビウスの輪を、回転させ、経巡らし叩き延ばすことが必要になるのだ。かつて私は、何ものであり、かつて私は何ものであったという、ときに大分怪しげなものにならざるをえない規定の連鎖を並べ、そこに変転し、変貌しつつ、一つのものであるというかすかな一貫性を示し得た時に、はじめて「思考」する私は、肥大し、高漲し、あるいは萎み崩れ行く「肉」としての私の、その経過に寄り添い、重なりあい、「私」と「私」の間の間隔は、不毛な反発と猜疑を、いくら引っ掛りながらの、不均質な動きであったとしても一つの運動へと転換していく。「今」という瞬間から、時間を前に延ばし、後ろに延ばすことで、「私」と「私」の間の透き間が、あるずれとなって働くのだ。

その運動は、常に私を時間の中におき、ある過程のなかで捕らえていく。

私と私のずれから生まれた、その過程は、時間という常に今からはみ出すものによってある語りを作りだす。というよりも、語り自体が、「今」からずれる事によってのみ成立しているからだ。そして、そのずれは、常に、「過去」と呼ばれる方向から、「今」に向かってずれ、折り返されている。たとえその文が、「現在形」とか、「未来形」と便宜的に呼ばれているような形態において述べられているとしても、文は「過去」からやってきたものなのだ。思考する「私」の、語るという行為のすぐ後に、物語はやってくる。

（『雁』）

岡田はこんな話をした。

さらに、「私」が語りだした途端に、「私」は、「私」以外の様々なものについて、無際限に言葉を繰り出す。手当たり次第に言葉は、手近なものに張り付いて様々な事物とともに自らの「過去」を物語り、そのただ中で欲望し、語ることにはじまり、語る「私」と「肉」としての「私」を引き離し、融合する様々な対象の中で身を振り、ゴミであり、精神であり、同時にその双方であるという境涯を楽しみ尽くす。

というよりも、「私」が身体を発見した時に、そして「私」として、身体をなしている肉と皮と骨と汁を受け入れた時に、すでに私は、この世界のあらゆる物を受け入れている。

「私」であり、「私」でない、さまざまな物と、物について語る言葉。

その言葉、物語り、物語られる言葉の快楽が、その苦痛がある旋律に至った時に、物語は歴史と呼ばれる、別の語りへと変成するのだ。

＊

田舎の資産家の息子が、何を考えたのか、作家をめざして上京してくる。谷中の植木屋に下宿した彼は、首都の作家連中の間を歩きまわり、新しい演劇運動の誕生に立ち会ったりもする。創作の出発点になるような確信はいっこうに得られないが、インテリたちの長広舌の中にあらわれるさまざまな文芸思潮や輸入思想と、身持ちのよくない女たちに翻弄される。ただ闇雲に移ろいながら、何の「当て」もなく日々を暮らして彼が、いつも通りがかりに覗く古道具屋があった。

此町の北側に、間口の狭い古道具屋が一軒ある。谷中は寺の多い處だからでもあらうか、朱漆の所々に殘つてゐる木魚や、胡粉の剝げた木像が、古金と數の揃はない茶碗小皿との間に並べてある。天井からは鰐口や磬が枯れた釣葱と一しよに下がつてゐる。

純一はいつも通る度に、ちよいと此店を覗いて過ぎる。掘り出し物をしようとして、骨董店の前に足を留める、老人の心持と違ふことは云ふまでもない。純一の覗くのは、或る一種の好寄心である。國の土藏の一つに、がらくた道具ばかり這入つてゐるのがある。何に使つたものか、見慣れない器、闕け損じて何の片割れとも知れない金屑や木の切れがある。純一は小さい時、終日其中に這入つて、何を搜すとなしにそのがらくたを掻き交ぜてゐたことがある。亡くなつた母が食事の時、純一がゐないといふので、搜してその藏まで來て、驚きの目を睜つたことを覺えてゐる。

此古道具屋を覗くのは、あの時の心持の名殘である。一種の探檢である。錆びた鐵瓶、燒き接ぎの痕のある皿なんぞが、それぞれの生涯の ruine を語る。

（『青年』）

云うまでもなく、これらの古道具たちの、雑多で醜悪で、しかしまた実用から解き放たれた事物の放つ少し呑気なあり様は、純一と名乗る青年を取り囲んでいる、様々な思想や女たちの、「未来」の姿である。皿小鉢や鉄器などに覗く、「それぞれの生涯の ruine」を、既に彼は「小さい」時、その小さい身体において、「國の土藏」の中で、自身の人生の未来として、眺めていた。

確かに、あらゆる「私」の生が、そこに含まれている精神の輝きであれ、肉の奢りであれ、いずれ廃墟に、残骸へと至ることを、「私」はあらかじめ知っている。その知識は、「語る」、あるいは「思考」する「私」に由来するものというよりも、むしろ「肉」としての「私」に由来するものだ。間断なくゴミになっていく「肉」を、なすことなく眺めつづけざるをえない、「私」が覚えている、痛覚として「廃墟」の認識が既に形成されている。

物を目の前にして、自らの未来を廃墟として先取りすること。それはまた、常に、その先取りされた残骸、ゴミ、ガラクタから見て「過去」であるしかないものとして自分を、数えきれないほど思い返し、その反復の狭間に生きていくことにほかならない。このような認識こそを、「自己了解」と呼ぶべきだろう。つまり、「今」の「私」が、ガラクタの「過去」であるという認識。

森鷗外の小説や文章には、残骸にかかわる「自己了解」が溢れている。それは、「物」への愛情や執着というのとも異なる、一つの避けがたく尖った認識であるのだ。

先帝の崩御せさせ給ふ少し前に、戸山學校に卒業式があつた。式が濟んで歸る途中で、私は乃木ぬしにかう云ふ事を言ひ出した。此頃ドイツの新聞を見るに、キインの彫塑家某が御身のルリエフ像をあらはした銀牌を作つて寄贈したさうである。若し到着してゐるなら、一見させて下さらぬかと云つた。乃木ぬしは答へた。いかにも其銀牌は到着したから、切角見せようと思つてゐた。見せるばかりではない。あれは御身に遣らうと云ふことである。私は云つた。切角人が御身を尊敬して贈つた記念品を、私は貰ふことは出來ぬ。若し出來が好かつたら、拝借して武石弘三郎と云ふ友人に模造させようかと思ふと云つた。乃本ぬしは、「いや、己はいらぬのだ」と云つて、ずん〳〵往ってしまつた。其後副官が銀牌を持つて來て、返すには及ばぬと云ふ乃木ぬしの口上を傳へた。併し私は承諾せずに、二三日借りて置いて返した。私はルリエフが餘り氣に入らぬので、模造もさせなかつた。乃木ぬしの亡くなつた後に聞けば、丁度其頃乃木ぬしは友達にそれとなく遺物分をしたらしい。私は遺物分とは心付かずに受けなかつたのである。銀牌も乃木ぬしの遺物の中にあるであらう。

（『戴冠詩人』）

この文章が興味深いのに、乃木とよばれた、言葉のあらゆる意味において明治の精神の体現とも考えられる軍人と、その時代を一方で代表する作家の交情が深切に描かれているからではない。乃木の死について、鷗外が直接に書いている、日記や備忘などを除けば、唯一の文章だからである。

文学史家たちは、誰一人疑う者なく、乃木の殉死が鷗外の文学生活に大きな影響を与えた事を強調している。もとより通説を疑う意図はない。乃木の自裁に直面した後に、鷗外がいわゆる近代日本の社会の中を生きるプロブレマティクな主人公をもつ小説を諦め、歴史小説と呼ばれるような作品へと方向転換していったのは、まがうことのない、「事実」だからである。

私が、先に引用した記事に興味を抱くのは、ここに鷗外が記している記事が、「ルリエフ像をあらはした銀牌」をめぐって書かれているからだ。

繰り返しになるが、森鷗外は、殉死後僅か四日の間に書かれたとされる、初稿『興津彌五右衛門の遺書』をはじめとして、『阿部一族』から『堺事件』までの、江戸初期から幕末の殉死・切腹に題材を取った多くの小説を、乃木の事件の後に書いた。だが、また同時に、乃木の事件そのものは、例えば漱石が『こゝろ』で書いたようには、直接に記してはいない。

無論、そのような沈黙と、直接的な言及はないものの主題として重なる作品が多いということは、鷗外が受けた衝撃がきわめて大きく、みだりに語り弁ずる事の出来ない性格のものであったことを、証明するものである。

そのように鷗外の心境を忖度した上で、なお私は、「銀牌」に関する鷗外の述懐に興味を覚えるのだ。また、鷗外が「物」について語っている。鷗外が、乃木の死後に「遺物」となり、出来が悪いながら後世にその面影を彷彿とさせるであろう、「ルリエフ像をあらはした銀牌」について、「現在」を「過去」に滑り込ませる残映を眺め、そのような映像を焼き付けたガラクタについて語っていることが、興味深いのだ。

というのも、鷗外は、乃木とその夫人の「残骸」を見たとおぼしいからだ。

鷗外の日記によるならば、大正元年九月十四日、殉死の翌日に鷗外は乃木の屋敷に赴いている。未だに検屍は完了しておらず、鷗外は乃木夫妻の姿をまの辺りにした可能性が強い。「大正元年九月十四日〈土〉、陰。／乃木の邸を訪ふ。石黒男忠悳の要求により鶴田禎次郎、徳岡凞を乃木邸に遣る」

その時の乃木宅の有り様は、遺体検案書によるならば、このようなものであつたと云う（この辺の記述は、松本清張の『両像・森鷗外』に依っている)。

一、室。　乃木邸二階の將軍の居室

東窻《まど》際には明治大帝の御眞影を奉安し前に小机を置きたる八疊敷の日本間、敷居を以て次の六疊の間に續き其の間に唐紙等の境なし白紙罫紙等に書かれたる遺墨、遺言書の外に此の兩つの坐敷に書箋紙半折に和歌を書きたるものもありて五、六枚散亂す

此の次の間には暖爐ありて室の西端にあり御眞影に相對す其の爐上の上(ママ)の欄間には將軍の父君母堂竝に日露戰爭に於て戰歿せられたる將軍の愛子保典、勝典兩君の肖像畫が掲げられ居ります次の間六疊の西南隅に大硯及び筆等がありまして檢案時には未だ墨瀋が乾かざりしと書きてあります

將軍夫妻の位置。

將軍の遺骸は此の二つの坐敷の間の敷居より東方一尺程の八疊の居間の中にありまして北側廊下の境より約一尺ばかりで體は頭部を東方に向け脚は敷居の方に向ふ、左顳顬部を敷物に接し軀幹を左側半ば俯臥の位置にして右脚を伸し左脚を稍屈す、將軍の足部に近く軍刀の鞘があります。夫人は將軍に相對して頭部を將軍の頭部に向け此の兩頭部の間隔は約五寸ばかりなり兩膝を屈し坐したる儘俯伏せられし位置にあります懷劍の鞘は夫人の左側に置かれてあります兩遺骸の間及び將軍の右方には鮮紅色の凝血あり、血の飛沫は更らに右方一尺餘まで散點して居ります

松本清張が、推察しているように、殉死という事件に際しても、実際にこの光景を目の当たりにしたということが、鷗外にとって決定的であったことは間違いない。だが、それが鷗外にとって鮮やかであり、激しかったのは、「次弟篤次郎（三木竹二）が喀血で窒息死し、その遺体解剖に立ち会って貧血を起こし卒倒をした」鷗外が、同様に身近な乃木の死体を見て、「はなはだしい衝撃」に襲われたためではない。

「物」となった、乃木らを見たことが、その後の鷗外にとっては、決定的だった。

自裁は意志の、精神の勝利のように見える。実際、「思考」する「私」が、その意図によって「肉」の生命を断つのであるとすれば、その勝利はゆるぎないものであり、疑いえないものであるように思われる。

だがまた、自死の現場を見れば、そこに残っているのは、あからさまな肉にほかならないのである。

たしかに、乃木は、その死後のありさまにきわめて繊細な配慮を行っていた。「白襦袢の下に繃帯様の紐を兩肩にかけ釣りありこれ肛門部の宿痾《しゅくあ》の脱肛を防ぐものにして長さ一寸五分太さ大凡《おおよそ》筆軸位のもの二本を白紙に包みたるものを肛門に當て脱肛の脱出を防ぎ兩端を肩に紐を以て釣し防ぎあられたるものにして用意の程を示さる」。

にもかかわらず、入念な準備が綻びて不測の事態が起こったなどという事ではなく、その姿が将軍夫妻の意志を率直に反映しているものであればあっただけ、鷗外はまざまざと、そこに「思考」する「私」ではなく、「肉」としての「私」を、「物」の勝利を見いだしたのではないだろうか。

あらゆる事態を考え抜いて、殉死という行為を純粋な賭けとして結晶させた乃木の精神の透徹と勁さを、その遺骸の姿に認めれば認めるほど、鷗外には「物」の勝利が、残された「残骸」の、意志を超えた生々しい実在が、追ってきたのではないか。

鷗外が、乃木の殉死について、「ルリエフ像をあらはした銀牌」においてしか語れなかったこと、それは鷗外が「それぞれの生涯のruine」をしか人に見ることが無かったことと繫がっている。全ては、残骸に帰るということ。乃木の示した、裂帛の意志によってさえ、廃墟しか残しえなかったこと。それを鷗外は、確認した。

明治終焉後の、鷗外小説の転換、歴史小説から、史伝小説に至る経路は、この「確認」によって方向づけられている。「物」の勝利の確認と、「物」への屈服において、鷗外はその後半生の「豊饒」を築き上げた。

＊

云うまでもなく、ここで語ってきた「物」とは、いわゆる客観科学がすぐれてその対象としているような、質量をもった物体のみを指しているのではない。「思考」する私の予断と期待に反して、つねに勝手に打ち零れ、あるいは耐え難い程厚顔にのさばる、その塊としての「肉」につらなるものである。

このような「物」にたいして、露伴は、鷗外とは対照的な姿勢を示す。

まだ、最初の妻が健在の頃であった。主人は一日の仕事を終えて、丹精をしている庭に、丁寧に打ち水をして回った。為終えると、銭湯に赴き、「茄蛸」のようになって帰ってくる。早速膳が出され、燗酒が注がれる。鰺、鴨と酒肴が続けて出されるうちに、酒は進み、酔いが回った。いい心持ちになった主人は、妻が差し出す徳利に応えようと、出した盃を、誤って取り落としてしまう。縁を転がり落ちて、沓脱ぎ石に当った盃は、粉々に割れた。

妻は機転をきかせて、より見事な出来の盃をもってきて主人に酒を勧めるが、意気消沈は直らない。常ならず破片を眺めて、継げないものかなどと問う未練を見て、不審に思った妻に、語り聞かせる。


「ハ、、、、、お前を前に置いてはちと言ひ苦い話だがナ。實は彼の猪口は、昔己が若かつた時分、ア、、今思へば古い、古い、ア、もう二十年も前のことだ。己が思つて居た女があつたが、ハ、、、、何うもちツと馬鹿らしいやうで眞面目では話せないが。」と主人は一口飲んで、

「まあ好いは。これもマア、酒に酔つた此場だけの坐興で、半分位も虚言を交ぜて談すことだと思つて聞いて居て呉れ。ハ、、、、。まだ考のさつぱり足りない、年のゆかない時分のことだ。今思へば眞實に夢のやうなことで全で茫然とした事だが、まあ其頃は乃公の頭髪も此様に禿げては居なかつたらうといふものだし、また色も少しは白かつたらうといふものだ。何といつても年が年だから今よりはまあ優しだつたらうさ、いや何も左様見つとも無く無かつたからといふ譯ばかりでも無かつたらうが、兎に角ある娘に思はれたのだ。思へば思ふといふ道理で、性が合つたとでもいふ事だつたが、先方でも深切にして呉れる、此方でもやさしくする。いやらしい事なぞは毫も口に仕無かつたが、胸と胸との談話は通つて、どうかして一緒になりたい位の事は互に思ひ思つて居たのだ。ところが其娘の父に招ばれて遊びに行つた一日の事だつた、此盃で酒を出された。まだ其時分は陶工の名なんぞ一ツだつて知つて居た譯では無かつたが、たゞ何となく氣に入つたので切と此の猪口を面白がると、其娘の父が乃公に對つて、斯う申しては失禮ですが此盃がおもしろいとは御若いに似ず御目が高い、これは佳いものではないが了全の作で、ざつとした

中にもまんざらの下手が造つたものとは異ふところもあるやうに思つて居ました、と悦んで話した。さうすると傍に居た娘が口を添へて、大層御氣に入つた御様子ですが、御氣に召しましたのは其盃の仕合せといふものでございます、宜しう御坐いますから御持歸下さいまし、失禮で御坐いますけれど差上げたう御坐います、ねえお父様、進上げたつて宜いでせう、と取り做して呉れた。もとより惜むほどの貴いものではなし、差當ての愛想にはなる事だし、また可愛がつて居る娘の言葉を他人の前で挫きたくもなかつたからであらう、父は直に娘の言葉に同意して、自分の膳にあつた小いのをも併せて贈つて呉れた。その時老人の言葉に、菫のことをば太郎坊次郎坊といひますから、此同じやうな菫の繪の大小二ツの猪口の、大きい方を太郎坊、小さい方を次郎坊などと呼んで居りましたが、一ツ離して獻げるのも異なものですから二つともに進じませう、といふので終に二つとも呉れた。其一つが今壊れた太郎坊なのだ。

（『太郎坊』）

若い恋人たちの交情、娘の家に出掛けていく男の爽やかな気負いと、娘の父の照れたような慇懃さが、一つの上出来な永楽焼きの盃によって解れ、親和が綾なされていく。その間合いを計るように、父に盃をねだることで、その和やかさを定着しようとする娘の利発さと、押し切られて見せる父親、そのやり取りの中にしっかりと自分が絡み取られていることを認識しつつ、憎からず思っている男。そのような心理と計算の交錯を、露伴は見事に彷彿とさせ、土味の堅い、薄手の猪口の周囲に形象化している。

その後若き日の主人は、家ではいつも二つの盃を並べて酒を飲み、「其娘と相酌でも仕て飲むやうな心持」で楽しみ、娘には、いつ太郎坊に会いにくる、毎朝夕会いたいと太郎坊が呼んでいる、等といって戯れていた。

がある日、次郎坊を不図した不注意から割ってしまう。不吉な予感が告げた通りに、「骰子の眼」が良からぬ方に転んで、「何うしても、斯うしても」その娘と別れなければならない、「強ひて情を張れば其娘のためにもなるまいといふ仕誼」に陥ってしまった。「今考へても冷りとするやうな突き詰めた考へ」を起こしもしたが、何とか冷静を保って娘と別れてしまった。

主人は「太郎坊」で酒を呑みながら、一人涙を流して、何とか女を諦めたが、それでも女を忘れられない。だが未練の心はなく、自分と別れてしまった後に、どのような生活を送っているのか、知ろうともしなかったし、実際に知らない。それでも娘の好いところばかり思い返す。それから後、娘と会おうとも、どうしようとも思わないが、その面影は、時に鮮明に、太郎坊に注がれた酒の上に現れるのだ。

お前が家へ來てからももう彼是十五六年になるが、己が酒さへ飲むといへばどんな時でも必ず彼の猪口で飲むで居たが、談すにも及ばないことだから此仔細は談しも仕なかつた。此談は汝さへ知らないのだもの誰が知つて居やう、唯太郎坊ばかりが、太郎坊の傳言を仕た時分の乃公を能く知つて居るものだつた。ところで此の太郎坊も今宵を限りに此世に無いものになつて仕舞つた。其娘は既二十年も昔から、存命へて居ることやら死んで仕舞ふたことやらも知れぬものになつて仕舞ふ、わづかに殘つて居た此の太郎坊も土に歸つて仕舞ふ。花やかで美しかつた、暖かで燃え立つやうだつた若い時の總ての物の紀念といへば、たゞ此の薄禿頭、お恰好の紅絹のやうなもの一つとなつて仕舞ふたかとおもへば、はゝゝゝゝ、月日といふものの働きの今更ながら強いのに感心する。人の一代といふものは、思へば不思議のものぢやあ無いか。頭が禿げるまで忘れぬほどに思ひ込んだことも、一ツ二ツと轄が脱けたり輪が脱れたりして車が亡くなつて行くやうに、段〻消ゆるに近づくといふは、はて恐ろしい月日の力だ。身にも替へまいとまでに慕つたり、浮世を憂いとまでに迷つたり、無い縁は是非もないと悟つたりしたが、まだ何所ともなく心が惹かされて居た其古い友達の太郎坊も今宵は摧けて亡くなれば、戀も起らぬ往時に返つた。今の今まで太郎坊を手放さず居つたのも思へば可笑しい、其の猪口を落して摧いてそれから種〻と昔時のことを繰返して考へ出したのも愈〻可笑しい。ハ、、、、氷を弄べば水を得るのみ、花の香は虚空に留まらぬと聞いて居たが、ほんとに左様だ。ハ、、、。どれ〳〵飯に仕やうか、長話しを仕た。（同前）

ここで一見露伴は、残骸となった猪口について、長々と語っているように見える。この長台詞は、露伴もまた「物」に圧倒されていることを示しているのだろうか。

確かに猪口が、「物」として当然の運命に従って塵芥に帰した時、露伴の二十年に及ぶ思慕はかき消されたかに見える。だが、本当に露伴の思いは死んだのであろうか。

その思いが、直接的な恋愛を意味するのならば、それはとうの昔に死んでいた筈である。「乃公」が、一人太郎坊と涙を流して諦めた時に、恋は死んでいた。生身の娘に対して、如何なる未練もないと、露伴は繰り返し語っている。このような場合に露伴の「言葉」に含みはない。

それ故に露伴が、太郎坊に込めていたのは、追憶であり、回想にほかならなかった。無論、回想は、死んだ感情ではない。時に、現在の事物を対象にして起きる精神の生動よりも、激しく生々しいことがある。

回想という点から見れば、「太郎坊」は、露伴にとって「ruine」ではなかった。恋から分離された想いにおいて、その盃は生き生きとしたパートナーであり、伴侶だったのである。

太郎坊が、「残骸」ではなく、「乃公」の眼に美しくあり続けたのは、恋を断ち切った意志の力によるものだ。もしも「乃公」が、思い切らず、「突き詰めた考へ」を実行してしまっていたなら、あるいは未だに思慕をして、何とか手管を用いて取り戻そうとしていたなら、到底「太郎坊」の菫の意匠は、可憐な輝きを見せはしまい。

同様に、「太郎坊」が壊れた時も、露伴は自らの回想の残骸を目の当たりにしはしなかった。その破砕とともに、「戀も起らぬ往時に返つた」だけである。「乃公」は、何故その娘と別れることになったのか、と問う妻に、このように答えている。


それを今更話した所ろで仕方がない。天下は廣い、年月は際涯無い。然し誰一人乃公が今こゝで談す話を虚言だとも眞實だとも云ひ得る者があるものか、而してまた乃公が苦しい思ひを仕た事を善いとも悪いとも判斷して呉れるものが有るものか。唯一人遺つて居た太郎坊は二人の間の祕密をも悉しく知つて居たが、それも今亡しくなつて仕舞つた。水を指さしてむかしの氷の形を語つたり、空を望んで花の香の行衛を說いたところで、役にも立たぬ詮議といふものだ。昔時を繰返して新しく言葉を費したつて何にならうか、ハ、、、、笑つて仕舞ふに越したことは無い。云はゞ戀の創痕の痂が時節到來して脫れたのだ。ハ、、、、大分好い工合に酒も廻つた。可い、可い、酒は既澤山だ。

(同前)

露伴が笑う時には、本当の笑いが起こる。それは、覚悟を込めた哄笑であって、その笑いは、「物」の道理を吹き飛ばす。

といって露伴が、考え、語る「私」に立て篭もって、「物」から眼をそむけているという事ではない。露伴は、大きな眼を開いて、「物」を見つめている。見ながら、露伴は、昂然としているだけだ。あるいは昂然たろうとしているだけである。

なぜ露伴は、昂然とするのか。それは露伴が、「過去」にたいして抗っているからである。露伴にとって、「過去」はすべからく、瑞々しく生動していなければならないのだ。湿った、鬱々たる、まるで皮の中の肉が放つ匂いは、「過去」から消されてしまう、忘れられなければならないからだ。

露伴の過去に対する、あるいは「物」が必然的に折り返す「過去」への恬淡たろうとする関わり方は、「乃公が苦しい思ひを仕た事を善いとも悪いとも判断して呉れるものが有るものか」という強い自負と、諦めと表裏をなしている。誰しもが、内心の懊悩を他人に「判断」してもらいたいがために、「過去」へと縋り、「物」の奴隷と化している時に、露伴は昂然と頭をあげて、「戀も起らぬ往時に返つた」事を宣言する。何よりも、留意すべきなのは、この恋愛譚が、妻を聞き手として語られていることだろう。遣り方によっては随分、きわどい悪趣味な偽悪や告白になりかねない趣向を、露伴は清々しく乗り切って、むしろ夫婦の信頼、その真情の交通が、昔の恋人の形見の崩壊を前景としながら、大きく浮かび上がってくる。

その点からすれば、ここで起こっていることは、丁度自殺の逆なのだ。自殺が、意志による「肉」への勝利を証しだてている様に見えて、その現場ではむしろ、「肉」の不気味なまでの露呈を生じるのと逆に、追憶と一体になった「物」の崩壊は、強い意志の発現の場となる。少なくとも露伴においては。露伴にとって「物」は、その残骸は、「私」の未来ではない。「私」は、破片の「過去」ではなく、むしろ、「物」が過去なのだ。その「過去」も、物の崩壊と共に消滅する。

故に、過去を拒む意志のあらわれは、けして露伴における、精神的なもの、思弁的なものの優位を、あるいはその永遠性の確信を意味するものではない。むしろ、露伴において思考は、常に「物」と同時に歩んでいる。ただただ精神的なものなど、露伴にしてみれば、汚らしいだけなのだ。

で、今の釣師は即ち是れ生きた太公望なのであるものを、人の無い後に魂魄などといふ、きたない、未練げなものが殘つて有るにしても、三千年近くも經た遠い古い太公望の魂魄などは既う磨り減つて無くなつても居やうし、まして人間の事跡なぞといふものは元來が其人の糟粕なのであるから、分からなくなつたとて、消えて了つたからとて、ピン〳〵生きてゐる今の太公望からは、何様なつたつてかまふものでは無いのが當然だ。（『太公望』）

太公望の霊などというものに、一顧だにしないどころか、霊魂などという物に何の現実性も超越性も感じない処にこそ、露伴の史書読みの面白さがある。その読みは、あくまで、今日の太公望たちの、その釣り竿の撓りや釣果の多寡に並列しうるような面白さ、興味、心の生動によって為されなければならない。このような興味や精神の躍動は、眼前に動く「物」への闊達な興味によって生まれ、「物」と共に生命を日々新たにできたのである。

だがまた同時に、このような「物」と「私」の、きわめて充実した一体性は、いやし難いアポリアを、露伴に、特にその過去を歴史と為す時に強いた。

鷗外は、乃木の自死後四日の裡に書き上げて『中央公論』に掲載した『興津彌五右衛門の遺書』を、翌大正二年六月に籾山書店から上梓された単行本『意地』に収める時に、ほとんど全面的な改稿を施している。

＊

改稿の理由を鷗外は、設定上の誤りとして説明している。確かに『翁草』と『徳川実紀』のみに頼った初稿には、多くの齟齬があった。初稿では、殉死の禁則を破って、主君細川忠興の十三回忌に彌五右衛門は切腹することになっている。禁を破ってまで、何故殉死を、しかも十三回忌という時間が離れた時点でしなければならなかったのか、という事を子孫に語り聞かせる体裁が、遺書というテクストの形態の必然性を形作っていた。

ところが、その後、『興津家由緒書』『忠興公御以来御三代殉死面々抜写』等を探索した結果、彌五右衛門殉死の当時には、まだ幕府から殉死の禁制が出されていなかった事、それどころか彌五右衛門の殉死は、細川家の一種のプロパガンダとして大々的な称賛のうちに取り行われたことが明らかになったのである。

このように史料の裏付けにおいて、初稿の枠組みが崩れて、作品自体の成り立ちの根拠を失っただけでなく、博捜の結果として、叙述の細部も大幅に書き改められたことで改稿された作品は、乃木の遺書を摸したと言われた初稿の緊張感を著しく減ずる結果になった。

史料との対比という点を抜きにして、単純に小説として読んだ場合、初稿が格段に優れており、改稿は甚だしい改悪だったという事で衆目は一致しているようだ。小説としての評価であるならば、この判定は動かないところだろう。

だが、一体何故鷗外は、このように明らかな改悪を敢えてしたのだろうか。

それをただ、鷗外の史料リゴリズムに帰してしまってよいのだろうか。無論、それがリゴリズムであることは間違いないのだが、しかしそのような史料への偏重、小説としての興を犠牲にしてまで正確を期す事の意味は一体何か。

問いの立て方を変えてみてもよい、何よりも精確を重んじるならば、なぜそれが小説で、あるいは文芸作品でなければならないのか。正当性のなくなってしまった、遺書という虚構を保持しなければならないのか。

この点にこそ、鷗外にとっての歴史が問われなければなるまい。

改稿された『興津彌五右衛門の遺書』は、上記した通り多くの改編を受けているが、付記の中で最も大きくかつ異様なのは、結末に加えられた、彌五右衛門の子孫に関する記述だろう。

彌五右衛門景吉の父景一には男子が六人あつて、長男が九郎兵衛一友で、二男が景吉であつた。三男半三郎は後作太夫景行と名告つてゐたが、慶安五年に病死した。其子彌五太夫が寛文十一年に病死して家が絶えた。景一の四男忠太は後四郎右衛門景時と名告つた。元和元年大坂夏の陣に、三齋公に従つて武功を立てたが、行賞の時思ふ旨があると云つて辭退したので追放せられた。それから寺本氏に改めて、伊勢國龜山に往つて、本多下總守俊次に仕へた。次いで坂下、關、龜山三箇所の奉行にせられた。寛政十四年の冬、島原の亂に西國の諸侯が江戸から急いで歸る時、細川越中守綱利と黒田右衞門佐光之とが同日に江戸を立つた。東海道に掛かると、人馬が不足した。光之は一日丈先へ乘り越した。比時寺本四郎兵衞が京都にゐる弟又次郎の金を七百兩借りて、坂下、關、龜山三箇所の人馬を買ひ締めて、山の中に隱して置いた。さて綱利の到着するのを待ち受けて、其人馬を出したので、綱利は土山水口の驛で光之を乘り越した。綱利は喜んで、後に江戸にゐた四郎右衞門の二男四郎兵衞を召し抱へた。四郎兵衞の嫡子作右衞門は五人扶侍二十石を給はつて、中小姓組に加はつて、元祿四年に病死した。作右衞門の子登は越中守宣紀に任用せられ、役料共七百石を給はつて、越中守宗孝の代に用人を勤めていたが、元文三年に致仕した。登の子四郎兵衞は物奉行を勤めてゐるうちに、寛延三年に旨に忤つて知行宅地を沒收せられた。其子宇平太は始め越中守重賢の給仕を勤め、後に中務大輔治年の近習になつて、擬作高百五十石を給はつた。次いで物頭列にせられて紀姫附になつた。文化二年に致仕した。宇平太の嫡子順次は軍學、射術に長じてゐたが、文化五年に病死した。順次の養子熊喜は實は山野勘左衞門の三男で、合力米二十石を給はり、中小姓を勤め、天保八年に病死した。熊喜の嫡子衞一郎は後四郎右衞門と改名し、玉名郡代を勤め、物頭列にせられた。明治三年に鞠獄大屬となつて、名を登と改めた。

興津弥五右衛門の直接の子孫はともかく、その兄弟の子孫までを、明治時代に至るまで、書き記さなければならなかった、その意図は何だろうか。

このような記述が、狭い意味での小説の構成や感興に、まったく益がないこと、むしろ異様な付加物であることは、先に指摘した通りである。だが、一体、なぜこのような長い、探査の結果を鷗外は、改稿した遺書に書き足したのか。足さなければならなかったのか。

このような記述を、たとえばG・フローベールの小説に頻出する紋切り型、特に『ブヴァールとペキシェ』で行われる雑多な学問の引用と比べて見る事は有効かもしれない。確かに鷗外の歴史小説には、フローベール的なアパシイを見て取る事が出来る。

だが、にもかかわらず鷗外がブヴァールたりえないのは、鷗外にとって、このような記述こそが、歴史であり、過去との対話にほかならなかったからである。澁江抽斎へと結実する、伝記の対象本人だけでなく、その周囲を隈無く調べその生涯を書き記す史伝のエクリチュールは、この改稿における付記からはじまった。鷗外が、『澀江抽斎』の根幹をなす武鑑をはじめて買い求めたのは、改稿定本の出版のすぐ後、大正二年の九月である。

そのように考えた時に『興津彌五右衞門の遺書』改稿の意味があきらかになるだろう。つまりそれは、小説が史料に屈伏する形で、小説が書かれる端緒となったということであり、その初稿と定本の間にこそ、鷗外にとっての乃木の殉死、あるいは明治の終わりという問いが秘められている。

逆に云えば、鷗外の歴史小説とは、史実、すなわち「肉」の、「身体」の来歴が、意志としての小説を打ち負かすことによって成立した。鷗外にとっての歴史は、「残骸」の列記にほかならず、それは小説的な生命への断念によって可能になったものである。

確かに、その断念は、鷗外に別種の自在さを与えた。その自在さの性格については、『澀江抽斎』を検討しながら見ていかなければならない。ただはっきりしている事は、鷗外の自在さは、露伴の昂然とした不羈とは著しい対照にあるという事だ。

露伴的な歴史と過去という炎（下）

鷗外は、澁江抽斎と、古書店で武鑑を漁る内に知り合ったという。あたかも『雁』において語り手が、古書肆での買い物を仲立ちに、「岡田」と馴染んだように。

武鑑は、わたくしの見る所によれば、徳川史を窮むるに闕くべからざる史料である。然るに公開せられてゐる圖書館では、年を逐つて發行せられた武鑑を集めてゐない。これは武鑑、殊に寛文頃より古い類書は、諸侯の事を記するに誤謬が多くて、信じ難いので、措いて顧みないのかも知れない。しかし武鑑の成立を考へて見れば、此誤謬が多いのは當然で、それは又他書によつて正すことが容易である。さて誤謬は誤謬として、記載の全體を觀察すれば、徳川時代の某年某月の現在人物等を斷面的に知るには、これに優る史料は無い。そこでわたくしは自ら武鑑を蒐集することに着手した。

此蒐集の間に、わたくしは弘前醫官澀江氏藏書記と云ふ朱印のある本に度々出逢つて、中には買ひ入れたものもある。わたくしはこれによつて弘前の官醫で澀江と云ふ人が、多く武鑑を藏してゐたと云ふことを、先づ知つた。

武鑑という、古書探索の対象としては些かマニアックなジャンルを通して、ある固有名詞と出会い、関心を抱く事は、話者が、武鑑について定見を抱くようになる過程と、その固有名詞がおぼろげな相貌を抱くようになる道筋は重なり合っている。

その重なり合いの有り様は、何よりも武鑑を求める、つまり古書肆を巡り歩き、春秋の目録を眺める内に得られる知識情報が数々の屈曲を重ね乍ら増え、あるいは訂正され、いつが終局ともしれない不透明な連鎖を形成せざるを得ない——「わたくしは現に蒐集中であるから、わたくしの武鑑に對する知識は日々變つて行く」——がためにきわめて多面的であり、それが次第にある方向に向けて集約されていくと、一種の結晶作用の如きものが生じてくるようだ。

鷗外は、その不定形な知識の一応の限界として、最も古い武鑑を「正保二年に作つた江戸の屋敷附」であるとする。ただしその本は四年に刻したと記されているのだが、実際の製作が二年であると判断しうる根拠が文面に何箇所もあるのだと語る。このような判断の根拠は、鷗外が幅広い渉猟にもかかわらず、それより古い武鑑の類いを、古書店でも図書館でも見たことがないからであり、他に慶安の紋尽くしを帝国図書館で見たことがあり、明暦、寛文になればいくつも残っているのだと云う。

これはわたくしが數年間武鑑を捜索して得た斷案である。然るにわたくしに先んじて、夙く同じ斷案を得た人がある。それは上野の圖書館にある江戸鑑圖目錄と云ふ寫本を見て知ることが出來る。此書は古い武鑑類と江戸圖との目錄で、著者は自己の寓目した本と、買ひ得て藏してゐた本とを擧げてゐる。此書に正保二年の屋敷附を以て當時存じてゐた最古の武鑑類書だとして巻首に載せてゐて、二年の二の字の傍に四と註してゐる。著者は四年と刻してある此書の內容が二年の事實だと云ふことにも心附いてゐたものと見える。著者はわたくしと同じやうな蒐集をして、同じ斷案を得てゐたと見える。序だから言ふが、わたくしは古い江戶圖をも集めてゐる。

然るに此目錄には著者の名が署して無い。只文中に所々考證を記すに當つて抽齋云としてあるだけである。そしてわたくしの度々見た弘前醫官澀江氏藏書記の朱印が此寫本にもある。

わたくしはこれを見て、ふと澀江氏と抽齋とが同人ではないかと思つた。そしてどうにかしてそれを確めようと思ひ立つた。

それまでも度々武鑑探索の道筋で出会っていた印形が、抽斎という名前と結びついた瞬間において、鷗外は自ら武鑑探索の結果得た推測と一致する所見と出会う。そのような見方と出会うことは、云うまでもなく自分の見解の優先性が侵されたというような不快ではなく、懐かしさ、親しさを醸すものである。

というのも、自らが得た意見と重なる意見を先人が抱いていたことを知る事は、その意見の正しさを保証された事でもなく、妥当性を知る事でもないからである。そこで問題になっているのは、見解の正しさではないし、事実の合致などでもない。

鷗外と、弘前医宮澁江氏蔵書記の朱印を捺した人物の見解、意見が一致したという事は、けして同じ真実にたどり着いたなどということを意味しないからである。それはむしろ両者が同じ探索上の限界に至った、その限界にまでともに歩いたと云うことであると同時に、それ以上歩くことができなかった、そこで足を止めたということを示し、それがゆえに、出会うことは懐かしく親しいことなのである。

先に（第二章［上］において）鷗外の史伝小説が、史料への屈服として書かれているという事を述べた。史料に屈服するということはけして、史料が構成する客観的かつ包括的な秩序に従うと云う事ではない。少なくとも鷗外においてはそうではない。むしろ史料として現れ出会い、時に消え、無効になりまた再評価をされるような、史料の事物としての気ままなあり方の指し示す、偶然の、場当たりでその場限りでかつ予告なしに突然変更され改定される限界に従うということにほかならない。

文献学的、あるいは考古学的な事実と、実験科学が指し示す事実の性質は本質的に異なったものである。文献学＝考古学的な事実は史料の物としての在り方、その明滅に徹底的に縛られている。ある史料の発見、登場、あるいは否定、隠滅は容易にそれ以前の事物の秩序が形戒してきた事実性を覆し変形させてしまう。

確かに実験的な手法で獲得された事実も、常に変形の機会に晒されている。しかし実験的な事実は、人に、知識を所有する主体に屈服を要請しない。その探求の範囲を限定しない。確かにある見解は常に新しい知見によって乗り越えられるべきものだが、その乗り越えの可能性は常に探索者に開かれている。乗り越えを前提としているからこそ、実験科学的知識は常に新しいものへと、未来へと押し出されており、自らが得た知見が、既存のものと一致することは、その知見の無意味を宣することにほかならない。

文献学＝考古学的な事実の偶発的な在り様に従属した主体は、実験の齎す厳しさと楽観とは著しい対照を成している。ある遺跡なり古墳なりが発掘され、めざましいと称される埋もれた「物」が発見されるごとに、考古学的な定説が覆されたり、変更されたり、否定された見解が蘇ったりする右往左往に、滑稽と隷属を見ない精神は健全と云えるだろうか。

文献学＝考古学的な事実と実験的な事実を、ともに事物にかかわる「客観的」な認識に基づくものとして等価に扱う者は、ただこれらの知の本質的な差異に無自覚であるか隠蔽を試みているだけではなく、このような滑稽に対して鈍感であると云わざるを得ない。

鷗外の史伝小説は、こうした滑稽さにたいする敏感によって特徴づけられるものであり、考証という限界づけられた知の、その限界に拉がれ、あるいは限界を甘んじて受け入れた者の自意識によって彩られている。

鷗外の「澀江氏」に対する共感は、武鑑に関する見解の一致に拠るものだが、前にも云ったように、その見解の有効性はきわめて暫定的なものである。最も古い武鑑という知識は非決定的なものであって、それは要するにそれより古い武鑑を鷗外が未だに見たことがない、その「蒐集」の網にかかっていないという「偶然」によって許されているにすぎない。

無論、鷗外の見解は、「正しい」のかも知れず、その渉猟の行路はほぼ絶対的といっていいほど完璧であったのかもしれない。にもかかわらず、この見解は、明日にも何処かの古家の書庫や書肆の蔵から、「正保元年」と刻された武鑑が発見されるかもしれないという不安と、その発見までの暫定的な事実でしかありえないという限定からけして逃れることが出来ない、というよりもそのような限定を前提とすることではじめて成立するような知識なのである。

であるから、このような見解が一致を見たということは、見解の妥当性の保証ではなく、同質の限定において生きていた人間への共感なのであり、同様に相対的な世界に生きていた人物として「抽齋」に対して、それこそ存在の根底から沸き上がるような親愛の情を抱いたのである。

鷗外は、弘前をはじめとして東北の知人などに尋ね、書状を送り、少しずつ「抽齋」なる人物についての情報を集めていく。断片的な情報、あるいは子孫などについての報告などを得ていく裡に、書陵寮に勤める外崎覚なる人物が、「澀江氏」について精確な知識をもっているという見当をつけて、外崎を尋ねていく。

外崎さんの答は極めて明快であつた。「抽齋と云ふのは經籍訪古志を書いた澀江道純の號ですよ。」

わたくしは釋然とした。

抽齋澀江道純は經史子集や醫籍を渉獵して考證の書を著したばかりでなく、古武鑑や古江戸圖をも蒐集して、其考證の迹を手記して置いたのである。上野の圖書館にある江戸鑑圖目錄は卽ち古武鑑古江戸圖の訪古志である。惟經史子集は世の重要視する所であるから、經籍訪古志は一の徐承祖を得て公刊せられ、古武鑑や古江戸圖は、わたくし共の如き微力な好事家が偶一顧するに過ぎないから、其目錄は僅に存して人が識らずにゐるのである。わたくし共はそれが帝國圖書館の保護を受けてゐるのを、せめてもの僥倖としなくてはならない。

ここで漸くその正体を著したかに見える抽斎は、『經籍訪古志』の著者としての澁江道純の背後に姿を隠していたかのようである。だが、云うまでもなく鷗外は『經籍訪古志』の著者を発見したのではなく、むしろディレッタントの無益な興味の対象としかなりえない「江戸鑑圖目錄は卽ち古武鑑古江戸圖の訪古志」の著者自身の相対的な存在の在り様、つまり自ら渉猟を事とした「抽斎」がまた、渉猟という過程でしか見いだせない、その過程にしか存在しえないという事、つまりかような史料の探索者とは、渉猟を事とする者であるだけでなく、渉猟の中に自らの存在を埋没させる、渉猟の不透明で限定された過程にしか存在しえない者として自らを変質させる者だと云う事を認識したのである。『澀江抽齋』という著書の意義なるものが有るとすれば、それは澁江抽斎というディレッタントを「再発見」したことではない。探索という不透明な連鎖の中に、その抽斎なる人物を描き、語り、存在させえた事それ自体である。

わたくしは又かう云ふ事を思つた。抽齋は醫者であつた。そして官吏であつた。そして經書や諸子のやうな哲學方面の書をも讀み、歴史をも讀み、詩文集のやうな文藝方面の書をも讀んだ。其迹が頗るわたくしと相似てゐる。只その相殊なる所は、古今時を異にして、生の相及ばざるのみである。いや。さうではない。今一つ大きい差別がある。それは抽齋が哲學文藝に於いて、考證家として樹立することを得るだけの地位に達してゐたのに、わたくしは雜駁なるヂレツタンチスムの境界を脱することが出來ない。わたくしは抽齋に視て忸怩たらざることを得ない。

抽齋は曾てわたくしと同じ道を歩いた人である。しかし其健脚はわたくしの比ではなかつた。迥にわたくしに優つた濟勝の具を有してゐた。抽齋はわたくしのためには畏敬すべき人である。

然るに奇とすべきは、其人が康衢通逵をばかり歩いてゐずに、往々徑に由つて行くことをもしたと云ふ事である。抽齋は宋槧の經子を討めたばかりでなく、古い武鑑や江戸圖をも翫んだ。若し抽齋がわたくしのコンタンポランであつたなら、二人の袖は横町の溝板の上で摩れ合つた筈である。こゝに此人とわたくしとの間に暱みが生ずる。わたくしは抽齋と親愛することが出來るのでである。

澁江抽斎という人物を見いだし、その素性来歴を確かめた喜びがあふれて居るこの文章の中にも、ある種の臭気の如きものを感じざるを得ない。それはある種の不誠実さの放つ香に似ているが、けしてそれだけではない。確かに「抽齋が哲學文藝に於いて、考證家として樹立することを得るだけの地位に達してゐたのに、わたくしは雜駁なるヂレツタンチスムの境界を脱することが出來ない」という文章は不誠実であろう。だが、同時にその不誠実さは、好事家の遍歴の中でしか現れ得ない存在である抽斎を、陸軍軍医として位を上りつめ、近代日本文学の幕開けを代表する存在として既に地位を固めていた鷗外が、「忸怩」「畏敬」をもって語ることに、過度の謙りを感じるためではない。その不誠実さはむしろ、「哲學文藝」に拘わる考証と、「雜駁なるヂレツタンチスム」とを分けている所にこそ存しているものだ。

一度、渉猟の、不透明で事物のあり方の偶然が支配する巻に入り込んでしまったのならば、対象のヒエラルキーは無意味になっていく。というのも、対象がなんであれ、つまり四書五経であろうと武鑑紋尽くしの類いであろうと、それが考証という視線にさらされた途端に、超越的なテクストとしての同一性は剝ぎ取られて、無限の文献学的な校閲の連鎖の、暫定的かつ限定的な一段階として視なさざるを得なくなるからである。

そして、このような過程の中にのみ生息する人物としての抽斎を「畏敬」して見せる事は、探究過程自体を小説にして見せるという、確かにそれ自体はきわめて斬新かつ冒険的な史伝小説の成り立ちの本質的な仕掛け、つまりそのような過程には住んでいない大作家としての鷗外の社会的存在を、小説の中でかき消し、自らをも、その過程の中に封じ込めるという素振り、あるいは願望の梃子にほかならないからである。

何よりも大事なことは、この小説の中では、すべてが探求の過程としてしか存在しえず、何ものも決定されないということである。

確かに抽斎という人物は実在したに違いない。その点において抽斎の存在は、考証的な認識と異なって、最早決着のついた、動かしがたいものだと云えるかもしれない。だが、抽斎についての情報、あるいは抽斎についての話者と読者の認識は、やはりあくまでも暫定的であり、過程のもとにあるのである。その点において、ここでは、史料が相対的であると同時に、人物も決定的であるとは云えず、その輪郭はけして定め得ないのである。

鷗外は抽斎の息子であるという人と相対する。その点で、そこにだけは明確な相貌があり得たのだと云えるのかもしれない。

知己から知己へと報告が行き、鷗外の元へ抽斎の嗣子である澁江保が来訪して来る。

氣候は寒くても、まだ爐を焚く季節に入らぬので、火の氣の無い官衙の一室で、卓を隔てて保さんとわたくしとは對座した。そして抽齋の事を語つて倦むことを知らなかつた。

今殘つてゐる勝久さんと保さんの姉弟、それから終吉さんの父脩、此三人の子は一つ腹で、抽齋の四人目の妻、山内氏五百の生んだのである。勝久さんは名を陸と云ふ。抽齋が四十三、五百が三十二になつた弘化四年に生れて、大正五年に七十歳になる。抽齋は嘉永四年に本所へ移つたのだから、勝久さんはまだ神田で生れたのである。

終吉さんの父脩は安政元年に本所で生れた。中三年置いて四年に、保さんは生れた。抽齋が五十三、五百が四十二の時の事で、勝久さんは、もう十一、脩も四歳になつてゐたのである。

抽齋は安政五年に五十四歳で亡くなつたから、保さんは其時まだ二歳であつた。幸に母五百は明治十七年までながらへてゐて、保さんは二十八歳で恃を喪つたのだから、二十六年の久しい間、慈母の口から先考の平生を聞くことを得たのである。

抽齋は保さんを學醫にしようと思つてゐたと見える。亡くなる前にした遺言によれば、經を海保漁村に、醫を多紀安琢に、書を小島成齋に學ばせるやうに云つてある。それから洋學に就いては、折を見て蘭語を教へるが好いと云つてある。抽齋は友人多紀茝庭などゝ同じやうに、頗るオランダ嫌ひであつた。學殖の深かつた抽齋が、新奇を趁ふ世俗と趨舍を同じくしなかつたのは無理もない。劇を好んで俳優を品評した中に市川小團次の藝を「西洋」だと云つてある。これは褒めたのではない。然るにその抽齋が晩年に至つて、洋學の必要を感じて、子に蘭語を教へることを遺言したのは、安積艮齋に其著述の寫本を借りて讀んだ時、飜然として悟つたからださうである。想ふにその著述と云ふのは洋外紀略などであつただろう。保さんは後に蘭語を學ばずに英語を學ぶことになつたが、それは時代の變遷のためである。

わたくしは保さんに、抽齋の事を探り始めた因縁を話した。そして意外にも、僅に二歳であつた保さんが、父に武鑑を貰つて翫んだと云ふことを聞いた。それは出雲寺板の大名武鑑で、鹵簿の道具類に彩色を施したものであつたさうである。それのみでは無い。保さんは父が大きい本箱に「江戸鑑」と貼札をして、其中に一ぱい古い武鑑を収めてゐたことを記憶してゐる。此コルレクシヨンは保さんの五六歳の時まで散佚せずにゐたさうである。江戸鑑の箱があつたなら、江戸圖の箱もあつただらう。わたくしはこゝに江戸鑑圖目録の作られた縁起を知ることを得たのである。

ここで確かに鷗外は、実在の人物と出会っているのだろうが、その、そこで息をし、佇み、その人なりの表情を見せていたはずの人物を覆っている情報と考証的な思考の厚い雲からは、殆ど何も透し視る事が出来ない程である。その人物と同腹の兄弟の話、その年齢、抽斎の死去の時彼が何歳であり、母は彼が青年に達するまで健在であり、抽斎が彼のためにどの様な配慮を遺書として残していたか、子供に蘭学を勧めたことの背景にある読書の詮索、彼が子供の頃に武鑑を玩具にしていた事といった考証的ディティールの積み重ねからは、生身の人間は見えてこない。

といってここで眼前の人物は過去の影として扱われてしまっている訳ではない。そうではなく、ここでは、この探究の中では総てが、来歴の照合と勘案という考証の手続きの中に分解され、位置づけられ、探索の一要素としてしか現れ得なくなってしまうのである。

逆に云うのならば、世界、あるいは現実の認識を、このような考証の、あるいは渉猟のフィルターを通してしか眺める事が出来ないように構成したことこそが、鷗外史伝の独創であり本質なのである。『澀江抽齋』を始めとする、後期鷗外の考証を中核とした長大な史伝小説に於いて、その魅力が、小説の構成が鷗外の探究探索の過程を追う形で構成されている事に由来することは、諸家が一致して指摘する処である。だが、小説が探究の過程そのものであるということの意味は一体何処にあるのだろう。

鷗外が小説を過程として示しているということは、史伝を、探求が終焉した、決着した一時点に於いて書かなかったという事である。それは実際に執筆時に、その調査などが終わっていたかどうかとは関係がない。そのような終了の区切りの一地点を設け、そこから一望した眺めによって作品世界を形成するということをしなかった、ということである。探究の過程自体の如く作品を構成する事は、すべてを暫定的であり、書き改められ、覆されうる事項として記すだけではなく、あらゆる進行や展開が何処かへ向かっての過程であり、その点からすればあらゆる地点が途中であり、出発点でもなく終着点でもないという事にほかならない。

抽斎がコレラで死んだ事を記した後、その劇好みや五百との関係などを記した後にこのように鷗外は書いている。

大抵傳記は其人の死を以て終るを例とする。しかし古人を景仰するものは、其苗裔がどうなつたかと云ふことを問はずにはゐられない。そこでわたくしは既に抽齋の生涯を記し畢つたが、猶筆を投ずるに忍びない。わたくしは抽齋の子孫、親戚、師友等のなりゆきを、これより下に書き附けて置かうと思ふ。

この記述にはやはり多少の韜晦があると言わざるを得まい。確かに景仰に終わりはないだろうが、その記事が「苗裔」に及ばずにいられないのは、何よりも探究に、渉猟に、考証にはけして終わりがないからである、終わるべき一地点を見いだすことなど出来はしないからである。

実際、『澀江抽齋』に於いて鷗外は、その半ば近くを、抽斎の死後に費やしている。さらに『澀江抽齋』が完結した後も、その後に現れた「新史料」により『寿阿弥の手紙』を書き、さらに抽斎との類縁を辿って『伊澤蘭軒』『北条霞亭』などの史伝が書かれた。鷗外史伝は本質的に終わり得ないという性格をもっており、それは総ての情報が探索の途中での暫定的なものに過ぎないという性質に由来する、本質的な様態なのである。

抽齋の碑の西に澀江氏の墓が四基ある。其一には「性如院宗是日體居士、庚申元文五年七月十七日」と、向つて右の傍に彫つてある。抽齋の高祖父輔之である。中央に「得壽院量遠日妙信士、天保八酉年十月二十六日」と彫つてある。抽齋の父允成である。其間と左とに高祖父と父との配偶、夭折した允成の女二人の法諡が彫つてある。「松峰院妙實日相信女、己丑明和六年四月廿三日」とあるのは、輔之の妻、「源靜院妙境信女、庚戌寛政二年四月十三日」とあるのは、允成の初の妻田中氏、「壽松院妙遠量信女、文政十二己丑六月十四日」とあるのは、抽齋の生母岩田氏縫、「妙稟童女、父名允成、母川崎氏　寛政六年甲寅三月七日、三歳而夭、俗名逸」とあるのも、「曇華水子、文化八年辛未閏二月十四日」とあるのも、並に皆允成の女である。其二には「至善院格誠日在、寛保二年壬戌七月二日」と一行に彫り、それと並べて「終事院菊晩日榮、嘉永七年甲寅三月十日」と彫つてある。至善院は抽齋の曾祖父為隣で、終事院は抽齋が五十歳の時父に先つて死んだ長男恒善である。

墓を探し、碑文を写して来る事は、探索事態にとっては重要事であり、必要な手続きに違いないが、それをわざわざ総て小説に引き写す事に意味はあるのだろうか。それはただ単に、探索の手続きをそのまま小説上で再現する、あるいは遂行して見せるという身振りを演じるためだけではあるまい。

むしろこのように殆どの読者に関係のない、探究の手続きにも大して意味のない記述をそのまま総て提示することには、作家の情報処理の仕方を読者に提示するという意味が込められており、そこには編集の不在の如きものが（もちろん編集が不在なのではなく、それはきわめて計算されて行われているのだが）露呈しているのだ。

このような記述の仕方は何よりも、ドラマを、起承転結を回避している。回避しなければならないのは、云うまでもなく考証が、考証を巡る探究が、始まりもなければ終わりもない過程として提示されなければならないからであり、故にこのような連鎖においては、あらゆる事実が、過程的であり暫定的であるという点に於いて等価であり、興味深いとか有効であると云った価値判断抜きに提示されなければならないのである。

その点からすれば、このような記述を要請する精神はニヒリズムに似ている。鷗外の遺作『帝諡考』にはニヒリズムが揺蕩っている事は否定できない。だが史伝連作に於いて重要なのは、このような記述相互の価値の判断をしない、あるいは出来ないという、固定的視点の欠如こそが、同時に記述の自由さを、生彩を形作っているということである。

実際、『澀江抽齋』には、魅力のある部分が少なくはない。なかんずく妻五百を巡るエピソードはいずれも興趣尽きないもので、世に抽斎のそれより多くの五百ファンが伏在しているのも諾われる。外にも親友森枳園との交友、抽斎の政治活動、幕府瓦解後に澁江家と共に弘前に同道する事を望んだ商人の話、陸（勝久）が営んだ砂糖商等々枚挙に遑がない。

だが、肝要なのは、このように面白い記述を可能ならしめているのは、記述上のニヒリズムだという事である。このニヒリズムを自由と云い換えてもよいかもしれない。見晴らしを持つべき地点を無際限に過程へと投げ返すことによって、判断を不可能にされた不透明な世界は、逆にいえばあらゆる情報が等価であるディレッタンティスムの楽園であり、新しい情報を掘り出し、そこに考証の文脈を付け加えていく無限運動が肯定されており、その規矩の無い自在な空間に於いて、短編や長編といった小説的ドラマから解放されたさまざまな記述が、時に生彩を放ち、時にモノトーンにくぐもる。

要するに迷庵も抽齋も、道に至るには考證に由つて至るより外無いと信じたのである。

この「信」は、清末の朱子学者たちが考証家たちを攻撃した時に語られたようには、はじめから早世を約束されていた訳ではない。また、考証と道の分離が、あるいは道を読むべき経典を、考証すべきテクストと見做す文献学的な転回が、否応なく超越的な価値のない、ニヒリズムの空間を一度に現出してしまう訳でもない。寧ろ文献学的な相対性が否応なく導き出す、過程の存在、実在としての過程という臨在が、この自由を実現するのである。

しかし、このような過程は、いかにして触知し得るものとなるのか。探索は終わりが無いとしても、個人の探索にはあらゆる意味での物質的な制約が纏る。その点では、探索の終わりのなさは、暫定性としか、つまり認識の一時性としてしか現れる事が出来ない。

とすれば、過程全体を表象することは、やはりある種の表現たらざるを得ない訳であり、そこにこそ、鷗外の史伝小説の、卓越と云うしかない意義がある。鷗外史伝は、文献学的な理性が開かざるを得ない不気味な連鎖の、類い希な具体化として存在している。その存在は「道」の、意味の断念と、史料の暫定性への屈服との引き換えに自由を手に入れる。その自由は、デモクラシィの自由ではないが、しかしやはり身を窶した自由なのだ。あるいは、「企み」によって獲得された自在さであるのだ。

＊

幸田露伴が小説を成すに当たって、歴史的事実を歪曲し、典拠なく虚を作る事を自らに強く戒めていた事は、よく知られている。『運命』を上梓して後、萬季野の、建文帝の宮城脱出否定論に接し、自作の典拠が怪しいことを悟り、版を重ねるに際してわざわざ自跋を加えている。露伴は銭大昕の萬先生伝に因りながらこのように書く。

錢傳に記すらく、建文の一朝、實錄無し、野史因つて遜國出亡の說有り、後人多く之を信ず。先生直ちに之を斷じて曰く、紫禁城に水關無し、出づべきの理無し、鬼門も亦其地無し。成祖實錄に稱す、建文、闔宮自焚す、上、宮中の煙起るを望見して、急に中使を遣はして往いて救はしむ、至れば已に及ばず、中使其屍を火中より出し、還つて上に白すと。謂はゆる中使なる者は、乃ち成祖の內監也、安んぞ肯て后の屍を以て其主を誑かんや。而して宮を淸むるの日、中涓嬪御、建文の意を屬する所たる者は逐一に毒すと。考ふるに苟も自焚の實據無くんば、豈肯て大索の令を行はざらんや。且つ建文登極して二三年、親藩を削奪して、曾て寛假する無く、以て燕王の兵を稱げて闕を犯すに至り、逼迫して自殞す、卽ち出亡せしむるも亦是勢窮り力盡くるのみ、之を遜國と謂ふ、可ならんやと。是に由りて建文の書法遂に定まる。

辛楣の記する所是の如し。是卽ち季野は建文出亡の事無しと爲すもの也。季野の言、信ずべき乎、信ずべからざる乎。黃百家の撰するところの墓志、全祖望の叙するところの傳、及び錢大昕の爲すところの文とを合せ考ふれば、萬季野は實に其人其學信ずべきが如し、其人其學の信ず可きを以て其言を信ずれば、建文出亡の事の無きも亦信ず可きが如し。禁城に水關無く、鬼門も亦其地無しと云へば、道士の舟を艤して建文を逃れしむるの事も亦都べて是れ烏有の談なるのみ。嗚呼、我實に萬先生を信ぜんと欲する有つて、而して之を信ぜざらんと欲する有る無し。然れども萬先生に先だつて、夙く既に水關鬼門、建文出亡の談有り、故に萬先生之を排して、其事有る無しと爲せるなり。然らば則ち必ず其事無しと雖も、必ずや函中に僧衣有り、水上に道士を見るの言ありて、而して又其言を造れるの人有りし也。

（『運命』自跋）

此処で露伴が陥っている状況は、偶然現れた史料によって見解の変更を迫られているという文献学的な暫定性の皮肉に似ているようで、実は全く異質な状況である。露伴はけして考証の連鎖に入っていないし、過程として自らの見解を示すことをしていない。何よりも露伴は、『運命』が代表するような小説に於いて、遥かに過去と世界を見通す一地点を作り出している。その地点は、いわゆる史料に屈服し、その偶然性、不確定性に身を委ねているのとは、およそ標高の違う位置である事は改めて云う迄もない。

ここで高さ等と云ったのは、別に殊更に露伴の志操なり真情なりについて言及したい訳ではない。そのような言い回しが許されるとすれば、露伴の情報処理の視野が必然的に要求する、要請する空間の膨張、膨らみと振幅についてである。

無論露伴の小説にも、多く考証的な言辞が登場するが、それはこのような空間の感覚を帯びたものだ。古事記に日本武尊が、朝夕の大御食に参らない兄を諭すよう大王に指示された武尊が、兄を払暁に待ち伏せて「捕へて搤批ぎて、其枝を引闕きて、薦に裹みて投げう」ったという記述について、朝夕の食事に出て来ないだけで、手または足を抜いたというのは、如何にも過剰のように見えるが、といって露伴はこのように書く。

禽獣は孤食することを悦び、人は會食することを喜ぶ。兩虎一肉なれば其勢や必ず爭ふ。人は肉を分ち菓を換へて互に幸を感じつゝ食する。最も進歩した禽獣は相爭はずに睦み親しみて食を取る者もあるが、それすら雌雄母子の間に止まり、やゝもすれば相背いて食を取る。人は極〻の原始時代はいざ知らず、隨分の朴野の人民でも一族朋友は云ふに及ばず、他種他郷の者とも美しい感情を以て會食する。これは人の禽獣よりも遙に勝れたところの高くして靈なる稟賦より出づるところであつて、此の美はしい天性の發達したところから一切の生物中に於て最高の位地を占むるに至つたのだとも云ひ得べきであつて、若し人類に此の美はしい天性が無くて、一族朋友の間でも互に睽き離れあつて孤食するやうなもので有つたなら、人類といふものは今日の如くに繁榮し得無かつたかも知れない。平和の心、坦夷の情を以て會食する、それは無意識の間に共存共榮の大なる幸福を意識し、本然性の相愛相敬の崇高靈貴なる人の有りのまゝを現はしたもので、さて此が意識上に投影し、客觀的に具象化さるゝに至つて、所謂禮節儀式なるものが漸くにして生ずるのである。

(『日本武尊』)

人間が孤食しないことを以て「此の美はしい天性の發達したところから一切の生物中に於て最高の位地を占むるに至つた」などという文言はいかにも露伴らしい構えだが、古事記の多少訝しさをかき立てられる記事に対して、動物と人間の違いから発して、人類学的考察に及び、そこから文化の発生、礼儀の誕生に走る筆と発想の、壮大はどうだろうか。それはテクスト同士をすり合わせ校訂するという考証の手続きを踏みながら、遥かに大きな展望に読者を導き、その展望の中で過去を眺め、過去を把える事を強いるものである。その眺望は誠に爽やかなものだが、同時に些か塵界から離れ過ぎたかという危惧を人に抱かせるものだ。それを文献学的というよりは解釈学的な読み方だと把える事は的はずれではあるまい。

このような露伴の解釈を、考証に対して「道」を常に忘れ無かったが故であると考える事も出来る。確かに、ここで露伴が日本武尊の行為に訝しさを感じたのは、尊に対して、さらには皇室に対して、強い敬意をもっていたからに違いあるまい。だが、そうした先験的な価値観だけで、このように解釈の空間は膨張しうるのであろうか。

露伴の読みは、まるでビッグバンのように、大きな想起と展望の宇宙を読む者の意識に吹き込んで来る。露伴の史料に対する、あるいは過去に対する姿勢においてもっとも根本的なのは、この空間を惹起する風の力と量と速度の大きさなのである。

故に露伴は、史料に対して、ある種の、例えば朱子学的な、あるいは形而上学的な超越的な視線や立場を保持している訳ではないし、構成している訳ではない。作為に先んじてしまう突風の強さ、速さが、その高さ、大きさを齎しているのだ。

そのような息吹を、露伴はより直截に、「火の玉」と呼ぶ。

秀吉、家康は勿論の事、政宗にせよ、氏郷にせよ、少し前の謙信にせよ、信玄にせよ、天下麻の如くに亂れて、馬烟や鬨の聲、金鼓の亂調子、焔硝の香、鐵と火の世の中に生れて來た勝れた魂魄はナマヌルな魂魄では無い、皆いづれも火の玉だましひだ、炎〻列〻として已むに已まれぬ猛燄を噴き出し白光を迸發させてゐるのだ。言ふまでも無く吾が光を以て天下を被はう、天下をして吾が光を仰がせよう、と熱り立つて居るのだ。政宗の意中は、いつまで奥羽の邊鄙に鬱〻として蟠居しようや、時を得、機に乗じて、奥州駒の蹄の下に天下を蹂躙してくれよう、といふのである。これが數へ年で二十四の男兒である。（『蒲生氏郷』）

齋藤茂吉らが指摘しているように、あるいは『突貫紀行』などに容易に見てとれるように、「火の玉だましひ」は露伴の胸中にもまたたぎり、そしてその作中に沸いているものであった。そのたぎりを以って、露伴は過去を眺め、史料とし相対してきた。

しかし肝要なのは、露伴が鷗外的な情報のあり方に無知だったわけではないと云う事である。むしろすべてを暫定的なものとし、相対化する文献学的な連鎖の、その過程の可能性、実在を感じていた、敏感であったからこそ「火の玉だましひ」は充満したガスに引火を繰り返さざるを得なかったのである。沈殿しつつある揮発性の気体に、一筋の火花を落とせば、落とす勇気され有れば、その気体は一瞬にして何億倍にも膨らみ、陰気な建物の壁、天井を吹き飛ばし、衝撃の波となり、鼓動となり、中空に至るのだ。

そこに過去を炎としてしか、伽藍を一瞬の裡に噴き飛ばし、千年の森を灰原に変える火の塊としてしか過去を示しえない、露伴の精神の元素配列がある。

第三章　写生の虚偽と解釈の真実（上）

フロイトはある夏の休暇中に、スロヴェニア南部にある壮大な地下洞窟であるシュコチャン洞窟を訪れた——地下洞窟へ降りて行くことが、フロイトにとって、無意識の冥府へ入り込むことのメタファーになっていることはよく知られている。そして、このうっとりするような暗黒の宇宙を散歩しているさなかに、突然フロイトは不快な驚きに出くわして蒼白になった。この薄暗い奥深くにいた彼の正面に、洞窟を訪れていたもう一人の人物がいたのである。それは、カール・リューガー博士、すなわちウィーン市長にして右翼キリスト教の扇動的人民主義者であり、有名な反ユダヤ主義者……だった。ここで見落とさないよう気をつけておかなければならないのは、「リューガー」という名による言葉遊びである。もちろんこの語は、ドイツ語では直ちに、「嘘」という意味の「リューゲ」*Lüge* を連想させる。この遭遇は、フロイトの教えの根本的な真実をフロイトのために劇的に示しているようなものである。我々のパーソナリティの究極の奥底へ分け入ればすぐに我々の本当の自我が発見でき、その本当の自我に対し我々は自らを開かなければならない、つまり当の自我が自由に表れるようにしなければならないという、蒙昧主義的なニューエイジのやり方では隠される真実である。実際にはまったく逆で、我々がパーソナリティの最も奥にある核に発見するのは、根本的な、根幹をなす、源初の嘘《プロトン・プセウドス》、つまり我々が住まっている象徴界のつじつまの合わなさを覆い隠そうとするときの手段となる、幻想による構築物である。

ここで、ラカン（そして実はフロイトも）からすれば、フーコーが精神分析をキリスト教の告解という営みとともに始まる展開の延長上に入れたこと、つまり精神分析によって治療するうちに、患者＝被分析者が自分の無意識の奥深くに隠されている自分自身についての真実を開き、それを探り、明るみに出すという仮定が誤りだったことがわかる。実際は逆で、患者が自分自身の測り知れない「深み」で遭遇するものは、源初の嘘なのだ。したがって、精神分析は、ヴァーツラフ・ハヴェルの有名な反体制的モットーである「真実に生きる」の逆を強調する。ヒトという動物の「自然状態」は、嘘に生きることなのだ。フロイトの不可思議な遭遇は、言わば、ラカンの二つの密接に関連するテーゼを凝縮している。すなわち、〈主人〉は地獄のような世界に隠れた無意識的なものであり、かつその〈主人〉は狸褻な詐欺師だということである。――「父の意見《ヴェルジョン・ド・ペール》」はつねに「倒錯《ペールヴェルジョン》」なのだ。要するに、イデオロギー批判者《イデオロギークリティーク》のための教訓は、ある幻想の享楽に支えられていない支配《ヘアシャフト》はないということである。

『仮想化しきれない残余』S・ジジェク　松浦俊輔訳

露伴的な視線の動きは、ともすれば単純な対立物を逆転させて見せる事で、物事をきわめて平俗な了解の裡に落とし込み、そして放置してしまうかに見える。だが、露伴において放置を見て仕舞うのは、私たちが最早、露伴的に緊張した、全体性と完成なるものに無頓着であり、何の現実性も感じられないところにまで、退行してしまったからにほかならない。

弓弦は直く弓は曲れり。此の言葉、まことに戻く可きにはあらず。されど曲れる弓も直《すぐ》なるところあればこそ箭を放つて中るなれ。むら有りては弓の用替《すた》る。これ曲れる弓に直なるところあるなり。直なる弦にも曲れるところ無きにはあらず。麻の纖緯《すち》を詳しく視れば必らずや捩《ねぢ》り絢《よ》られて、さて其の强さを保ち居るにあらずや。これ直なる弦にも曲れるところは有るなり。樂しきところにも樂しからぬところの有り、樂しからぬところにも樂しきところの有りといふも、おほよそ此の如し。諦觀の工夫足らざる時は、事物をたゞ一向《ひとむき》にのみ思ひ做《な》すものなれども、事物にたゞ一ト向なるは少し。好きが中にも悪《あし》きが錯《まじ》り、苦しきが底にも樂しきが潜めるものなり。

（「樂地」）

こうした露伴の言い様は、総ては心持ち次第であるといった処世の紋切り型の極め付けのように見えないこともない。だが、にもかかわらず、弓と弦に直と曲を視る露伴の視線は、一般的な処世の了解に収まりきれない冴えを感じさせる。その点からすれば、露伴の云う「諦観」なるものは、意志を鈍磨させる事でも、何がしかの想念を断ち切る事でもなく、寧ろそれを研ぎ澄まし、徹底した処に現れる、強さとその強さの集中の果ての視界の透徹と突破的拡大以外の何物でもない。

むかし或江州の行商人と他の國の行商人と共に碓氷の坂路を登り行きける折、夏の日の烘《あぶ》るが如き熱きに、商ふ品の嵩高《かさだか》に重かりければ、二人とも憊《つか》れ苦みて憩ひけるが、苦しさの餘りに江州のならぬ商人、碓氷の山の今少し低くもあれかし、身すぎの道に苦しからぬは無けれど、かばかり高く峻《さか》しくては、行商を癈《や》めて歸り去らんしも思ふなり、と溜息つきて歎じけるに、江州の商人打笑ひて、坂も同じ坂なり、荷も同じ程なれば、卿《おんみ》の苦しむほどは我もまた苦しみて、かく息も喘ぎ汗も流るゝなり、されども我は然《しか》おもはず、此の碓氷の山を十ほども重ねたる高き山もあれかし、さらば數多き行商人は皆半途より身も憊れ心も弱りて歸り去るべし、其の時我一人如何にもして山の彼方に到り、思ふがまゝに商賣して見んとは思ふなり、碓氷の山の高からぬこそ口惜けれと云ひしとなり。　（同前）

山の高さという苦境に対して、さらにより山が高い事を望む野心の強さは、峠の険しさを低く見せるだけでなく、その人間の努力に対してのしかかる天地の有り様自体を、ある種の祝福へと変えてしまう事を通して、精神の爽やかさそのものを烈風として吹き荒ばせる。このような視点において、世界を眺め、山を眺めるという事は、つまりその視点のあり方が、露伴の云う「諦観」というものにほかならないのだろうが、その「諦観」から見た世界は、描かれた世界というよりも、寧ろ露伴的に造形されたコスモスと云うべきであり、さらに云うならば、それは視線というよりも、解釈、強い意志によって世界の有り様自体を変えて見せるような解釈によって作られた稠密な宇宙である。

その点で「諦観」とは、世界の現実を、受容する事をさらに凌駕して、祝福へと変貌させしめる意志の解釈学の基盤にほかならない。

だがまた、このような解釈のあり方が、日本近代文学が作り上げてきた、世界への姿勢と極めて遠く隔たっている事も否み難い。

世間から孤立して暮らす、二人きりの夫婦の、休日の午後。晴れ上がった空の下で、その空の広さに脅えるように、「両膝を曲げて海老の様に窮屈になつて」夫は畳で昼寝をし、そして手紙を書こうとすると、どうしても「近」の字が思い出せない。時折、字というものが「紙の上へちやんと書いて見て、ぢつと眺めてゐると、何だか違つた様な氣」がして仕方がない。

　針箱と糸屑の上を飛び越す様に跨いで茶の間の襖を開けると、すぐ座敷である。南が玄關で塞がれてゐるので、突き當りの障子が、日向から急に這入つて來た眸には、うそ寒く映つた。其所を開けると、廂《ひさし》に逼《せま》る様な勾配の崖が、縁鼻《えんばな》から聳《そび》えてゐるので、朝の内は當つて然るべき筈の日も容易に影を落さない。崖には草が生えてゐる。下からして一側も石で疊んでないから、何時壞《くづ》れるか分らない虞《おそれ》があるのだけれども、不思議にまだ壞れた事がないさうで、その爲か家主も長い間昔の儘にして放つてある。尤も元は一面の竹藪だつたとかで、それを切り開く時に根丈は堀り返さずに土堤《どて》の中に埋て置いたから、地は存外緊《しま》つてゐますからねと、町内に二十年も住んでゐる八百屋の爺《おやぢ》が勝手口でわざ〳〵説明して呉《く》れた事がある。其時宗助はだつて根が殘つてゐれば、又竹《またたけ》が生えて藪になりさうなものぢやないかと聞き返して見た。すると爺は、それがね、あゝ切り開かれて見ると、さう甘《うま》く行くもんぢやありませんよ。然し崖丈は大丈夫です。どんな事があつたつて壞《く》えつこはねえんだからと、恰《あたか》も自分のものを辨護でもする様に力んで歸つて行つた。

（『門』）

日本近代文学の典型的な描写としてあげるに相応しい文章であろう。何の支えもなくそそり立つ崖の姿は、主人公たちの今にも崩落しそうでいながら、しかしまた単純なカタストロフも来そうもない、不安と不安に浸りきっているがために惹起してくる倦怠を表象しており、また八百屋の親父が云う、地中にあるという根と、その存在に対する夫の危惧は、本質的なもの、根底的なものへの、存否自体への、問い返し様のない不安を象徴しているとも考えられる。

だが、より以上に本質的であるのは、この崖が、不吉な存在感を湛えているという事だ。のしかかり、夫婦の家を陽光から閉ざしている、草の疎らに生えた、冷たく湿った崖を、対象として提示する事、つまり物として読者の眼前に置かれた事が、何よりも決定的なのである。

そのように置かれる事によって、物は、対象は、様々な意味を誘いださずにはいない。というよりも読者は、そこに意味を認め、象徴として理解する事を強いられる。故に、このような対象は、なるべく偶然の、無意味なものでなければならない。正岡子規が、その俳論の中で、「理想」に対する「写実」の優位を述べたのは、こうした誘惑と強制作用の強さは、恣意性によってこそ、確保されるからである。恣意性という言葉を、非完結性と云い直してもいいかもしれない。それはけして閉じる事のない、充実しきってしまうことのない、「物」との、あるいは「物」としての自己との対面として設置される。

西欧の近代小説が、わが国に移入される過程で導入された写実的描写は、ある種の仕掛けとして理解されなければならないだろう。それは、読者に意味と文脈をある遠近法の中で構成することを強いる、読者の中に意味作用を生成させ、物語を作らせる装置なのだ。

*

云う迄もなく、こうした装置を可能にする小説上の配置を、夏目漱石は出来合いのものとして手に入れた訳ではない。寧ろ英国の十八世紀文学などに触れていたがために、典型的な近代リアリズムを小説のあるべき決まった姿と受け止める事が出来ず、坪内逍遙らの啓蒙主義者たちが経験しなかったような、より本格的な探求を経験しなければならなかったがゆえに、こうした構造を顕在化させた、と云うべきかもしれない。

家へ帰ると座敷の中が、いつになく春めいて主人の笑ひ聲《ごゑ》さへ陽氣に聞える。はてなと明け放した縁側から上つて主人の傍へ寄て見ると見馴れぬ客が來て居る。頭を奇麗に分けて、木綿の紋付の羽織に小倉の袴を着て至極眞面目さうな書生體《しょせいてい》の男である。主人の手あぶりの角を見ると春慶塗《しゅんけいぬ》りの巻烟草入《まきたばこい》れと並んで越智東風君《おちとうふうくん》を紹介致候水島寒月《せうかいいたしそろみづしまかんげつ》といふ名刺があるので、此客の名前も、寒月君の友人であるといふ事も知れた。主客の對話は途中からであるから前後がよく分らんが、何でも吾輩が前回に紹介した美學者迷亭君《びがくしゃめいていくん》の事に關して居るらしい。

「それで面白い趣向があるから是非一所に來いと仰しやるので」と客は落ち付いて云ふ。「何ですか、其西洋料理へ行つて午飯を食ふのに付て趣向があるといふのですか」と主人は茶を續《つ》ぎ足して客の前へ押しやる。「さあ、其趣向といふのが、其時は私にも分らなかつたんですが、何づれあの方の事ですから、何か面白い種があるのだらうと思ひまして……」「一所に行きましたか、なる程」「所が驚いたのです」主人はそれ見たかと云はぬ許《ばか》りに、膝の上に乘つた吾輩の頭をぽかと叩く。少し痛い。

（『吾輩は猫である』）

『吾輩は猫である』において漱石は、視点と話者を猫として位置づけている。このような視点／話者の性格は、自ずから読者に、叙述の文脈、特にその批評性を鮮明かつ固定されたものとして読者に示す事になる。それは同時に、小説の世界が、ある種の閉鎖性をもっているという事でもある。つまり、猫が語るという設定の中に、読者はすでに小説において、その設定をはみ出す如何なる事件も起こらないという事を了解させられてしまっており、実際に小説は、その黙約通りに進んでいく。この小説においては、あらゆる事が、あらかじめ読者に予見されていた事として起き、あらゆる登場人物は、知己として現れるようである。

夏目漱石の小説を見て行く上で極めて印象的なのは、その処女作から、色々な局面で変貌を重ねていく小説の系譜が、いわば発展（というようなものが小説であればの話だが）というように見えなくて、むしろ喪失か崩落のように見えてしまうという事である。端的に云えば、漱石は、『吾輩は猫である』において、最も安定した作品世界に対する視線の足場をもっている。そしてそれ以降、一度として漱石は、安定した視界なるものを持つ事はなかった。無論、作家としての漱石を考えた場合、この不安定さにはまり込んでいった事が、きわめて重要であったし、生産的でもあったのだが。

『吾輩は猫である』以降でも、『坊つちやん』には、ある種の安定がある。其処に描かれる事物は、きわめて特殊かつ闡明な意識をもった話者の判断を通り抜けたものばかりであって、その点で読者はやはり了解内の範囲で作品世界と対面し、脅かされ、強いられる事がない。にもかかわらず、『坊つちやん』には既に、顕らかな亀裂が走っている。

ぶうと云《い》つて汽船がとまると、艀《はしけ》が岸を離れて、漕ぎ寄せて來た。船頭は眞つ裸に赤ふんどしをしめてゐる。野蠻な所だ。尤も此熱さでは着物はきられまい。日が強いので水がやに光る。

見詰めて居ても眼がくらむ。事務員に聞いて見るとおれは此所へ降りるのださうだ。見る所では大森位な漁村だ。人を馬鹿にしてゐらあ、こんな所に我慢が出來るものかと思つたが仕方がない。威勢よく一番に飛び込んだ。

（『坊っちゃん』）

『坊っちゃん』という小説の魅力、というより力そのものが、このような語りの加速性にある。「ぶうと云つて汽船が走まると」という言い回しの、何とも云えない乱暴な短絡は、漱石以外の作家が、かつて誰も見せた事がないものである。その点でこの加速感は、読者に漠たる異様さを感得させ、不安とは言わないが、ある種の焦りのようなものを惹起していく。そこには間違いなく、回収不可能な何物かの芽が、作者の作品に対する態度自体から、萌え出しつつあるのだ。

世界像そのものへの違和感として小説を書かざるを得なくなった時に、漱石は一度世界を絵画として、あるいは既に存在するイマージュとして構成してみるという事から始めた。

逡巡として曇り勝ちなる春の空を、もどかしと許りに吹き拂ふ山嵐の、思ひ切りよく通り抜けた前山の一角は、未練もなく晴れ盡して、老嫗《らうう》の指さす方に巑岏《さんぐわん》と、あら削りの柱の如く聳《そび》えるのが天狗岩ださうだ。

余《よ》はまづ天狗巖を眺めて、次に婆さんを眺めて、三度目には半々に兩方を見比べた。畫家として余が頭のなかに存在する婆さんの顔は高砂の媼《ばゞ》と、蘆雪《ろせつ》のかいた山姥のみである。蘆雪の圖を見たとき、理想の婆さんは物凄いものだと感じた。紅葉のなかゝ、寒い月の下に置くべきものと考へた。寶生の別會能を觀《み》るに及んで、成程老女にもこんな優しい表情があり得るものかと驚ろいた。あの面は定めて名人の刻んだものだらう。惜しい事に作者の名は聞き落したが、老人もかうあらはせば、豊かに、穏やかに、あたゝかに見える。金屏にも、春風にも、あるは櫻にもあしらつて差し支ない道具である。余は天狗岩よりは、腰をのして、手を翳して、遠く向ふを指してゐる、袖無し姿の婆さんを、春の山路の景物として恰好なものだと考へた。余が寫生帖を取り上げて、今暫くといふ途端に、婆さんの姿勢は崩れた。（『草枕』）

『草枕』において、漱石は先の引用に見られるように、既存の絵画や演劇、あるいは森本哲郎氏が指摘されているような蕪村の句作などの構図を借りて場面を構成しようと試み、そしてその「見立て」の試み自体を小説のモティーフにしてしまっている。

こうしたモティーフを漱石が取った、取らざるを得なかったのは、小説が画家を主人公とする、一種の芸術小説として描かれているからだけではない。見立てという試みが、示しているのは、小説における画像の像としての成り立ち難さであり、その困難自体を小説の表層に現出させざるをえなくなったという事態にほかならない。『猫』の安定した視点も、『坊つちやん』の確固とした意識の位相もなくなった場所で、小説の世界像を組み立てる時に、漱石が、絵画や詩歌にイメージを借りたのは、その点からすれば、絵になりはしない現実というものを捕まえる手段としての子規的な「写生」の手法を、小説によって展開しようとした時、否応なく取らざるを得なかったからである。つまり、既存のイメージをあて嵌めようと試みる事で、どうしても一幅の絵にはならない、不定形なものとして、小説が対面している現実を示した。

だが同時にまた、こうした試みは、既存のイメージの引用という手続きのために、異様なほどペダンティスムが強い、固有名詞が頻出する文章とならざるを得ず、結局ペダントリィの氾濫と通底する、『虞美人草』以来の問題としての漢文脈の多様とあいまって、文体をきわめて硬質な、つまりは「見立て」の不成就として示される現実の不定形に対応できないものにしてしまっている。

「何しに行《ゆ》くんですか。御金を拾ひに行くんだか、死にゝ行くんだか、分りません」
此時余は眼をあげて、ちよと女の顔を見た。今結んだ口元には、微かなる笑の影が消えかゝりつゝある。意味は解せぬ。
「あれは、わたくしの亭主です」
迅雷耳《じんらいみゝ》を掩《おほ》ふに遑《いとま》あらず、女は突然として一太刀浴びせかけた。余は全く不意撃を喰つた。

（同前）

漢文脈で語らなければならない事の弊は、クライマックスを、成句によって整理してしまう平板さだけではない。詩境に遊ぼうとし、客観の立場に止まろうとしながら止まりきれなかった主人公の、いわば現実への失墜をも、ある種の紋きり型で受け止めなければならないという背理が、ここで決定的な形で露呈しているのである。

それは云い方を変えれば、いずれにしろ完結した形ではしめされえない形で露呈しつつある、絵にもならず、詩にもならないものとしての、非均質で歪んだ像としての小説的現実を、それと鋭く対立するような硬質な言葉でしか表現しえないという逆説としてしか、小説が成立しえないような、そうした臨界にあるものの際どさとしてのみ、小説が小説たり得ているという事でもある。

このような逆説から、漱石の小説が脱却するのは、『三四郎』においてであろう。例えば冒頭で、主人公が耳にする自殺者の声。あるいは同室する女の振る舞いなどは、読者に否応無く意味づけを促す対象として現れている。それは、固有名詞も、成句もなく、いかなる既存のイメージとも無縁なものとしてそこにある。その点からすれば、散文性とは、明らかに一つの権力である。無規定であり、開かれているという宣言によって、人に解釈を促す、破綻としての、自棄としての権力なのだ。しかもその破綻、自棄は、無作為として徹底的に作為されたものなのである。

小説における装置としての「物」は、何よりも詩の画の不可能性とこそ、深く結託している。

*

だが、画が不可能であり、詩が不可能であるという事は、如何なる事態であるだろうか。

苦しんだり、怒つたり、騒いだり、泣いたりは人の世につきものだ。余も三十年の間それを仕通して、飽々した。飽き々々した上に芝居や小説で同じ刺激を繰り返しては大變だ。余が欲する詩はそんな世間的の人情を鼓舞する様なものではない。俗念を放棄して、しばらくでも塵界を離れた心持ちになれる詩である。いくら傑作でも人情を離れた芝居はない、理非を絶した小説は少からう。どこ迄も世間を出る事が出來ぬのが彼等の特色である。ことに西洋の詩になると、人事が根本になるから所謂詩歌の純粋なるものも此境を解脱する事を知らぬ。どこ迄も同情だとか、愛だとか、正義だとか、自由だとか、浮世の勧工場《くわんこうば》にあるものだけで用を辨じて居る。（同前）

漱石の小説において、話者は往々にして、世間から離脱しようとする強い欲望をもっている。というよりも、その出世間の試みが、物語りとしてだけでなく、話者の位置において、あるいは叙述のあり方において、両義的な挫折を強いられるというのが、漱石作品の重要な骨柄となるのだ。

その点からすれば、『吾輩は猫である』は、やはり特権的な作品だったと云わざるをえない。その特権性は、視点／話者を「猫」という世間とは無縁な位置に置いているからだけではない。苦沙弥先生を中心とするディレッタントたちのサークルを中心とした別乾坤の「世間」を作り上げているという事にこそある。

だが『草枕』で見たように、以降の漱石の小説は、世間から出ようとする、その破綻、挫折、受容を様々な形で主題化するとともに、より本質的には、世間と距離を取ろうとして取れない話者／視点の不安定によって語りの構造が形成され、小説内の世界観が構築されている。

戀はうつくしかろ、孝もうつくしかろ、忠君愛國も結構だらう。然し自身が其局に當れば利害の旋毛《つむじ》に捲き込まれて、うつくしき事にも、結構な事にも、目は眩んで仕舞ふ。從つてどこに詩があるか自身には解しかねる。

これがわかる爲めには、わかる丈の餘裕のある第三者の地位に立たねばならぬ。三者の地位に立てばこそ芝居は觀て面白い。小説も見て面白い。芝居を見て面白い人も、小説を讀んで面白い人も、自己の利害は棚へ上げて居る。見たり讀んだりする間丈は詩人である。　　（同前）

だが実際には、『草枕』の小説としての進行自体が示しているように、漱石において、小説は「利害の旋風」に対して距離を置く「餘裕」を保つ事は出来ず、「第三者の地位」を滑り落ち、回復することができなかった。それはまた小説が、読者にも「第三者の地位」を取る事を許さないという事であり、このような客観性、超越性の不可能としてこそ、漱石作品は、あるいは日本近代小説の主流は書かれたのである。

それがゆえに、漱石及び日本近代小説は、「戀」も、「孝」も、「忠君愛國」も、小説の主題として扱う事が出来なかった。逆にこうした問題群を避けて、あるいは成り立たないがゆえに、小説内でのあらゆる意味づけを逃れた「物」の存在が露呈して来ざるをえなかったのである。

悟りの得られるべき様もない事だけを悟って、山からおりようとする主人公は、師の悟りの遅い、早いに拘わる説諭を聞き、このように述懐する。

宜道は斯んな話をして、暗に宗助が東京へ歸つてからも、全く此方を斷念しない様にあらかじめ間接の注意を與へる様に見えた。宗助は謹んで、宜道のいふ事に耳を借した。けれども腹の中では大事がもう既に半分去つた如くに感じた。自分は門を開けて貰ひに來た。けれども門番は扉の向側にゐて、敲いても遂に顏さへ出して呉《く》れなかつた。たゞ、「敲いても駄目だ。獨りで開けて入れ」と云ふ聲が聞えた丈であつた。彼は何うしたら此門の閂を開ける事が出來るかを考へた。さうして其手段と方法を明らかに頭の中で拵えた。けれども夫《それ》を實地に開ける力は、少しも養成する事が出來なかつた。從つて自分の立つてゐる場所は、此問題を考へない昔と毫も異なる所がなかつた。彼は依然として無能無力に鎖ざされた扉の前に取り殘された。彼は平生自分の分別を便に生きて來た。其分別が今は彼に祟つたのを口惜《くちを》しく思つた。さうして始から取捨も商量も容れない愚なものゝ一徹一圖を羨んだ。もしくは信念に篤い善男善女の、知慧も忘れ思議も浮ばぬ精進の程度を崇高と仰いだ。彼自身は長く門外に佇立むべき運命をもつて生れて來たものらしかつた。夫は是非もなかつた。けれども、何うせ通れない門なら、わざ〳〵其所迄辿り付くのが矛盾であつた。彼は後を顧みた。さうして到底又元の路へ引き返す勇氣を有たなかつた。彼は前を眺めた。前には堅固な扉が何時迄も展望を遮ぎつてゐた。彼は門を通る人ではなかつた。又門を通らないで濟む人でもなかつた。要するに、彼は門の下に立ち竦んで、日の暮れるのを待つべき不幸な人であつた。

（『門』）

ここで鮮明に描かれているのは、近代的知識人の苦悩というよりも、寧ろ近代小説の非決定的性格であろう。小説は、けして読者に明快な答えを提示せず、「門の下に立ち竦」ませ、解決不能な問いを差し向けつつ、同時にそこから去ることも許さず、無益な問いを無益であるが故に逃れ難いものとして提示する。

その点で、『門』が出世間の糸口を禅仏教に求めているのは、なかなか象徴的である。禅の公案は、もとより、考え得ない、意味の持ちようのない問いを修行者に強いて、その知的水準を突破させようと強いる仕組みである。その点からすれば、禅は近代小説の無意味さの強要と通底するが、小説はけして出口を指し示さない。というよりそのような場所は存在しない。にもかかわらず、そこで読者は、問いと意味づけから逃れる事が出来ないのである。

漱石の作家としての傑出は、そうした近代小説の散文性の支配の形態を、作品において顕在的に示している事に尽きるだろう。『坑夫』の穴の底には、何もない。しかし何もない故に人は問わざるをえず、問う事によって捏造される物語よりも寧ろ答えさせる事によって支配が行われる。近代小説の審問官たちは、どのような答えをも受け入れる。拷問される者は、如何なる答えをも発する自由がある。ただ、答えない事だけを許さない。

*

先刻「樂地」に於いて見た、近江商人は、「世間」の中に、彼の俗な関心の中にすっぽりと収まっている。だがまた、彼の気宇は、山の険しさを転倒して見せる、世間に居ながらにして世間を越え出ている。こうした露伴の持つ世界への立場を、「庶民的なもの」とし、あるいは前近代的な意志と見做してはならない事は、この稿で再論してきた。むしろ、このような世間にあり、俗の意志を徹底したエネルギーこそが、ありうべき近代性の本質ではなかったのかと。

雨が降り出した。刻苦を重ねて、漸く大学に進み、同級生たちから「大器晩成先生」とあだ名された、学生が、神経衰弱と診断された末に、療養のために場末の宿を泊まり歩いた末に、奥州の山間の寺に、万病を治すという滝がある事を聞き、尋ね、受け入れられて部屋に落ち着くと、大変な雨に見舞われる。

大器氏は定められた室へ引取つた。堅い綿の夜具は與へられた。所在無さの身を直《すぐ》に其中に横たへて、枕許の洋燈《ランプ》の心《しん》を小さくして寝たが、何と無く寐つき兼ねた。茶の間の廣いところに薄暗い洋燈、何だか銘〻《めいく》の影法師が顧視《かへりみ》らるゝ様な心地《ここち》のする寂しい室内の雨音の聞える中で寒素な食事を默〻として取つた光景が眼に浮んで來て、自分が何だか今迄の自分で無い、別の世界の別の自分になつたやうな氣がして、まさかに死んで別の天地に入つたのだとは思は無いが、何様《どう》も今までに覺えぬ妙な氣がした。然し、何の、下らないと思ひ返して眠らうとしたけれども、やはり眠に落ちない。雨は恐ろしく降つて居る。恰《あたか》も太古から盡未來際《じんみらいざい》まで大きな河の流が流れ通してゐるやうに雨は降り通して居て、自分の生涯の中《うち》の或日に雨が降つて居るのでは無くて、常住不斷《じやうぢゆうふだん》の雨が降り通して居る中に自分の短い生涯が一寸插《ちよつとはさ》まれて居るものでゞもあるやうに降つて居る。で、それが又氣になつて睡れぬ。（「觀畫談」）

徹底的に、降る雨。この「常住不斷の雨」が、露伴的な時間の本質を顕らかにする。雨の激しさは、世界を、人生を、人間を、徹底的に相対化してしまう。このように非日常的な雨は、登場人物と共に読者を、世間の外に連れ出す様である。だがまた、この雨は、けして俗の外から降るものではない。寧ろ、一旦学業を中断して、世間から離脱したかに見える者をも逃さぬ、世間の、人間が生きざるを得ない世界の徹底した広さ、強さを、顕示しているかのようである。

その雨の強さに、一旦腰を落ち着けた僧坊を連れ出された主人公は、泥濘の中を泳ぐ様にして山上の隠居場に導かれ、そこで一枚の画面と対する。

ヨーロッパの死

序章　ローマ人との対話

だが、やがて汝が、英傑の勲功、父祖の事跡を学び
男子たるものの美徳を理解しおえる頃
野は緩やかに揺れる麦の穂で、
　　　ゆっくりと黄金色に染まるだろう
荒れ果てた茨の茂みに、葡萄深紅の房が下がり
彊き栢の幹は、露と滴る蜜に濡れるだろう
　　　『牧歌』第四歌「黄金時代来たれり」ウェルギリウス

ああ、彼がすごしたのは死者たちの非連帯のうちにある一生だった、いつも死者とばかり生活し、生者をも死者にふくめて考えていた、いつも生者を死者扱いし、死のうちに凝結する美を生みだしととのえるための礎石としてしか見なしていなかったのだ。それゆえにこそすべての人間たちは、放恣な、いかなる認識も生まれない永遠の非創造の世界へ消え去ってしまったのだ。なぜならば、人間が人間的な立場で受け入れる使命にのみ、救いをもたらす認識がかかっているのだから。使命を欠いたために彼はこの救いをも失ってしまった。まめやかな助力も愛にもとづく行為もはたす力なく、手をこまねいて彼は人間の苦悩を観察していた。もっぱら淫らさへと硬直した記憶のために、もっぱら淫らな美をしるしとどめるために、彼は恐るべき事象の生起をながめていた。彼がついに真実の人間像を形成しえなかったのは、飲み食らい、愛し愛される人間を形成しえなかったのは、まさしくそれゆ

えだった。いわんや足をひきずりながら通りをよろめき歩き、罵声をまき散らす人間をえがくことなぞ、彼の力におよぶわけはなかった。その獣性、途方もない助力を必要とするその窮乏、ましてそのような獣性にさえ天恵があたえられるという、人間のふしぎさにいたっては、彼の造型力をはるかにこえていた。

『ウェルギリウスの死』第II部　火――下降

ヘルマン・ブロッホ　川村二郎訳

遅い、昼食を取ることになった。

マルコと私と、マルコのガール・フレンドが二人、そして何度聞いても名前が覚えられない、アメリカ人の女美学者の一行が、車に分乗した。ローマ市街を南に下り、コロッセウムから聖グレゴリオ通りに入り、パラティーノを右手に望みながら、聖セバスティアーノ門にと至る旧道に入っていった。高い石垣、その上に張り出す広葉樹の影から、青みを帯びた陽光が注ぐ道は、いつのまにかアウレリアヌス城壁の外側に出ていて、黒く堅い小立方体が敷かれた旧道の痺れるような振動に車は満たされた。

古代ローマ貴族たちの墓、殉教の跡、広壮なヴィラへと続く小道や、地下墓地への案内板、疲れた奴隷たちのように郊外へと逃れていく徒歩の観光客たちとミモザの束を振りかざして、投げやりさと熱心さが混淆した叫び声を挙げている売り子たちの姿が視界から消える頃、左右にイタリア中部特有の、草原とも牧草地ともつかない野原が、間遠に立つ糸杉と、時折蹲った家畜の群れのように現れる灌木の間を、どこまでもひろがってくる。

旧街道から逸れて、車の幅ぎりぎりに切り開かれた杣道をしばらく上ったところに、その館はあった。

古代ローマ貴族のヴィラとおぼしい外観は、それだけで素性が怪しいものだと知れたが、涸れた噴水の前で車を降り、紙袋や酒瓶を抱え、一見簡素にみえる粗い煉瓦に覆われた広間に足を踏み入れると、これまでにここを訪れ、この家を用いたであろうさまざまな来訪者たちの痕跡が、見失われることなくそのまま感じられるように思われて、その亡霊たちというのではないにしろ、痕跡の否定しがたい臨在を感じて、強い緊張感を覚えた。蛮族の首領たち、ビザンティンからやってきた聖職者たち、ドイツの王族や貴族、フランスのブルジョワ、イギリスの隠退した金融家、そしてアメリカの缶詰業者といった客たちが、一千年を超える間に、幾度もこの館の主として訪れ、古代ローマの栄華と、自らの栄達なり富なり教養なりを甘やかに味わいながら、その便のために些少な改造と修復とその時点では思われた改造を施しているうちに、原型が失われてしまっていくその過程が一時に触知されるように思われた。

この館は、古代ローマ時代のものに間違いなかった。市内の遺跡と同様に、その荒廃と収拾のつかなさと、原型の不在によってこそ、ローマはローマとして私たちに語りかける。しかもその混乱は、けして度重なる破壊や改造によっても混沌へと溶け合いはしない。極めて鋭角的な、いくら細かい破片になっても尖りを失わない礎石がないまぜになったまま一体化を拒んでいるような混乱なのである。それは、多少とも痛覚をもった者には、けして総体としてヴェールをかけて雰囲気として味わうことが出来ないような混乱なのだ。

強い樫樽の香のする、重厚なピエモンテの白ワインが振る舞われ、私たちは豚の頭肉で作ったハムをナイフで千切った。深鍋一杯に茹でられた太いパスタに、マルコが腕まくりをして、バターの塊を投げ入れ、一、二度鋤のようなフォークで交ぜると、むせ返るような乳の匂いが辺りに膨れあがり、彼はそれを押さえこむようにカラスミの塊をおろし金で砕き、ふりかけた。

巴旦杏の香りがひろがった。少し、アルコールが回って口が軽くなった女美学者は、しきりにマルコの店においてあった祭壇画のことを話したがった。様子から、彼女は、そのシスティナ派のフレスコ画が欲しいのではなく、論文を書きたいのか、紹介をしたいのだかわからないが、要するに知的商売をしたいという事がわかった。美術品を売買するよりも、研究書を出したり、展覧会を組織したりすることが高級だと考える人々がいる。マルコと私はそのような人間ではない。

マルコが相手をしないので、気を損じた彼女は、広間を見回して、内装の様式の考証を並べたてはじめた。細部のさまざまな齟齬、時代的な矛盾を指摘するたびに、彼女の声は微妙に裏返った。

マルコが口を噤んだ。悪い癖なのだが、このような場面で私は、いつも事を荒立てる一石を投じずにいられない。私はわざわざグラスをナイフで叩いて、彼女の目を見ながら、「あなたは、分析や議論をしないで、美術品の前に立ったことがありますか」と低い声で尋ねた。一瞬口ごもった彼女が、再び何事かをまくしたてようとすると、マルコが私に向かって、「何もわからない奴に美術の話などするな」と、わざわざ英語で怒鳴った。彼女は、黄色い麻のジャケットを把んで出ていった。

思い返すと、彼女が苛立つのも無理はなかったかもしれない。私とマルコは始終日本語とフランス語とイタリア語を交えて(マルコは滞日経験が四年近くある)軽口を叩きあっていたし、マルコのガール・

フレンドたちはいい年をして何が楽しいのか始終クスクスと笑っている。実際、イタリア女の微笑というのは不愉快なものだ、特に金持ちで身なりがよくて、振る舞いも洗練されている女の場合には。マルコは、出ていった彼女の事は何も言わず、赤ワインをゆっくりと抜いた。良く熟成されたバローロの、絶望的に退廃的な甘さが、私の舌から胸に広がっていった。

マルコと私は窓際の寝椅子に移った。窓からは、少し闇色の滲んだ夕方の空が、ローマ市内の方向に広がっている。帰りそびれた雲雀の声が、途切れ途切れに聞こえた。

マルコが、少し酔った声で話しはじめた。

「それにしても、我々の同盟、つまりイタリア、日本、ドイツの半世紀前の絆は、なかなか素晴らしいものだったとは思わないかい」

「そうかもしれないな。しかし今さら何でそんな事を云うんだ」

ナチス・ドイツと結んだために、祖国が国際政治の上で未だに被っている不利益を思うと、私は素直に相槌を打てなかった。彼は続けた。

「三国同盟は、はじめソビエト、つまりボルシェヴィズムを敵として結ばれたものだった。しかしまた同時にそれは、アメリカの大衆消費文明との戦いでもあったと僕は思うんだ」

「少なくとも日本には、そういう意志があったよ。しかしまた私たちは、アメリカやイギリスと闘うために、より効率的に物質文明を使うすべを学ばなければならなかった。西欧諸国との戦いがより激しい西欧化をわが国に強いたんだよ」

「それは、日本のように、近代文明を外から取り入れた国に特有の問題だな。しかしどうだろうか、機械を作り、使うことにかかわる精神の堕落があるとしても、にもかかわらずアメリカのような貪欲と物神崇拝で世界を席巻しようとした国に対して闘いを挑んだこと自体は、きわめて正しいことだったと思う。それは、当然なされるべきことだった」

「失礼だけど、イタリア人の君にそう云われると、くすぐったいものがあるね。本当にアメリカと闘ったのは、イタリアでもないし、ドイツでもない。アメリカの領土を攻撃し、アメリカの植民地を解放し、アメリカの世界戦略を挫こうとしたのは、そのために国運のすべてを賭けたのは、わが国だ。確かにアメリカを撃ったのは正しい。僕はそれを心から信じている。しかし、その正しさは、おそらく君たちには分からないものだと思うよ」

「そうかも知れないな。たしかに日本はよくやった。だけど、どうだね、それは今の日本人には、われわれ以上に理解しにくくなっているのではないかな？」

ヨーロッパの保守的な人士と、多少とも知的な対話をするのは、存外難しい。


といって、私はいわゆるアカデミズムの世界にいる人々や、知識人とのつきあいは、ごくごく狭い範囲にかぎられている。私が懇意なのは、ワインの醸造家とか料理人とか骨董商といった人々であるから、一般化はできないかもしれないが。ただこういう稼業の人々は、職業的な意識からして自然に、かなり保守的にならざるをえないことは確かである。伝承とか風習とかいった事象を真剣に受け取り、分析し、過去と真摯に向かうことをしなければ、その仕事が要求する精進や探求を一歩も進めることができないからだ。

にもかかわらず、彼らと知的な会話が成り立ち難いと云うのは、そこに何ともしがたい制約の如きものがあるからである。アメリカにおける知的な禁忌、いわゆるポリティカル・コレクトネスというもののように露骨かつ繁雑ではないとしても、ヨーロッパの教養ある人間たちにも、踏み越えられない禁忌が明確にあり、それは専ら第二次世界大戦を巡って設けられている。

私は、ごく若い頃から、禁忌に触れてきた。フランス人たちとのつきあいで、何度対独協力派の作家たちの名前を口にして、一座を凍りつかせたかわからない。

私は、ただの礼儀知らずだったのだろうか。確かに一般の人、家族も含めた席で、そのような話題を口にしたのならば無作法に違いない。しかし、かりにも研究者や文学者ばかりの席で、挙げるのが禁じられる作家の名前があってよいのだろうか。しかも私は当時、そして今も、祖国への裏切りと人間性への犯罪の科をもって葬られたそれらの作家たちと作品を、真剣に愛し、崇め、少なからず人間として尊敬さえしていたのである。とすれば、この禁忌は、私にとってきわめて深刻なものであった。日本人に、自らのもっとも深い恥部を詮索される彼等の不快さを慮ったとしても、それは私にとって到底容認できない、自分の文学への情熱を絞殺するものであった。ナイーブすぎる対応であると今では思うが。

しかし、いずれにしろ、現在の世界秩序と、イデオロギーの根本的な布置が決定された重大な出来事にたいして、自由な検討が行えないのであれば、これはやはり知的な環境とは云えないのではないか。しかも、この禁忌は、いわゆる左翼的な人々のみならず、保守的とされる人々にまで、根強く巣くっている。欧米における学術、言論の、わが国とは比べものにならないその多様と活発さを認めつつも、その点で私は、ヨーロッパ人と根本的には、知的会話が出来ないのではないか、と常々疑ってきた。

確かに、そのような禁忌をやすやすと踏み越える者もいないではない。だが、そのような人達は、それを踏み越えるという事自体に価値を、あるいは自己証明を求める傾きがあり、ともすれば矯激かつ偏頗であって、およそ知的とは云い難い。

ヨーロッパにも、もちろん数人は、私にとって知的である知己がおり、なかでも、イタリア人が多い。おそらく、イタリアにとって第二次世界大戦が、さほど決定的な意味をもっていないからだろう。古代以来何度も繰り返された戦乱の、最近の一齣にすぎないからだろうか。決定的でないと言わざるをえないのは、イタリアでは大戦が終わり、冷戦が始まっても、議会政党のなかで、第二党、第三党の座を共産党と、ファシスト党の流れをつぐ政党が占めて、政権こそ担当しなかったものの、少なからぬ影響力を持ち続けたからである。マリネッティやジャンティーレ、ダヌンツィオといったファシズムと係わりの深い知識人たちについても、自由に議論され、支持されていた。

わが友マルコは、ローマ市内、テヴェレ川岸で宗教画を中心とした古美術を扱っている。東京のワインバーで知りあって、何故かウマがあい、すぐに骨董屋巡りやガール・ハントを一緒にする仲になった。過去に政治活動に携わっていたことがあるらしいのだが、余り詳しく詮索したことはない。端々に漏れる政治観や歴史観からみるとファシスト党に属していたのかもしれない。あるいは、日本でいえば全共闘世代に属する彼は、新左翼運動の活動歴を持っているのかもしれない。ヨーロッパでは新左翼の元活動家が多数、保守、右翼に転じている。その代表格が、かつてパリ五月革命の英雄で、現在は移民排斥などの主張を掲げるドイツの民族派新聞ユンゲ・フライハイトの主要メンバーの一人となったダニエル・コーンバンディ——「赤毛のダニィ」——であるが、マルコもそのような経緯を辿っているのかもしれない。

とにかくマルコは、知的なだけでなく、その広い教養と、悦楽的な生活姿勢、道徳的な基準、語学的な能力の高さも含めて、私にとり得難い友だった。

「しかし我々は敗れてしまった。それは、本当に深刻なものだ。日本は、まだ日々敗北していると言ってもいいほどだよ」

「そうかい？　日本は負けたかもしれないが、我々は負けたのだろうか」

「まさか、現化の社会システム全体がファシズムだなどという、聞いたような与太を云うんじゃないだろうね」

「いや、運動としてのファシズムの事ではない。残念ながらね。精神としての、あるいはヴィジョンとしてのファシズムだよ。君だって、ムッソリーニがローマ帝国の再興を唱えていたのは知っているだろう。現在進んでいる、ヨーロッパの統一は、まさしくムッソリーニの夢の実現とは考えられないだろうか。ヨーロッパとはローマ帝国にほかならないのだからね」

「それは、随分ずうずうしい考え方のように思われるけれど」

「そうかな、けれども、EUが、アメリカとロシアを仮想敵として、特にアメリカの世界支配を阻むために結成されたことは、君も認めるだろう。そしてヨーロッパ文明とは、ローマ以外のものではありえないんだよ」

私は、彼の云う事が分からないではなかったけれど、何か少し馬鹿らしい気もして、水をさした。

「文明とはよく云ったね。ローマの街のどこに文明があるんだろう。電気や水道は辛うじてつながっているけれど、道路事情は最悪だし、地下鉄は二本だけ。それも十五年前のニューヨークのような清潔さだ。信号で止まるたびに、フロントウィンドウに物乞いが集ってくる。ヨーロッパというよりも、第三世界としか思えない。だいたい都布計画らしいものがほとんどないじゃないか」

「都市計画が、文明だなんて、アメリカ嫌いの癖に君も随分つまらない事を云うな。そういう発想にそもそも、日本の敗北が現れているんじゃないか。日本は、完全にアメリカに屈服して、便利さや豊かさだけを価値観として抱え込んでいるようにしか思えない。自動車の便がいい事がそんなに大事かね」

「わが国が、心魂までアメリカ文明に侵されているというのはその通りだ。しかし、それでも文化の洗練というものがあるよ。ローマには遺跡はたくさんあるけれど、洗練というものがまったくないじゃないか」

「洗練するには、私たちは骨太すぎるのさ。それに、君たちの洗練は一体何を生んだのかい。君は、スペイン広場の騒ぎをみたか」

「ああ、僕の宿は、あの真上だ」

「プラダやグッチの店の前に、食料を求める難民のように蝟集している、日本の若者の、呆けた顔を見たかね、僕には、あれが、君たちの云う洗練の、行きつく果てのように思えるのだが」

それはまさしく、私にとって痛いところだった。だが私は日本人の前では日本を批判するけれど、外国人の前では、絶対に批判をしない。若い時に、自国の悪口を云って、外国人に媚びを売り、それを渡世の種にしている同胞を沢山見たからだ。彼らは、いずれも、生き物として最も醜悪な目をしていた。そして、媚びを売る相手から、いいように利用されながらも、徹底的に軽蔑され、その代価に海外で露命を永らえていた。

「うむ、しかしね、日本の若者たちが、君たちから見て、見るに耐えないということは分からないではないけれども、そもそもスペイン階段に何するとなく座りこんでいる、ヨーロッパやアメリカの観光客、そのなかには当然少なからずイタリアの地方からの旅行者たちもいるわけだが、その彼らの姿に何年も前からすでに現れているものが、多少濃くなったにすぎないんじゃないか」

「成る程、そう来たか。しかし、観光という行為そのものがきわめて退行的な行為だとしたら、それに一際深く染まってしまう日本人というのはやはり問題ではないかね」

「だが、君の指摘は、このようにも云いかえられないかね、観光とは、そもそもヨーロッパ文明の一部をなす、余暇なり、教養の制度化、消費活動化の一形態であり、それがアメリカにわたって記号化し、わが国に到来した。とするならばその源は、ヨーロッパに、そしてヨーロッパが、ローマそのものだと云う君の云い方を借りれば、それはまさしくローマを起源とするものではないか。

そのように考えてみれば、スペイン階段周辺、コンドッティ界隈で展開されている光景は、まさしくローマから発し、全世界に広がり、そしてまたローマに帰ってきた現象だとは考えられないだろうか。ローマが世界中でもっとも観光客によって侵食される都市であるのは、このような空疎さの発祥の地がローマであるからにほかならないと」

「それは、随分な勘違いだな。たしかにあらゆる文明の発揮がローマにあるという仮定が、自分でいっておいて何だけれどある種の冗談事としてでも、前提であると考えたとしても、発祥の側、起源の側に立つものは、けして観光などはしないんだ。イギリスとか、ドイツといった辺境に住むものが、文化と文明の精髄を尋ねて、ローマへ、イタリアへとやってくるんだ。でもイタリア人は観光旅行なてしないよ。われわれがイタリア料理しか食べないのと同じでね、ここにすべてがあるのだから、所用がないかぎり旅行などはしない。書物で得た知識を再確認するために地球を半周して、雑踏に身を投じる必要なんてないんだからな」

「どうだろうか。久しぶりにローマに来て一番驚いたのは、中華料理店がたくさん出来ていたことだったけれどね。観光客が食べているんだ、と君は云うかもしれないが、イタリア語のメニューも張り出してあったよ。

冗談はさておき、ローマ人はけして観光はしないという説を一応認めるとしても、にもかかわらず、ローマが生み出したものが、観光のような空疎な存在形態を生み出したと考えることは可能だし、考えるべきかもしれない。

僕が考えているのは、技術とか、機能といった問題、もっと云うとある領域を超えて、あらゆる場所で働くような方法論とかシステムのことだ。こういう方法論とか、機能主義というものが、ローマに発するという僕の理解は間違っているだろうか。

今、僕が思い浮かべているのは、例えばローマ法といったものだ。習俗的な取り決めから脱して、手続きの正当性を保証する体系によって正義を確保する発想、このローマ法の発想がきわめて卓越したものだということは認めるし、それこそがローマ帝国を可能にしたには違いないけれど、しかし同時にこうした手続き主義が、正義の内実、あるいは本質といったものをきわめて空疎にしてしまった事は否めないのではないだろうか。ローマ法という例が解りにくければ、僕から見るときわめてローマ法と似た発想に思われるのだが、例えばオウィディウスの『恋愛の技法』はどうだね。恋愛を魂や情熱の営為としてでなく、完全に手練手管の問題として考え、説く発想。こういった効率なり機能なりだけを取り出して結果を追求する姿勢を、方法論として構築し、普及させる姿勢に、僕はプラダの店の前にへたりこんでいる我が同胞の精神につながる長い退行の入り口があるように思われるのだが」

「ううむ、大分飛躍があるような気がするね。どう話したらいいのかな。そうだ、君はバチカン美術館にいったことがあるかい」

「ああ、ローマに来て、観光客にならないことはとても難しいからね。パリに僕は前後合わせて一年半位いたが、まだエッフェル塔もルーブルもいったことがない。これからも行かないだろう。でもローマじゃあ無理だ」

「じゃあ、君にはわかるだろう。あの広大な回廊の総てで、画家たちが、建築家たちが、装飾家たちが何を試みていたかを。つまり彼らは、その想念に、魂に形をあらしめようとしてきたんだ、それはけして本質の忘却ではない、なぜなら表現によって本質を忘却することが出来るのならば、技術の、さらには創造の進歩は、乗り越えは起こりはしないし、また芸術家たちの絶望も、希望も存在しえないからだ」

「君たち、つまりローマ人たちが、幾世代にもわたって、如何に見えないものを形にするかということを、想念、観念だけでなく思想までを形象として現すかということに膨大な努力を重ね、そしてそれを光と色彩と形態の調和と刺激のうちに実現してみせたか、その輝かしい成功は、バチカンに足を踏み入れてすぐに理解させられてしまったよ、それがローマ人がはじめた事もね」

「いやいや、簡単に理解してもらったら困るんだ。日本人である君にはね。

バチカンでの、あるいはバチカンに集約される全ヨーロッパの芸術家たちの営為は、偶像崇拝の禁止という、精神の至高性を保証するという観点からすればごくもっともな禁忌との、何千年に及ぶ闘いなのだ。この禁止を知らないもの、あるいは直面しなかったもの、つまりユダヤ、イスラム、プロテスタントとの闘いを本当に闘い抜いたことのないものには、想念を形にすることの意味はわからないだろう」

「そうかもしれない。偶像崇拝禁止に対する深刻さは、日本人であるわれわれには、理解できないだろう。しかしプロテスタントが作りだした、そのような禁止のなかでアメリカのプロテスタントが一番たちが悪い事は理解できるよ。

君はシェーカーというピューリタンが作った家具を知っているかい。バウハウスといったモダンなデザインの創始者たちにも参照されたものだが、彼らの家具には、神はもちろん人間や動物といったものの似姿がないのはもちろん、一切装飾がない、ただ椅子なら椅子、机なら机、箪笥なら箪笥として必要最低限な部分だけで出来ている。こうした家具を彼らが作ったのは、無論その原理的な信仰が、徹底した偶像崇拝の禁止を要求したのだろうが、注目すべきなのはね、こうした模像の禁止がより徹底した純粋さの追求へ、つまりまじりけのない、純粋な椅子や純粋なテーブルといったものを作らせたということだ。つまり装飾の禁止が、純粋かつ簡潔な道具への追求に結びついているという事だよ。そこで、はじめて、機能が機能として露呈したんだ」

「その家具のことは初めて知った。だけれども偶像崇拝の禁止を、機能主義に、つまりはテクノロジーの専制に転換したのが、アメリカだというのはまがうことのない事実だね。彼らは、想念を絶対化し、純粋化するために、それを似姿として、芸術として表現することを禁じた。しかしその徹底した禁止は、彼等の精神を深く敬虔にするのではなく、ヴィジョンを容赦のない機能と取り替える結果を招いてしまった。思想を表現せず、抽象のままに置こうとした彼等は、テクノロジーの爆発的発展を成し遂げ、そしてその生産と消費の循環の一要素に人間を落とし込んだのだ」

「だが、翻ってわが国について考えると、どうだろう。たしかに日本人もまた、目に見えないものを、想念を表現しようとしてきた。しかしね、バチカンに象徴されるように、あくなき形態と構造化で、無限とも云うべき人間精神のすべてを表現しようとはしなかった。むしろ私たちは、表現を限定し、抽出し、極微のなかにも宇宙を表現することを目的としてきたのだ」

「だから、日本の美術は、建築は、とても小さい、と」

「いや、大小の問題ではない。大きいというのなら、日本の古代建築にも巨大なものはいくらもあるよ。でも、その巨大さというのは、何といったらいいだろう、止めどなさや無限の表現として大きくなってしまった訳ではないんだ。そこに恐らく、機能の専制を逃れているとしても、やはり技術を主体とするローマと日本がまったく異質であるということの、明らかな標しがあるように思えるんだ」

「ああ、それはこう考えたらどうだろう。要するに、日本人の感覚には、夷狄という感覚がないんだ。野蛮というものを日本人は知らない。つまりね、敵を、自分とは異質なものを敵として認識し、討伐しようとする意志に欠けているんだ。日本人がいかに勇猛だとしても、日本人は外からの、つまり夷狄や蛮人の侵入にとても寛容だったように思われる。

例えば、日本人は巨大な城壁を夷狄にたいして張り巡らした事がないだろう。城壁だけではないさ、水道にしたって、浴場にしたって、古代ローマ人が作った文明的敷設は、すべて城であり、要塞なんだ、ローマ人とローマの精神を守るためのね。

それにたいして、日本人が作った巨大建築は、君がいったのは、東大寺などの奈良の寺院のことだろうけど、すべてが、それこそ戦艦大和に至るまで、外からの思想や技術の導入のために、あるいはその結果として作られている、それが国家護持のためだとしてもね」

「近代文明はともかく、支那やインドを私たちが蛮人とみなす事が出来ただろうか」

「それこそが、文明の意志の問題だよ。

突飛だけれど私は君たち日本人が、この前の戦争で中国を、奥地に至るまで、微底的に攻めて、ほとんど手向かいできないまでに叩きのめしたのは、とてもよい事だったと思う。

戦前の支那のような（今の政権を君はどう考えるかね?）腐敗を極め、人の数と国土の広さに頼った怠惰きわまりない退嬰に陥ったまま私利の追求に血道を燃やしている連中が、人間性にたいしての、魂と精神に対しての軽蔑にほかならないと考えるのは当然ではないか。だとすれば、彼らにたいして君たちが剣をふるったという事は、功利を超えて正しい事だった。

それは、正しいばかりでなく、誇りの当然の赴くところであり、精神と文明の矜持のなす営為とも云うべき試みだったのではないか」

「僕も中国と戦争をしたのは、間違っていないと思うよ。しかし、それが日本人の誇りとなるまでには、残念なことにかなりの時間がかかるだろうし、そしてもしも誇りを持てるようになったとしても、それはおそらく君が云うような文明の誇りといったもののためではないだろうな」

夜はもうすぐ側まで来ていた。空気が一時に冷たくなり、柔らかなたゆたうような風の匂いが、突然香ばしい冷たさにかわったかと思うと、鋭く堅い夜の空気に自分が侵されているのが解る。空気の堅さを味わっているうちに、自分の体臭と、マルコのアルコールに満ちた吐息が匂ってきて、物悲しい気持ちになった。

「ねぇ、マルコ、君は祖国とは何だと思う」

文明の話をしていて、僕は突然、国について問いたくなってしまった。

「僕はね、君も知っている通り、執拗に、声高に、祖国について語ってきた。その事を、祖国への愛を、しっかりと捕まえているつもりだ。それは僕の血であり、肉であり、何よりも歌とともに現れる息吹なのだから。

それが解った上でなお僕は問いたいんだ、祖国とは何か。

この問いを、自分が自分から離れられない、そのような抽象化はできないと知った上で、今一度深く、問い直してみたいんだ。それは、宇宙と、存在と、どんな関係にあるのか」

「その問いには、自分にとっての祖国としてしか答えられないよ。

僕にとっては、事実として、この土自体が祖国なのさ、文明の基底としてもね。

足元の土をみてくれ、その粒の一つ一つを。僕はここの、あるいはローマの土をみていると、それがみんな過去の遺跡の、それは煉瓦だか石像だかモザイクだかはしらないけれど、そうした建造物の破片が摩滅した果ての集積であるように思われるんだ。

これらの石粒は間違いなくわれわれの文明の、遺跡の破片であり、滴なのだよ。その破片が石粒となり、土になり、そしてそこに葡萄は実り、ワインが絞られ、オレンジは赤く色づく。

このように云うと、君は、日本でも一木一草が、信仰や歌とつながっていると云うだろう。確かにそうなのだが、またそれは正確ではないな。文明の本質というのは、こういう石のようなものではないかね?

日本人は天然の土や風を住処にしてしまうために、ついにヨーロッパにおける建設の意味が解らない」

「しかし、マルコ、君たちは、今でも、本当にその建築ができるのかい。土からの建築が出来て、はじめてそれは祖国といえるのではないかい。それとも、ウェルギリウスが『牧歌』で詠ったように、人が畝を作ったり、耕す必要もないほどに、自ずから実り、蜜の滴る土地、アルカディアこそが、君たちの祖国なのか」

「僕らは作るんだ、日本の友よ。それが廃墟になると解っていてもね、廃虚の中からまた大きなバシリカを、要塞を作るんだ。君は、パラティーノの丘の上に行っただろう。あの皇帝の住居跡に立つ、高い松の木は、本当に美しいと思わないか。あのような松は、やはり偉大な遺跡の上にしか生えないと思うんだ」

「そう、あれは確かに美しいね。でも、もう君たちは、残骸の上に生える松のようなものしか、美しいものを生み出すことができなくなってしまったんじゃないか」

第一章　H・ブロッホとM・ユルスナール（上）

この形式の容器の中に、古典古代では伝承された形式がなくて故郷を持たず表現不可能なままのものが、つまり抒情詩が、蒙った医し難い悲しみの、サッポーやその他の忘れられ斥けられた偉大な古人たちの段階の今や完全に歌えるものとなった魂が流れこむのである。この魂はいかなる細部にも流れ入り、口にされたいかなる文章の断片にもしみこみ、筆舌に尽しがたい含みによってそれを意味深長なものとし、この素っ気なさをひそかに流れている歎ぎの絶えざる妙音によって酔わせるのである。これによって西欧の詩はその古代へ、ヘラスへと復帰するのだが、最早文体や言い廻しの点においてではなく、体験した運命の基盤の上に、そしてこの世の罪に自らも関与していることを発見しながら世界の悲劇的な関聯に口をはさむ唯一の心のほとばしる思いにおいてである。歴史的な時代の感覚がそれを表現する口を得た。そしてこの詩をその情熱的な、しかしその対象のためにまだ情熱的なのを隠している歌の調べにすっかり包んだのであった。この詩が耕すことを教えると称している土地は、技術上の抽象を守って隠されてはいるが、他のすべての人々、その身分と国と時代を代弁している古いイタリアの農民の世界の追放された子供の失われた土地である。

『ウェルギリウス』R・ボルヒァルト　松浦憲作訳

もう二年ほど前になるだろうか。いつものようにマルコ・ヴィサーニと乃木坂のバーで呑んでいた。近くに沢山あるダンスバーがひけて、アメリカ人やカナダ人のダンサーたちがやってくると、彼女たちにビールやジンを奢り、その身の上だの、男出入りだの、人生設計だのを聞き出して笑った。

「しかしまた、何で日本でも、アメリカでも、乳房を出して踊っているようなバカな女にかぎって、何をかはわからないけれど物を書く仕事をしたい、等というんだ」「いや、このごろは男だってそうだよ、オレもそうだった」「そうか君はバカだったから物書きになったのか」などという会話を交わしている裡に、凄まじい倦怠に私は襲われた。

勿論、倦怠を恐れていては、遊び人は務まらない。

だが、何千もの夜をやり過ごしてきた放蕩者たちにも、乗り越えられないような、瞬間が訪れる。

その夜、私は、そのような刻に囚われてしまった。

私は、マルコと別れることも、河岸を変えるように促すことも出来ずに、また沈黙を守ることも出来なければ、会話に興じることも出来ないという厄介な雰囲気の沼に、自分がはまりこんでいる事を、ゆっくりと自覚していった。

何か、突飛な、これまでやったこともなければ、考えたこともないことをはじめなくては、この沼からは出られない、という想いが、次第に強くなっていく。

ポツリ、ポツリと、どうでもいい事を口にしながら、考えをまとめようとしていた私は、何故か突然、一つのイメージに囚われ、マルコを促して席を立ち、タクシーを拾った。

飯倉から、神谷町を抜けて、内幸町から日比谷通りに入り、芝公園に向けてしばらく走ったところで、すぐ済むからと運転手に、待ってもらった。深夜にビルの前で待たされることに不審を感じた運転手に、忘れものですか、と訊かれて、一万円を渡し、とにかく待っていてくれと頼んだ。

酒が回りきって、狩られた猪のように扱いにくくなったマルコを、無理に引っ張りだして、眼前のオフィス・ビルの前に連れていった。

日本人のやる無茶には、たいがい慣れているマルコも、さすがに驚き、酔いが醒めたようだった。そのビルの正面には、高さ約五メートルほどの、アンティノウス像が据えられていた。流石に、商売柄マルコは、瞬時にして彫像の由来を見てとり、絶句をした。

例えばルネサンス様式とか古典様式のファサードをもつ建物というのならば、分からないでもない。だが、そのビルは、東京におびただしく建っている、あの無表情で、無個性的で、装飾といえば債券の広告か折りたたみ乳母車の覆いのような日よけしかない建築である。そこに、ローマ盛期の大理石の彫像が立っているのだから。しかも、モデルは、史上最も大がかりに悼まれた「恋人」なのである。

惜しくも鼻梁の部分と腰から膝を覆っているトーガが欠けていたが、その彫像からは彼の魅力、その魅力を、注文主の趣味にこたえるべく、懸命に古代ギリシャの手法を駆使しつつ再現しようとした彫刻家たちの苦心と昂奮は余すところなく感じることが出来た。

「もしわたしがあれほど万人の目に明らかな彼の美しさについて何もまだ語っていないとしても、そこに、あまり完全に征服されてしまった男の故意の沈黙を見てはなるまい。しかしわれわれが絶望的に捜し求める姿かたちはのがれ去ってしまい、ほんの一瞬しかとらえられない……わたしは思いだす、夜のように暗い髪のかげに傾けた頭、切れ長の瞼のせいでややななめに見える目、寝んでいるような、幅のある顔。そのやさしい胴は植物のように絶えず形を変え、その変容のいくつかは年齢によるものであった。子供は変貌し、成長したのだ。彼を柔弱にするには一週間の懶惰で足りたし、狩りに暮れる一回の午後が彼に強靭さと運動家らしい足の速さとをとりもどさせた。一時間陽光を浴びると、肌はジャスミンの色から蜜の色に変わった。若駒のやや重たげな足はすらりと長く伸び、頬は子供らしいやわらかなまろみを失って、高い頬骨のかげにかるく窪んだ。若い長距離走者の空気をいっぱいに吸い込んだ胸郭は、バッコス祭女の胸のような、なめらかなつやのある曲線を示すようになった。ふくれっ面の唇は熱っぽい苦々しさと悲しげな飽満の表情を帯びた。じっさい、この顔は、あたかもわたしが、夜となく昼となく彫り刻んだかのように、変わりつづけたのであった」(『ハドリアヌス帝の回想』多田智満子訳)

アンティノウスは、盛期ローマの皇帝ハドリアヌスの恋人であった。義父トラヤヌスの、果敢かつ偏執的な征服行の繰り返しによる国内の疲弊を、戦線の後退と周辺諸民族との融和によって癒したことで、ローマ帝国中興の祖として知られるディレッタント皇帝ハドリアヌスは、小アジアを周遊している時、ニコメディアでアンティノウスと出会った。ハドリアヌスはその人生の絶頂期をアンティノウスとともに過ごした。アンティノウスは、美貌のローマ貴族で、ハドリアヌスの後継者にも擬せられたルキウスへの嫉妬から、ナイル川のほとりで自殺をした。

青年の死を悼んだ皇帝は、ナイル中流に、アンティノウスの名前を冠した都市、アンティノエを建設した。「アレクサンドロスは寵臣へファイスティオンの葬式を蹂躙と大量虐殺とによって盛大ならしめた。わたしは、寵愛の者に一つの町を、彼の礼拝がいつまでも公共広場の人の往来に溶け込み、彼の名が夕べの雑談のおりに口の端にのぼり、青年たちが饗宴の時刻に冠を投げかわすようなそんな町を捧げることがもっと美しいと思われた」(同前)

アンティノエには、アンティノウスを祀る神殿が作られるとともに、大小さまざまなアンティノウス像が街の主要な場所に飾られた。さらに、全ローマ帝国にたくさんあるハドリアヌス関係の施設――皇帝はまた、歴代屈指の、土木、建築マニアだった――にも、アンティノウスの像が飾られた。そして、その中の一つが、東京の、日比谷通りに面するオフィス・ビルの前面に据えられているのだ。アンティノウス像は、このオフィス・ビルの一フロアを占めている、個人美術館のコレクションであった。屋内に収まらず、仕方なく正面におくことにしたのだろう。

その個人美術館は、この辺りの地主のコレクションを集めたもので、ビル自体も彼の持ち物だった。唐三彩のコレクターとしては、屈指の存在と言われた人物だったが、中国が開放政策をとるようになってから、盗掘された唐三彩が大量に市場に出回るようになり、値段が暴落してからは、印象派の絵画蒐集に対象を換えたと聞く。その彼が、なぜアンティノウスの彫像などというものを買い込んだのかはわからない。優品にであったら取り敢えず買うというタイプのコレクターもいるから、その伝で買ったのかもしれない。そう言えば、ガンダーラ仏やエジプト彫刻なども二、三陳列してあった気もする。

私が、この像の存在を知ったのは、十五年以上前で、やはり唐三彩のコレクションを見に来た時だった。

この像のことを、つまりハドリアヌス帝が、アンティノウスなる恋人の記憶のために、沢山の彫像を作らせたことは知っていた。高校三年生の時に、多田智満子氏の訳で、マルグリット・ユルスナールの『ハドリアヌス帝の回想』を読んでいたからである。

読んでいた、というようなものではない。フランス語を学びはじめたばかりの私に、フランス語のテクストを読む楽しみを教えてくれたのが、『ハドリアヌス帝の回想』であった。私は、初学の頃、ユルスナールのテクストを、片端から読んだ。ユルスナールの作品と、クラウンやスタンダードといった仏和辞典の頁の感触は、私にとって切り離せないものだ。

ユルスナールの何に、私が引きつけられたのか。最も月並みな表現で云うのならば、それは文章の流麗さということになるのだろう。好みが先行して、セリーヌやドリュ・ラ・ロッシェルといった作家を読むことでフランス語と接してしまった私にとって、ユルスナールの文章は、はじめて接した、明晰で堅牢な、古典主義の輝きを備えていた。大学に入って、謦咳に接した若林真先生から、君は早くからドリュのような作家ばかり読んでいると、フランス語の響きが分からなくなるぞ、と度々忠告していただいたが、そんな私にも感じとれる調べが、ユルスナールにはあった。無論、古代ローマや、中世末のフランドル、ルネサンス期のフランスといった、ユルスナールの小説の歴史的な背景も魅力的であった。

だが、何よりも私にとってユルスナールの魅力は、私が傾きとしてある親しみを覚える作家たちに共通の響き、つまりドリュとか、三島とか、フィツジェラルドとかと通底する何物かを、かような明澄さのうちに現していることだった。もっとも三島やモンテルランのような作家も、はっきりとした古典的骨格をもっていたが、しかしそれは、ユルスナールの作品にみなぎっている力とはまた別のもののように思われた。

私が、ユルスナールの、特に『ハドリアヌス帝の回想』に感じとっていた古典性は、いわゆる古典主義的な、明確な形式や構成への意識、情動や奇想の抑制などによって特徴づけられる思潮とはまったく異質なものであった。それは、ラシーヌとか、シェニエといった古典主義者がその精神の核にもっていた古典古代への想い、あるいは古代的なものの現在への想起といってよいかもしれない。

故にそれはまた、普遍的なるもの、イデアルなものへの意志といってもいい。ファンシーなものとして蔓延していたわが国の知識人たちの、教養主義的で、子供っぽい憧憬と同胞への卑しい優越感にみちた古典古代の賞揚とはまったく異なった、切迫と必然と哲理が、そこにはあった。その古代への急ぎの激しさは、例えばドリュやブラジャックが神話という名前で古代ヨーロッパの青春の同帰を語ったのと、性格は異なるものの、通底するものがあるとも、思われた。少なくとも、ユルスナールを通じて私は、ヨーロッパ人にとって、いかに古代ローマが切実な問題であるか知った。

もとより、その時点では、今よりももっと深い混乱の中にいて整理など思いもよらなかったのだが、とにかくユルスナールが描くハドリアヌスを通じて、私は古代ローマの一端に触れたつもりになっていた。

そのような時期に、このビルの前の、アンティノウス像をまのあたりにしたのである。

ここにこの彫像が置かれていることは、文脈を無視した、というような言葉を発するまでもない、あらわな野蛮行為のように思え、強い恥かしさと居たたまれなさを感じた。それは、単なる、教養と金力のアンバランスなどということではすまないと思われた。実際、美術館オーナーの趣味は、印象派絵画はともかく、支那陶磁については、悪くなかった。というよりも、彼はかなり趣味が良かったからこそ、この彫像を購入してしまったに違いない。その事が私にはこたえ、それから長い事、私はこの彫像の存在、日比谷通りに面したオフィス・ビルにおけるその佇まいを忘れようとしてきた。

だが、今は私はやや異なった考え方をしている。

もちろん、私の血の中に色濃く流れてしまっている、惰弱なディレッタントな血は、この設置と取り合わせを嫌悪している。だが、またこのようにしてアンティノウスと出会ったことは、よいことだったと思っている。例えばパリやベルリンの博物館で、あまた並べられた彫刻の一つとして出会うよりも、数等倍よいことであった、と。

というのは、この、東京でも指折りに交通量の多いオフィス街に据えられたアンティノウスの姿は、私が、あるいは敷延させていただければ、日本人が、ヨーロッパ古典古代とつき合うという事の意味を、その姿を、鮮やかに示してくれているからだ。いずれにしろ私たちが、ギリシャ哲学を学んだり、ラテン文学に親しみ、その文明の全容に思いを致すことは、滑稽さから離れられない。子供じみた憧れを抱き、よりつまらない優越感などを感じ、辞書を引き、単語を覚え、あるいは翻訳書、研究書を集めて、二重、三重の屈曲と迂回、不純を含んでしか、近寄ることができないのだから。

そしておそらく、最も滑稽であるのは、あるいは愚劣であるのは、もしかして罪深くさえあるのは、ここに据えられたアンティノウスのようなグロテスクな滑稽さから端的に逃れられると考える事ではないだろうか。曲折や曇りを逃れて、普遍性に参画できるなどと考える事。

いや、些か云い直す必要があるだろう。普遍なるものは、けして存在しない訳ではない。ただ、透明で、均整のとれた普遍性なるものがあるわけではないし、透明な普遍への、屈曲や捩れのない、拘わり方なるものがある訳ではない、ということである。普遍性なるものがあり得るとしたら、それは惨めったらしく、汗くさい、微細な迷いと錯誤の積み重ねの末に、彼方として現れるものではないか。

そのように考えると、それはけして日本人だけの屈強ではないように思われる。

「しかし、日本人とは、大分つきあってきたけれど、これは凄まじいな。悪趣味というのでもない、何というのだろう。私たちの想像を越えているよ。しかも、こういう運命にアンティノウスが囚われるというのは、何か誤っているというか、理不尽な気がする」

新橋の呑み屋に移ってから、マルコが、大分毒気を抜かれたように云った。

「確かに、君がそういうのは分かるよ。僕だって、はじめてこれを見た時は驚いた。でも、どうかな、この置き方というのは、特に日本人が、美術にたいして、非常識な態度をとっているということを意味はしないように思うのだが」

「何故そんな事を言うのか分からないな。君とは色々と意見が違うところもあるけれど、美術関係については、わりと一致すると思っていたのだけれどね。それに、この彫像は単純に美徳としてすませてしまう訳にはいかない、ローマ帝国の記憶とつながっている」

「僕が云いたいのは、こういうことだよ。君はアメリカに行ったことがあるかい」

「幸いなことに、一回もないよ」

「ワシントンに行くとね、その政治的建築のほとんどが、ギリシャ・ラテン様式の壮大なコピーなのさ。無論、飾ってある彫刻は、巨大なジョージ・ワシントンであったり、リンカーンであったりするわけだけれどね。

それで、僕が云いたいのは、こういうことさ。ワシントンが、大理石の古典建築で埋めつくされているという状況が示しているのは、アメリカが主張している民主主義の普遍性を示すために、かなりいかがわしい論拠によってデモクラシーの祖国と名ざされているギリシャ、ローマへの想起が利用されているという事だ。根源と普遍性。まったくいかがわしい取り合わせだし、趣味としては最悪だ。

でも翻って考えてみれば、結局私たちは、私たちというのは(博愛的にも)アメリカ人も含めての私たち、ということなのだが、こういった形でしか、古典的なるものと実は付き合えないのではないだろうか」

「アメリカについては、ひとまず置いておこう。ピューリタニズムの形象を、何の関係もない、あられもない古典主義様式建築であらわすというのは、無論滑稽だ。だが、近代民主主義は、フランス大革命以来、古代ギリシャを、その意匠として担ぎだしてきたのは事実なのだから、アメリカ人たちが、ひときわはなはだしく大規模に、節操なくやってみせたとしても、それは彼らの文明のありようからすれば仕方がないのではないだろうか」

「いや、まさに、そこに問題があるんだよ。なぜ、大革命に際しての記念物に、あるいはアメリカ合衆国の首都に、古典古代が参照されなければならないのだろうか。そこに、古典古代を顧みる視線が抱えている根源性と普遍性の基本的ないかがわしさがあらわれているように思われてならないのだけれど」

「それは分からないでもないが、そのいかがわしさとあのアンティノウス像展示の寄怪さは、同一の問題として保持できないのではないか」

「そうかな。例えば、君たちは、博物館でああいった彫刻を見るのが、当たり前だと思っている。だが、あのような場所で見ることが許されているならば、なぜ、街路で、あるいは君たちの尺度からすれば、卑俗極まりないオフィス・ビルで、ああいう建築を見てはならないんだい。

これは、前にも話したことがあるけれど、美術館という、君たちが発明した美の鑑賞（無論、鑑賞という行為自体が第一の問題なのだが）方式は、まったく卑俗なものだと思うよ。多人数が集まって、多くの作品を一度に観るというやり方の底にひそむ、度しがたい大衆への媚びと美術の教養化は、いかんともしがたい程低劣ではないか。それが、結局はヨーロッパから美を消してしまったんだよ。

美術館などという空間のなかに、脈絡なく様々な彫像を並べて、啓蒙的な但し書きをつけてある様は、それ自体美術品との対面の機会を奪い、圧殺することそのままではないか」

「君の美術館批判はよくわかるよ。でも、ご存じの通り、ヨーロッパにはかなり厚い、個人コレクターの層があるからね。大衆がどう美術を消費しようと知った事ではない。市営の老人ホームの食事が、いくらまずくても、その都市の食のレベルをはかれないのと同じ事だ。まぁそれはいいとしても、どうして君が、アメリカの都市やヨーロッパの美術館などにおける、古典古代との出会いを、この余りに意外な、やや超現実的といってもいいようなあり様と一緒にしなければいけないのか、よく理解できないのだよ。こんなことで、僕が君たちを軽蔑したりしないことを、君はよく解っているはずなのだが」

「いや、それは虚栄心といった問題ではないんだ。確かに、私たちの、古代ギリシャ・ラテンへの接し方は、ヨーロッパのそれと違って、際立っておかしな、歪んだものだろう。だがまた、実際の問題として古典古代への接近に、本当に正統的な、透明な階梯などあるのだろうか。あるとしても、それは、顕在的なものではありえないと思うよ。それを僕は尋ねてみたかったのさ。実際イタリア人でさえそうだよ。例えば、君が敬愛しているだろうとおぼしきダヌンツィオの『死の勝利』に描かれている古代愛好だって、随分悪趣味じゃないか」

「まぁね。深夜にこうして他人を連れ出して、こんなものを見せる、君の悪趣味には負けるけれど」

「いや、やはりこういう事は、ヨーロッパ人も巻きこまないとね。日本人だけで考えるのは、不景気でよくないよ」

＊

いつからか、ユルスナールを考える時に、私は常に、ヘルマン・ブロッホを想起するようになっていた。無論、その連想の理由は、ごく子供っぽいものであって『ハドリアヌス帝の回想』と前後して『ウェルギリウスの死』を読んだからであろう。こうした作品を、翻訳という形で、母国語で所有できているというのは、かなりの幸福である。確かにその作風の違い、文学観、世界観の違いからすれば、おそらくヨーロッパでは、これらの二作品を同時に愛する読書人はごく少ないだろう。それを許してしまうのは――私の趣味の節操のなさを勘定に入れたとしても――日本から、ヨーロッパへの距離と、さらに古代ローマへの遠さがそこに働いているからだ。川村二郎氏と多田智満子氏の文章もまたきわめて対照的であるにしても、何よりもそこに中心的に働いているのは、翻訳という営為の力であって、その力が、文脈を越えた出会いを可能にしているのだと思う。

だが、考えてみれば、この二作品の対照は、誠に奇妙なものだ。それは何よりも、対照を可能にしている、強い同一性の力が働いているという事でもある。その同一性と、同一性から発する問いを跡づければ、このような問いになるだろう。大戦に前後して、ヨーロッパ文学を代表する、しかし美学的にも、政治的にも、きわめて対立的な二人の作家が、死を目前とした者の独白という似通った形式で、ローマ帝国の大きな固有名詞の口を借りて語ったのはなぜか。

さらに、これらの作品は、双方ともにアメリカで執筆されている。

確かにアメリカで執筆された、という事情は、そのアメリカ行き、つまり「亡命」の様相が異なるのと同様にかなり違ったものだ。ウィーンの大紡績会社の経営者一族に生まれ、弱冠三十歳でその社長となり、財界活動や労使問題などでいくつもの成果を残しながら四十代に入ると引退し、大学に籍を移すとともに第一次大戦後の、ヨーロッパ・ブルジョワの精神を全体的にとりあげた『夢遊の人々』を上梓して、全欧の読書界を震撼させたブロッホは、ナチスによるオーストリア併合直後に、有力なユダヤ系知識人、財界人として逮捕されてしまった。

ブロッホの逮捕は、大きな反発をヨーロッパの知識人に引き起こし、ナチスは渋々ブロッホを釈放した。作家はトーマス・マンの手引きによりアメリカへと亡命する。『ウェルギリウスの死』は、ナチスによる拘留中に着想され、経済的にもきわめて厳しかったアメリカでの亡命生活中に執筆されて、大戦が終わった一九四五年に完成をした作品である。

一方ベルギーの貴族の家に生まれ、父親との緊密な関係のもとに、ディレッタンティズムの粋とも云うべき教育を受け、ごく若くして作家としてデビューし、ヨーロッパ全域を旅行しながら生活していたユルスナールが、アメリカに渡ったのは、今から見るとかなり突発的、衝動的なものに見える。渡米した一九三九年に、大戦の緊張は高まっており、彼女のようなデラシネが生存する条件が厳しくなっていたことは確かだったし、これまでのような生活が不可能なことは自明だった。

だがまた、この渡航は、結局生涯に亘るパートナーとなった、グレース・フリックの誘惑に乗るという、きわめてファンタジーに満ちたものにも見える。その衝動が、結局彼女を――無論数十度に及ぶ旅行はべつとして――、メイン州の、マウント・デザート島という、名実ともに荒涼とした場所に生涯結びつけてしまったのだが。

ブロッホとは比較できないような、つまりは多分に個人的であり、二十世紀の知識人を襲った命運の象徴としての亡命とはかなり異質であるにも拘わらず、ユルスナールのアメリカでの生涯が、「亡命」

の色彩を帯びるのは、そこにやはり哀惜のようなもの、つまりは失われたものへの距離があるからだろうか。『ハドリアヌス帝の回想』は、ユルスナールにとっていわゆるライフワークと呼ばれるべき作品だ。最初の構想を抱いて、執筆されてから、上梓されるまでに、ほぼ四半世紀の時間を経ている。しかも、その間、度々着手され（ハドリアヌス帝の末期の言葉という形で語られる回想、という形式も、すでにその頃固まっていた）ては、放棄されるという経緯を経てきた。その作品に最終的に着手するのは、一九四九年の初頭、スイスのローザンヌのホテルに置いてきたトランクが、突然マウント・デザート島に届いた時である。その荷物を解き、中に詰められた資料を読み返すうちに、かつて明確な輪郭をとる事のなかったモチーフが、揺るぎのない骨格を備えてくるのを覚えたのであった。

「一九五〇年十二月二十六日、凍りつくような夜、大西洋の船上で、合衆国のマウント・デザート島のほとんど北極的な静寂のなかで、わたしは紀元一三八年七月のパイアエでの一日の息づまる暑さを再現し、己が断末魔のざわめきに心奪われている男の耳におりおり聞こえてくるあの潮の満ち干きのない海のほとんどききとれぬかすかなひびきをよび起こそうとした。末期の水の味わい、最後の不安、最後の瞼に浮かぶ姿までも想像してみた。皇帝はもはや死ぬよりほかになすべきことがない」（同書《作者による覚え書き》）

この時期になって漸く彼女が、ハドリアヌス帝の末期の想いを作品とする事が出来たのは、四十代半ばという年齢のためだと語っている。「四十代まで着手してはならない作品があるものだ」。だが、そこには矢張り戦争が、つまりはヨーロッパというものを、文明というものを徹底的に破壊し、あるいは問い直した精神の経験が棚引いているように思われる。もっとも甘美な頁にさえ、その甘美を可能にしている苦さとして戦争の記憶は働いていたのではないか。でなければ、二十世紀に、人はこのような文章を書く事はできないだろう。
「この年月を回顧すると、黄金時代をそこに見いだす心地がする。すべてはたやすく、昔日の努力はほとんど神々しい安楽さによって償われていた。旅は遊びであり、統制され、熟知され、巧みに実行される遊楽であった。絶え間ない執務も逸楽の一様態にすぎなかった。わたしの人生は、権力も幸福もみなおそまきに得たものだが、いまや正午の壮麗さを帯び、室内の静物も、かたわらに身をのばした肉体も、万物が金色の大気にゆあみする午睡のひとときのように、陽光に輝きわたっていた」(同前)

H・ブロッホにおいては、ローマ帝国への姿勢、つまりローマが実現し、そしてそれが現代にいたるまで維持発展してきたものへの批判は、きわめて明晰であると同時に徹底している。つまり西欧文明の本体である、ローマをその発祥において言祝ぎ、そして今日なおそのローマと離しがたい、あるいはローマそのものとしてしか考えられない、いやむしろローマとその文明圏を今日なお説得力のあるものとして息づかせている(「ローマは、今日ではただ「彼」だけがまだゆるぎなき世界的な力として支配している領域として、嘗てはその帝国や軍団や束桿《そつかん》fasces を手にした執政官先駆たちを以って皇帝たちが無条件に支配していた古い国境に殆ど正確に沿ったヨーロッパにおいて、この数千年を生き延びているのである」〔『ウェルギリウス』R・ボルヒァルト　松浦憲作訳〕) 詩人の口から、帝国を呪詛させること。

瀕死の身を、皇帝の船団の一隻に横たえた詩人は、ローマ帝図の壮麗な豪奢とその醜悪に、死を前にして眼を向けざるをえなくなる。

「人間を積み、武器を積み、ライ麦と小麦を積み、大理石、オリーブ油、葡萄酒、香料、絹を積み、奴隷を積んで、ありとある海を交易の船はわたって行く。その航海はおびただしい世界の背徳の中でも、もっともいとわしいもののひとつである。今ここをはこばれて行くのは、いうまでもなく商品ではなくて、貪食漢のむれ、つまり廷臣たちだった。艫にいたるまでの船尾全体が、彼らの食事のために占められていた。そこでは早朝から杯盤の音がひびきわたり、旺盛な食欲をほこる連中は今もなお宴席をとりかこみ、臥台の席がひとつでもあきはしないか、あいたが最後、先をあらそい、ひとをつきのけてでもその席を乗っとろう、と虎視眈々としてうかがい、首尾よく横になって、何度目の食事であろうと委細かまわずはじめることのできる時がくるのを、じりじりして待ちこがれていた。（中略）肥ったものにも痩せたものにも、悠長なものにも敏捷なものにも、歩いているものにも坐っているものにも、起きているものにも寝ているものにも、そのいずれを問わず彼らすべての顔に、消しがたく見あやまりがたいあざやかさでこの熾烈な欲望が表情となってあらわれしるしつけられていた。それは時にはえりつけられ、またねりこまれているといってもよかったが、あるいは鋭くあるいはやわらかく、あるいは悪意にあるいは善意にみちて、狼、狐、猫、鸚鵡、馬、鮫の表情をうかがわせながら、いつもひとつの、それ自体で完結してしまったようなおそろしい享楽をめざし、片時も休まらぬ所有への渇望に燃え、物、金、地位そして名誉をいかに安直に手に入れようか、所有にもとづく多忙な無為の生活に、いかにして到達しようかと、千々に心をくだいているのだった」（『ウェルギリウスの死』川村二郎訳）

だが、より深刻であるのは、このような光景を、逃れがたいものとして直視することが、ウェルギリウスにとっては、自らの詩業と詩人としての生涯の否定へと繋がってゆくのである。

「ああ、このありさまは一度正確に描写される価値があるだろうに！　貪欲の歌がこの連中にささげられなくてはならないだろうに！　だが、それになんの意味があろうか！　詩人にはなんの力もない、いかなる禍をとりのぞく力もない。世界を讃美すると、ひとは詩人の声に耳をかたむけるが、あるがままに世界をえがくと、聞くものはひとりとしていない。栄誉をもたらすのは虚偽ばかりで、認識ではないのだ」（同前）

H・ブロッホとM・ユルスナール（下）

歌は、詩は、いかなるものであるべきか。

「舳ではひとりの楽士役をつとめる奴隷が歌っていた。（中略）手琴の調子をあわせ、たくみに呼吸をととのえてから、歌声がわきあがり、名もない少年の名もない歌が、こちらへながれてきた。夜空にかけわたされた虹の七色のように、その歌はやわらかい光をはなちながら息よりも軽くただよい象牙のようにやさしくやわらかい光をはなちながら琴の音はひびいた。歌は人間のわざであり、琴も人間のたくみだったが、その起源をはるかにこえて人間界を遠ざかり、人間を解脱し、悩みを解脱していた、それはわれとみずからをかなでる天上の灝気だった。あたりはいよいよ暗くなり、人びとの顔は蒼ざめ、船の姿もさだかに見わけがたくなった。ただ歌ばかりが残っていた。いよいよ明るく支配的になり、さながら船と櫂の拍子に指揮をあたえるかのようだった。それは肉声というおのが起源を忘れはてていたが、しかもなおひとりの少年奴隷の指揮の声なのだった。この歌には道をさし示す力があった、自己自身にやすらいながら、しかもまさしくそれゆえに道をさし示し永遠にむかってひらけていた」（『ウェルギリウスの死』川村二郎訳）

舳先で、琴を爪弾きつつ唱われる少年奴隷の歌は、人間の技でありながら、人工天然の敷居を越えて、天球の輝きそれ自体のように、風と、潮の香と、闇の到来との間に調和を成す。そのあり様は、芸術は第二の自然という古い美学の云い回しが迂遠に思われるような、柔らかでたっぷりとした、親しい表情で万象に溶け込んでいる。歌は、まるで空気、光、水のように、人に先んじて在り、人の到来を待ち受けていたかのようだ。

なぜ音楽奴隷の歌は、かくも世界と親しく、一際明るい星のように聞く者たちに癒しと光明を与えることができたのか。彼の歌が、船上で潮の流れを読み、風を聴き、大気の動きを感知しようと努めながら、航海が安寧であることを願う船上の人々の意識、祈り、つまり世界に、宇宙に、全自然に正面から対しその中にありながら、世界との調和を望む、人々の現実への視線、統握、働きかけと一致しているためである。

だが、ウェルギリウスは、かような歌を、口にすることは出来なかった。なぜならば、彼は名もない歌い手ではなく、彼の詩は名もない歌ではなかったからだ。彼の詩は、世界に、その中で生きている人々の現実に、直接にさしむけられたものではなかった。彼が歌うのは、神々であり、勇士たちであり、名づけられた山であり、川であり、町であった。彼は記憶された言葉と記号と記憶の中で生きている、固有名詞であり、歴史であり、何よりもローマを救わねばならなかった。

だがイタリアは、麦穂が重く熟れ、マシクス山の酒が溢れる国だ、
オリーブの葉枝が繁茂し、牛馬の群が満ちる国。
此処から軍馬は、勇気に胸張って野へと駆け出し、
此処からクライトムヌス川よ、汝の聖らかな流れに幾度も浸り

真白き家畜、犠牲の牛、
ローマへの凱旋の列が、神殿へと歩み行く

イタリアは、デキウス、マリウス、勲しに満ちたカミルス
勇猛極まりなきスキピオ一族、
そして汝、抜きん出て偉大なカエサル、オクタヴィアヌスを生んだ

（『農耕詩』巻二）

ブルンディシウムの港で、ガリア、パルティア、ゲルマンを征服して帰国したオクタヴィアヌス・アウグストゥスの誕生日を祝う群衆たちの、「爆発」のような歓呼を前にした詩人は、「哀切きわまりない同情」を覚えた、とブロッホは書いている。彼の同情は、残酷で気まぐれな支配者を、このような興奮で迎えてしまう、迎えるように飼い馴らされたと云うよりも、むしろ進んでそのような馴致に身を委ねた民衆に対して向けられているだけではなく、大衆の熱狂を喜び、その歓呼の無内容さを知りながらも歓呼を求めて征服や、儀式や、大建築を営まなければならない空虚な支配者にも向けられている。というのも、皇帝も大衆も、この歓呼の狂瀾の中で、大いなる災厄の渦中に把えこまれている事では変わらないからだ。群衆を扇動し、歓呼させる支配者と、支配者をして彼等の歓呼を欲せしめる群衆の編み出す連鎖は、神々の知らなかった災厄を人間たちの上に齎すだろうという、不吉な予感を、詩人に抱かせる。そして、もしも詩人の使命なるものがあるとすれば、それは自らの声で、言葉で、この歓呼の叫びを切り裂き、あるいは取り鎮め、災厄を止めることにほかならない。

「それができるとすれば、むしろ災厄の予感をかたりながら、すでに心にはげましをあたえる救済をも告知する、歌と呼ばれるかすかな魂の声だろう。認識を予感し、認識をはらみ、認識をさし示すのがすべての真の歌なのだから。詩人の責任、認識の責任、しかしこれをにない、これを成就する力は、永遠に彼にはめぐまれないのだ——、おお、予感をこえて真の知覚につき進むすべが、なぜ彼にはこばまれていたのか、救済はただその知覚だけからのみ期待されるものであろうのに⁉」(『ウェルギリウスの死』川村二郎訳)

歓呼を挙げ熱狂する群衆と、その前に立つ指導者の姿は、否応なく読者に、ブロッホが直面していた一九三〇年代以降の大衆政治の趨勢を想起させずにはおかない。同時にかような政治がもたらす災厄に対する言葉と詩の無力という、ツェランからヴィーゼルに至る文学者を貫くモチーフも、容易に脳裏に浮かび、災厄と詩人の不毛かつ苦渋に満ちた拘わりをすでにローマに於いて見るその気宇と意図について考える事を読者に強いる。

だが、まずは彼の詩が徹底して救いから、災厄からの救済から隔てられている、という事の所以を見なければなるまい。ローマの栄光を語り、その輝かしい名前を織りこんだウェルギリウスの詩は、けして阿りではなかった。というよりも、阿りのために救済が不可能であるならば、事態は、さほど深刻ではなかった。むしろ征服の華々しさ、大地の豊かさ、歴史の輻輳を併せ、超え、そして作りだすものとして詩が生まれ、作られたこと自体が決定的なのであった。その点で帝国と詩は向き合っていた。詩は帝国を歌い、帝国は詩に匹敵するような勲しと発展を求めた。支配者と向き合う群衆のように、向き合った詩と歴史は、互いに互いを急き立てて陶酔の中に駆け入っていく。

そう、何よりも陶酔が、あるいは美が問題なのだ。

「神聖な天賦の才をいだきながらしかも魔霊めいて、人間に陶酔をもたらしはするが救いをもたらしはしない存在――そう、彼は救いをもたらすことはできなかった。救いをもたらす指導者は、美の言語をかなぐり捨ててしまうものだ。そのような人物は美のことばのひややかな表層の下、詩の表層の下へとかいくぐり、素朴なつつましやかなことばをめざして突き進んで行く。それは、死に近づき死を認識するゆえにかたくなに閉ざした隣人の心の扉をたたき、その不安と残酷さをやわらげ、安んじて真の助力を受け入れさせることのできることばなのだ。直接の善意にあふれた素朴な言語、直接にふれてくる人間的な美徳の言語、覚醒をもたらす言語へと彼は突き進んでいく」(同前)

だが、なぜ詩人は、美の言葉、陶酔の追求と決別をして、素朴さを、つつましさを回復し、あるいは獲得することができないのだろうか。詩業を「芸術の牢」と呼び、「芸術家には人間的な義務を果たすことができない」と絶望するのではなく、義務の方へ、覚醒へと歩みだすことができないのか。それは彼の言葉が、遠く現実を離れた象徴の世界に、象徴がおりなす抽象的な空中楼閣に把えこまれてしまったからである。女王蜂が、自ら吐き出した蜜蠟にいつのまにか塗り込められ身動きがとれなくなったまま朽ち果てるのを待たねばならないように。

詩は、言葉と物を別の秩序に置いてしまうという二重化を推し進めてしまう。そして、その乖離は、詩の最も基本的な力としての名づけ、呼びかけにおいて鮮明にあらわれる。

「名前、名前、人間の名前、野の名前、土地や町やすべての創造物の名前、故郷の名、窮迫の中にあたえられた慰めの名、物とともにつくられ、神々の誕生以前につくられた物の名、ことばの神聖さとともにたえず新たに復活する名前、真にめざめている者、呼びさます者、神にもまごう建設者によってたえず見いだされる名前! そのような命名の権威を要求することは、詩人には到底許されない、いやそれどころか、たとえ、物の名をたかめることが詩の窮極の、もっとも本質的な使命であろうとも、たとえ、そのもっとも偉大な瞬間の発端には、けっして硬直することのない言語の本性に一瞥を投げることが、詩に可能になろうとも――その言語の深みからさす光のもとに清浄無垢な物のことばがただようのだが――物の世界を基盤とする名前の清浄さは、たしかに詩の中では創造をことばによって重複させることはできようが、重複したものにふたたび統一をもたらすことはできない、それというのも、まやかしの転回であれ、予感であれ、美であれ、名の無垢を詩としてさだめ詩と化するこれら一切は、もっぱら重複の世界に生ずるのだから。言語の世界と物の世界とは依然として分断されたままであり、ことばの故郷も二重なら人間の故郷も二重、存在の奈落も二重しかもそればかりか存在の無垢さえも二重になり猥褻さとかさなりあうのだ、さながら誕生を知らぬ再生のようにすべての予感とすべての美に滲透し、世界爆破の萌芽をみずからのうちにひそめている猥褻、母の恐怖の的となる存在の根源の猥褻と。詩の外套は猥褻である。詩はけっして祈りとなることはない。犠牲をささげるにふさわしい真実の祈りとなることはない、その真実の祈りとは、物の正しい名の中にゆたかにふくまれていて、その祈りをささげる者にとっては、祈りのことばの圏内で重複した世界がふたたび合一し、ただ彼のためにのみ物とことばはふたたび一体化するのだが――、おお祈りの浄らかさよ――おおしかもなお到達不可能とはいえないのだ、詩がみずからを犠牲とするかぎりにおいては。詩が克服され、絶滅されるかぎりにおいては」(同前)

詩は、猥褻であると、ヨーロッパ詩人の系譜の源泉にいる詩人が死の床で語る。それは何よりも、詩が美を追求するために、言葉の世界と物の世界を隔ててしまった結果、「存在の奈落も二重しかもそればかりか存在の無垢さえも二重」になってしまったからだ。それゆえに、詩による、言葉によるローマ的世界の建設というウェルギリウスの試みは、むしろ統一ではなく、拡散であり、「世界爆破の萌芽」を齎すものであった。そして、ブロッホの見るところ、確かに、その萌芽は爆発したのである。ジークフリートの凱旋を告げる、大太鼓の音とともに。

言葉が、この猥褻さを脱するため、清められるためには、祈りとならなければならない。しかしはたして二重化した世界において、詩が祈りになることが叶うのか。

それは不可能ではない、詩人が、詩そのものを犠牲とするならば。詩を断念し、捨て、敗滅させる犠牲を払うのならば。

そこで詩人は、彼が心血を傾けて、ローマを祝福した最大の作品、アウグストゥスに捧げるために、晩年を費やして推敲を重ねた作品を、皇帝の志にさからって、公表することなく、焼却してしまおう、と決意する。

「『アエネーイス』を焼こう！」

突然に、ウェルギリウスが、最期に、彼の代表作『アエネーイス』を破棄するように友人たちに頼んだが、かえりみられなかった、という伝説は、古代からその信憑性、あるいは意図が繰り返し議論されてきた問題である。ブロッホは、その伝説に、詩の敗滅という最も今日的な問題意識を盛り込むことで、ヨーロッパ文学全体を相対化し、宙吊りにするとともに、ラテン古代からの詩の持続を、切実な実感とともに呼びおこした。

＊

『ハドリアヌス帝の回想』において、言葉と物の乖離は、全く問題にされていないように見える。

そこでは言葉は、世界と、現実と、とりわけ身体としっくりと馴染み、落ち着き、安定した明晰さを保っている。

「犬儒派や道徳学者たちは、愛の逸楽を飲食の楽しみと同様、いわゆるまったく肉的な享楽とみなす点で意見が一致している。もっとも愛の肉欲は、人がそれなしですますことのできるものであるから、飲食ほどに不可欠ではないと、宣言してはいるが。道学者などがどんなやぼをいおうとわたしは平気だが、犬儒派がこんなまちがいを冒すのにはおどろいている。両者とも、それに逆らうにせよそれに身をゆだねるにせよ、己自身の魔を恐れているのでもあろうが、彼らに身を屈せしめるその恐るべき魔力と茫然自失させる不可思議の神秘とをそれから奪い去るために恋の快楽を卑しめ、格下げしようと努めているのだ。もしいつの日か、相手の若い肩の上にうつ伏した恋人のように、自分の好みの料理の前で喜びのあまりむせびなく食通の男を見るまでは、わたしが恋を純粋に肉的の喜び（そんなものがありうるとして）と同一視することはあるまい。人間のあらゆる遊戯のなかで、恋は魂を動転させる危険のある唯一のものである。酒飲みは必ずしも理性を捨てる必要はないが、しかし理性を保っている恋人は恋の神の最後まで従ってゆくことができない」（『ハドリアヌス帝の回想』多田智満子訳）

身体と、及び身体の生理や、身体のリアリティから感得された魂と言葉は、ここである種の均整をなしている。確かに、ブロッホの観点からすれば、二十世紀に書かれたハドリアヌスの意識には余りに野放図に、陶酔が、幸福感が、美が、振り撒かれている。その臆面のなさは、反時代的と云うほかないほどにあからさまなものであるが、けしてそれは反省を、あるいは陶酔への自意識の苦みを知らない野放図さではない。ユルスナールの文章が、読者の反発を招くとすれば、むしろそれは彼女が身中の苦さや抵抗にも拘わらず、敢えて野放図に振る舞い、しかも何らのアイロニーも表出していないためだろう。

ハドリアヌスは、彼をけして愛しはしなかった情人への恋慕を、このように語る。

「わたしは逸楽のさなかの彼女の激情と冷淡とを、気むずかしい趣味と、われとわが魂を引き裂かんばかりの情熱とを愛した。彼女には何人か数えきれないくらい何ダースもの恋人がいるのをわたしは知っていた。わたしは忠実であることを求めないただの端役にすぎなかった。彼女はバティルスという踊り子に夢中になっていたが、彼はどんな愚行でもまえもって許されるほどの美男だった。彼女はわたしの腕の中でむせび泣きながらバティルスの名を呼び、わたしの同意に元気づけられるのだった。またあるときはわたしたちはいっしょに大笑いしたりした。彼女は醜聞の種となった離婚のあとで、家族の者たちによってある不健康な島に追いやられ、そこで若くして死んだ。そのことをわたしは彼女のためによろこんだ。というのも彼女が年をとるのをおそれていたからだが、しかしこれは人が真に愛した者たちのために体験する感情とは絶対にちがう。彼女は莫大な金を必要としていて、ある日わたしに十万セステルス貸してほしいと頼んだ。翌日わたしはそれだけ持って行ってやった。彼女は地面にすわって、お手玉で遊ぶようなかわいらしい格好で、舗道の上に袋の中身をあけ、きらきら輝く金貨をかぞえては山に分けはじめた。われわれ放蕩者皆にとってそうであるように、彼女にとってこの金の小片は、カエサルの頭部を刻んだ正貨ではなく、魔法の物質であり、灯想の噴火獣の姿を鋳た、踊り子バティルスの刻印のある個人的な銭であるのをわたしは知っていた。わたしはもう存在せず、彼女ひとりきりだった。自分の美しさにたいする快い無関心ぶりで、額に皺を寄せ、ほとんど醜くなった彼女は、学童のように仏頂づらで何回も何回も指で難しい足し算をしていた。このときほど彼女がわたしを魅了したことは一度もなかった」(『ハドリアヌス帝の回想』)

かような陶酔の中の乖離の認識、冷静さを、つまりは自身が楽しんだ逸楽のつまらなさ、卑小を隈無く嘗めつくす視線の合理性を、美的な均整を叶えながらも、直接的な、素朴な現実とのかかわりとして考えるのは不当だろうか。

確かに、ここで弁えておかなければならないのは、かような陶酔と直接性の両立が、けして先験的に、あるいは一元的に叶えられたものではない、ということだ。云うまでもなく、やはり陶酔が先にあったのであり、その点ではユルスナールの言葉は、もっとも現実の物の世界から乖離した象徴主義の、そのまたディレッタンティズムの高みから、あるいは淵から、出発したことは否みようがない。だが、ユルスナールは、その天上の秩序をそのまま現世へとひきおろし、現世と調和させようと試みたのである。

しかも、その試みは、ブロッホが排した、皇帝の権力、支配者としての視点から獲得されたものなのである。

「わたしは人間を軽蔑しない。もし軽蔑していたなら、人間を支配しようとするいかなる権利もわたしにはないであろう。人間が空しい、無知な、貪欲な、不安な存在であり、成功するために、尊重すべきもの（自分の目から見てでも）となるために、あるいは単に難儀を避けるために、どんなだいそれたことでもやってのけるものだということをわたしは知っている。なぜならわたしも彼らと同じものだからだ。少なくとも、時としては彼らと同じものであり、あるいは同じものでありえたからだ。他の人々とわたしとの間にみとめられる相違は、総計において勘定に入れるにはあまりにもわずかである。だからこそわたしは自分の態度が、カエサルの傲慢さからも、また哲学者の冷ややかな優越感からも、同じように遠く離れるよう、努力している。もっとも深い闇にとざされた人間にも光明がないわけではない。たとえば金しだいで人を殺すこの男は巧みにフルートを吹くし、奴隷の背を打ちのめし引き裂くこの職人頭は、あるいは孝行息子なのかもしれぬ。この愚鈍な男はわたしに最後の一きれのパンを分け与えてくれるかもしれぬ。何かしらかなりの程度に教えこむことのできぬ人間はほとんどないといってよい。われわれの大きな誤りは、各人から、彼がもっていない徳をひき出そうとして、彼がもっている徳を涵養せしめることを無視することにある」(同前)

かような人間観は、やはりブロッホの云う救済から遠いだろうか？　確かなことは、ここでハドリアヌスが開陳する人間観からみるならば、二十世紀の、特に大戦後のヒューマニズムが、ひどく規格品的であると同時に観念的であり、薄っぺらであるという事だ。

かような現実への接近を可能にしているのは、話者が皇帝という、現実の建設者、支配者でもあるということに拠る。皇帝に抗した詩人を話者にしたブロッホの視点と逆に、皇帝の視点からは、あらゆる実践とその意味が、善い事も、悪い事も、統治という観点から見てとれてしまう。

その点からすれば、この作品において、というよりはこのような言葉のあり方にとって皇帝という話者の設定は必須のものであった。云い方を変えれば、象徴主義的な言葉の秩序と、現実世界を関係づけ、一致させるには、皇帝の権力が必要だったのである。

マラルメが、その極点を記した象徴主義の、反世界的と云うべき人工性と抽象性を、再び地上に引き下ろす事は、弟子たちの最も大きな課題であった。その困難と不可能をもっとも鮮やかに示したのがヴァレリィであった事は今更云うまでもない。そして、その課題をユルスナールは、皇帝の権力によって成し遂げたと考えるのは、的はずれだろうか。

ハドリアヌスの意識における象徴界と現実界の一致は、権力によって、権力が仮構したものであるが、その一致によって、皇帝もまた超越を喪失してしまっている。ハドリアヌスが、自分と一般人とほとんど変わらない資質の持ち主であると看破するのは、そのような地点である。

確かにハドリアヌスは、時に自分を神と感じている。

「わたしが自分を神と感じるには、べつにアンティノウスの存在をまたずともよかった。そうでなくても成功はわたしのまわりにおびただしい眩暈の機会を作りつつあったし、四季は取り巻きの詩人や楽人と力をあわせて、われわれの生活をオリンポス的祝宴にしていた。カルタゴに到着したその日、五年間にわたる旱魃が終わりを告げ、驟雨を浴びて狂喜した群衆は、いと高き処より恩恵を施すものとわたしを呼びつつ歓呼して迎えた。アフリカでの大建設事業は、この天上的奇跡を地上に導く運河を作る一手段にすぎなかった。それより少し前サルディニア島に寄港したおり、嵐に会って百姓家に避難したことがあった。アンティノウスが家の主を手伝って燠火の上の鮪の切り身を裏返しているのを見て、わたしは自分がヘルメスを伴ってピレモンの家を訪れているゼウスのような気がした。寝台の上に足をかがめているこの青年は、サンダルの紐をといているこのヘルメスと同一人であったし、この葡萄の房を摘み、あるいはわたしのためにこの一杯の葡萄酒を毒味しているバッコスでもあった。弓の弦でかたくなったこの指はエロスの指であった」(同前)

ここでは、神たることは、けして人間を超越した存在であることではなかった。むしろ神と人との分別がなくなり、一致した状態こそを、現実として、現実から離れず、水を含んだ砂の手触りや、手指に着いた魚脂の匂いなどとともに受け止めることにほかならなかったのである。

ユルスナールは、《覚書き》の中で、『ハドリアヌス』を発想した時期に、フローベールの言葉に決定的な刺激を受けたと語っている。

「わたしが一九二七年ごろ、大いに棒線を引きつつ愛読したフロベールの書簡集のなかに見いだした、忘れがたい一句――《キケロからマルクス・アウレリウスまでの間、神々はもはやなく、キリストはいまだない、ひとり人間のみが在る比類なき時期があった。》わたしの生涯のかなりな期間は、このひとり人間のみ――しかもすべてとつながりをもつ人間――を定義し、ついで描こうと試みることに費やされた」（《作者による覚書き》多田智満子訳）

フローベールを引用しつつ、きわめてエレガントに書かれているが、ユルスナールが生涯の大半を費やして「定義し、ついで描こうと試み」たのは、ニーチェ的な意味における「ニヒリズム」、つまりはプラトン的なイデアルな超越が消滅し、キリスト教的な神が死んだ後の、精神的なものも、物質的なものも、等しなみに等価になり、表象と実体の区別がなくなり、あらゆる超越性が機能不全になってしまった世界にほかならなかった。

とするならば、ユルスナールにとって、象徴の世界と現実の一致は、課題ではなく、受け止めるべき前提としてあった。その旺盛に生きる人であり神であるような存在を定義し、描くことだけが問題であったと言うべきなのかもしれない。祈るべき神のいない時代に、いかにして人は、歌い、踊り、愛し、自分が自分であり、かけがえのない存在であるという事を信じる事が出来るのか。

故にそれは、どうしても、神なき時代の教会としてのファシズムのなした事との類縁で考える必要がある。

サンボリスムを政治に適応する努力をになったのが、未来派やエリオット、パウンドといったファシズム文学者、詩人たちであったことを私はしばしば論じてきた。無論、ユルスナールはそのような政治思潮とは終生無関係であった。というよりも、政治自体に、彼女は真剣な関心を持つことがなかった。

しかし、無縁であった訳ではない。

ユルスナールは、ファシストが好きだった。と言うと、『夢の貨幣』での、ムソリーニにたいする揶揄的な姿勢と矛盾すると思われるかもしれない。だが、若くして自死したアメリカの女流詩人の代表作の一節で歌われた如く、彼女はファシストを愛したのである。

わざわざオマージュのために一冊の評論を上梓した、三島由紀夫の事ではない。

彼女が、最も愛した男性とされるアンドレ・フレニョーは、伝記の類いの中では、ガリマールと対抗する大手文芸出版社グラッセの編集者であり、作家であったと紹介されるのが常である。

だが、彼は、一九四四年、パリ解放直後に、対独レジスタンスを主導したフランス全作家委員会が作成した、対独協力者のブラック・リストに、セリーヌや、ドリュ・ラ・ロッシェルとともに記載されているような人物だった。彼は、大戦中、グラッセの編集者としてナチス・ドイツの文化政策へのフランスの文学者の協力を推進しただけでなく、反ユダヤ主義やファシズム礼讃の文章を執筆していた。

解放後、粛清の嵐のなかで、フレニョーは厳しく指弾され、当局の事情聴取も受けたが、ドリュやセリーヌといった存在から比べれば、小物でしかなく、粛清の横行も、ブラジャックが銃殺に処された後には鎮まると、フレニョーに対する処分は、文壇からの非公式な追放にとどまった。私には、ユルスナールが、戦後フランスに、あるいはヨーロッパに帰還しなかった理由の一つが、フレニョーの戦犯容疑であったように思われる。

いずれにしろ、同性愛者にして、ファシズムの同調者であり、また『ハドリアヌス』に応答するかのように背教者ユリアヌスについての中編を戦後上梓した古典愛好家と、彼女が、きわめて錯綜していたが故に熱の籠もった、強い絆で結ばれていたことは、留意してもらいたい。

そのような視点から『ハドリアヌス帝の回想』を見ると、この作品の別の相貌が見えてくる。

第二次大戦後に、ハドリアヌスを話者とした小説を書く、という「政治的」な意味は何なのか。それは、存外重い意味をもっている。

「政治的」というのは、シャルル・モーラスから、エリオット、パウンド、ブラジャックといった古典主義者たちの政治的傾向——ファシズム——の系譜に、この作品が連なっている、といった事ではない。無論、『火』をはじめとするユルスナールの古典主義と、モーラス＝ブラジャック的なものとの通底は、考慮にいれておく必要はあるだろう。だが、ここでまず問わなければならないのは、ハドリアヌスという主人公がもっている文脈である。

ハドリアヌスという人物を、二十世紀の文脈で政治的に見た場合、いかなる意味あいが現れるだろうか。

それはシーザーから始まった、ローマ帝国におけるユダヤ国家破壊の完成者であり、ディアスポラの主導者にほかなるまい。

『ハドリアヌス帝の回想』で、ユルスナールは、狂信家たちの扇動によって引き起こされた度重なる反乱の結果として、ユダヤ国家の破壊が余儀なくなったという事を、皇帝の視点から丁寧に語っている。

「原則としてユダヤ教は帝国内の諸宗教の間にその地位を保っているが、事実上イスラエルは、幾世紀このかた、自分が神々のうちの一つの神をもつ諸民族のなかの一民族にすぎぬことを拒否している。もっとも野蛮なダキア人ですら、彼らの神ザルモクシスがローマではユピテルと呼ばれることを知らないではない。カシウス山のカルダゴの神バールも、手に勝利の女神をささえ、頭から知恵の女神を生んだ父神と何の苦もなく同化している。エジプト人は、何千年も年経た彼らの神話をたいそう自慢しているが、それでもオシリスの中に、とむらいの属性をもったバッコスを見ることを肯んじており、苛烈なミトラは、アポロの兄弟と称せられている。唯一の神の概念の狭い限界のうちに、あらゆる真理をことごとくとじこめ、そうすることによって、すべてを包含する《神》の多様性を侮辱する傲慢さをもった民族は、イスラエルを除いてほかに一つもない。イスラエル以外のいかなる神も、その崇拝者に、他の祭壇に祈る者への軽蔑と憎悪を吹き込みはしなかった。それだからこそなおさらわたしは、イスラエルを幾つもの民族と幾つもの宗教が共存できる、他の町と同じような町にしたかった。狂信と常識との争いにおいて常識が勝つことはめったにないという事実をわたしは忘れていたのである。ギリシア文学を教える学校の開設は、この古い町の聖職者を憤慨させた」(『ハドリアヌス帝の回想』多田智満子訳)

こうした記述を、ギリシアかぶれのローマ皇帝の、安易な一神教批判と見てはならない。あるいは、ギリシア的な理想を、ユダヤにおしつける無神経さを非難することも、無意味であろう。ここで問われているのは、「ひとり人間のみが在る」時代、つまりニヒリズムの時代において、「神の死」を生きようとする者と、未だに「唯一の神」に「あらゆる真理」を認めようとする者たちとの相克なのだ。

無論、理性的な皇帝は、激烈な抵抗運動を招いてしまった自らの失敗を反省しているのだが、反省はけして「唯一の神」に屈服することではない。むしろ、婦女子までも巻き込み、徹底したゲリラ戦を重ねながら「傲慢」さを守ろうとした者たちに対する、優越を示すことにほかならない。

「否定すべくもない――このユダヤ戦役はわたしの失策の一つだった。シモンの犯罪とアキバの愚行はわたしの所為ではないが、しかしわたしはイエルサレムでは盲目であり、アレクサンドリアでは迂闊であり、ローマでは性急であったことについて自分を責めた。この国の人民の発作を予防するか、少なくともおくらせるような提案をわたしは見いだしえなかったのだ。時宜に応じて、十分に柔軟な、また十分に強硬な態度をとることができなかったのだ」(同前)

にもかかわらず、ナチス・ドイツによるユダヤ民族の抹殺の記憶が生々しく、さらに世紀末からのシオニスムの盛り上がりが最高潮に達して、イスラエル国家が二千年近くの時を隔てて再建された直後に、ディアスポラについて書くことに付された意味は、あるいはそのための覚悟は、なみなみならぬものがあったのではないか。

「イスラエルの町の跡に据えられた石の碑文が、もし違反すれば死刑という条件で、このうずたかい残骸の上にふたたび居を構えることを禁じた。その記銘は、かつて神殿正面の入り口に刻まれ、割礼をうけぬ者の入場を禁じたあの句を、一語一語再現していた。一年に一日、アブ月の九日に、ユダヤ人たちは廃墟と化した城壁の前に泣きにくる権利をもっている。もっとも信仰篤い者たちは生まれ故郷を去ることを拒み戦禍に比較的荒らされていない土地にせいいっぱいの努力で定住した。もっとも狂信的な連中はパルティアの領土へ移住し、その他の者はアンティオキア、アレクサンドリア、ペルガムムへ移り、いちばん利口な者たちはローマにおもむいてそこで栄えた。ユダヤ国は地図から抹殺され、わたしの命によってパレスティナの名をとった。しの戦争の四年間に、五十の堡塁、九百以上の町村が略奪をほしいままにされ、滅ぼされた。敵は六十万近い男たちを失った。戦闘、風土病的熱病、流行性悪疫が、わが軍から九万近い兵士を奪った」(同前)

ブロッホは、ユダヤ人であったが、ツヴァイクやロートといったウィーン教養層のユダヤ人と同様に、シオニストではなかった。故にブロッホにとって亡命は、けしてユダヤ人としての自己の回復や、新しい祖国獲得への意志とは繫がらなかった。むしろ亡命はブロッホにとって、作家の本質的な運命、特にドイツ語で書く文学者にとっての宿命であった。

*

「亡命とは、ドイツの作家にとっては、絶えずその時間的空間的局限という現世的束縛からの象徴的逃亡を意味していた。亡命とは彼にとって絶えず彼の本来の故郷への逃亡であり、超ヨーロッパ的精神の故郷への逃亡であり、彼にとって結局のところ彼のドイツ精神が具現されている人間性の精神への逃亡であった」(『ローベルト・ムシルと亡命』入野田眞右訳)

亡命とはブロッホにとって、真実なる故郷への道筋にほかならなかったのである。こうした論理を、逆説、あるいはイロニーととってしまってはならないだろう。それはここでブロッホが押し出している宿命観の切実さを余りにも安く見積もってしまうことになる。

にもかかわらず、この構図が『ウェルギリウスの死』の在り方自体を規定していることは見逃せない。ブロッホはその作家生活のはじめから一貫して、「美に奉仕する、新しい人類宗教」(『ホフマンスタールとその時代』菊盛英夫訳)となってしまった象徴主義以降の芸術の打破を主調として作品を執筆してきた。「芸術を本質的に否定しようとするこのような態度は、多年にわたる私の態度でした」(オルダス・ハックスリーへの書簡　一九四五年五月十日　入野田眞右訳)

ブロッホが特異なのは、その本質的否定、つまり、ヨーロッパ文学の源泉にいる大詩人によるその代表作（『アエネーイス』）破棄の正しさの証明を、彼が最高の文学的形式として考えていた叙情詩（ブロッホは『ウェルギリウスの死』を小説ではなく叙情詩と規定していた）によって行おうとしたことである。「叙情詩的なものは、最も深い魂の現実を捉える。この魂の現実には、感情の不合理な面と最も明確な悟性の合理的な面とが同じように含まれている。この作品が合理と不合理の変化をあらゆる瞬間に、主人公の生のどの瞬間にも、すなわちこの作品のどのセンテンスにも明らかにしていることは、この作品の特別な業績の一つに数えられよう」（「『ウェルギリウスの死』自註」入野田眞右訳）

その点においてブロッホの文学観は、「アウシュヴィッツ以降叙情詩を書くことは野蛮である」と看破したアドルノと、文学の否定という点では近似しながら、無限に遠ざかっている。確かに、ブロッホの作り出した、文学否定のための文学という規定は、サンボリスム以降の現代文学に、基本的構図と正当性のアリバイを提供した。サルトルからピンチョンに至るまで、第二次大戦後文学の基本のモチーフが、文学の否定であることは、今更云うまでもないだろう。だが、見逃してはならないのは、ブロッホにおいては、「詩の敗滅」の一撃の裡に、詩の故郷が、歌が、本質的に保全されていた、しようとする祈りが響いていたという事である。

それはローマについても同様だ。『ウェルギリウスの死』は、疑いもなくローマ的なもの、帝国的なもの、文明的なものの否定の書であるが、しかしその否定はやはり、蛮族の側からではなく、ローマによってなされている。ローマはローマによってしか敗滅されえない。故にローマは、ヨーロッパは永遠なのである。ウェルギリウスの詩業を否定した本書が、ウェルギリウスへの、そして彼が生んだ、ヨーロッパ文学への、最高のオマージュであるのと同様に。

カフカや、ベンヤミン、ムシル、ブロッホのような亡命者と、ユルスナールを同一視してはならない事を私も弁えてはいる。だが、『ハドリアヌス帝の回想』における、帝国の、そして人生の幸福と陶酔の受容は、ヨーロッパ国家の肯定たりえたのだろうか。人生の肯定であり、文学への祝福でありえたのだろうか。冒瀆を承知で書くのだが、私にはユルスナールの直面していた荒涼の方が、悲劇的な亡命者たちより深く、救い難いように思えるのだ。亡命知識人たちの、無論深刻ではあったろうが、それなりに賑やかでかまびすしいニューヨークやロサンジェルスの集会やパーティ、サロンから遠く離れた、半気違いとはいわないまでも、かなりエキセントリックだった同性愛のパートナーと籠もった、マウント・デザートのモノトーンな虚無の中で。

彼女は、文学の、否定による肯定、否定による擁護、否定によるオマージュという手品を使えなかった。彼女は亡命者ですらなかった。世界から遠く離れていた。いや、彼女にはもう世界など、ヨーロッパなどなかったのだ。

さようなら、世界夫人よ、さらば

R・M・R

第二章　教養と普遍と――古典主義と自己目的（上）

お別れの言葉として、また、和解の言葉として、あなたに心からのご返事をいたしましょう。あなたは犠牲ということを言われたが、それは、世界や人生や人格や作品と同じように神秘的なもので、大きな統一を持っているものです、そして、変化こそいっさいなのです。人間は神々に犠牲を供えましたが、結局、犠牲になったのは、神のほうでした。あなたは譬喩をお出しになった、つまり、蚊と、蚊を誘発して殺す焔という譬喩をお出しになったが、それは、わたしには何よりも好ましく親しく思われるもので、わたしの魂は昔からその譬喩にとり憑かれているのです。あなたは、わたしが焔で、そのなかへ、熱望に駆られた蝶が飛びこんでゆく、というようにお考えになりますが、しかし、事物は変化しながら自他の立場を交換し合いますから、わたしは燃える蠟燭にもなって、自分の身体を犠牲にして燃やしながら、明るい光を輝かせますし、また、焔のなかに落ちこむ酔い痴れた蝶にもなるわけです、――これは、生命や肉体を犠牲にすることから、最も精神的なものに変化した犠牲にいたるまでの、いっさいの犠牲の譬喩といえましょう。昔ながらの、愛らしい、子供らしいあなた、わたしこそ最初から最後まで犠牲で――そして、犠牲を供えるほうの者なのです。わたしはかつてあなたのために燃えましたが、いつでもあなたのために燃えて、精神になり、光になろうとしています。

『ワイマルのロッテ』T・マン　佐藤晃一訳

アルブレヒト・デューラーの銅版画を持っている。アパートの土間の上にかけている。長女が生まれる時に買ったもので、私がはじめてした大きな買い物だった。銀座の画廊で見かけて、安くはないけれど縁のない額ではなく、その頃は父親の会社で働いていたので、銀行の担当者に頼むと、すぐに支店の二階に呼ばれて金を渡してくれた。貸し渋りなどという言葉が出来る前の時代だ。

なぜ自分が、デューラーの版画を買う気になったのか。そぐわないことは確かで、ときたま、家に遊びに来る人間に訝しい顔をされる。特に西欧人には異様に見えるようで、マルコ・サヴィーニが最初に家に来た時も、色々とからかわれた。ヴェネツィア派の田園風景と、明治時代の象牙細工を平気で並べているような西欧の美術愛好家の悪趣味についていつもさんざん嘲弄しているのだから、江戸文人画や墨跡を集めている私がデューラーをかけているのを、咎められても仕方がないかもしれない。

さらにマルコをいい気にさせたのは、程度が余りよくないことだった。後期の三大傑作の一つ《聖ヒエロニスムスの書斎》なのだが、刷りが薄く、紙にも傷みがある。専門家の云う所のメーダーのFと云われる刷りで、つまりはデューラーが版を彫ってから、六回目の刷りなのだった。金彫り職人としての腕の粋をかけて、研ぎ上げた刃をあてて彫った線の、点の、切り、抉った鋭さの痕跡は、度重なる紙とインキとの接触のなかで、摩滅し、朧になり、感得しがたくなっていた。

でも、そのような事は西欧人に指摘されなくても解っていた。しかし、どうしても私はそれを買わねばならないと思い、そしてその思いが、肝心だったから、未だにデューラーを、目につくところに掛けている。

子供を持った時に、デューラーが欲しかった等と云うと、浅薄な教養主義を告白しているかのようだ。それですましても、まったくかまわないのだけれど、画と暮らしていくことは、それ程単純なことではない。

修道院の、僧房の一室で老聖者は、羊皮紙に一心不乱に書いている。陽光の具合からすると部屋は南向きだろうか。縦に仕切られた窓の、厚い丸ガラス越しに注ぐ光りは、厚い壁に切り株のような光量を、整然と並べている。部屋は質素だが、殺風景ではない。数冊の本、十字架、頭蓋骨、砂時計、鍔広帽、天井から下げられた大きな瓢箪、鋏、手箒、蠟燭、スリッパが見える。四つのクッションが思い思いの位置に置かれ、膨らみ、曲がり、屈し、歪み、様々な表情を見せて、室内に満ちる時間の、静謐な豊かさを証しているようだ。床には犬と獅子が横たわっている。犬はすっかり安心した様子で寝入っており、その犬の後肢に前肢を触れている獅子は、寝ているかに見えながら四肢に軽く力を入れ、目を薄く開いている。それは何者かを警戒しているというよりも、安らぎながらも、止まることのない聖者の精神のあり様を示している。

椅子が一脚と、ベンチ、そして机、書見台。老聖者は、体を小さく丸めるようにして、筆を走らせている。禿頭は、彼が聖者であることを示すオーラに包まれているが、その聖性は、神によって与えられたのではなく、彼の弛みなさと、その弛みなさが要求した孤独が自ずから帯びた輝きである。

私が、この版画に求めたのは、一つの理想の、確かな輪郭だろうか。確かにヒエロニスムスの姿には、デューラーの自負と理想が投影されている。金細工師の息子として生まれ、徒弟として修業を重ね、画家の工房で下働きを務め、バーゼルに赴き挿絵版画家として草創期の印刷業界で働き、ヴィリバルト・ピルクハイマーといった初期のユマニストたちと交際を深めたことから中世的な職人としての画家から、画業を神聖なものと捉える芸術家へと自己規定を変えた。人文主義的教養を修め、博物学、解剖学、数学などを画業のために学んだアルブレヒト・デューラーにとって、聖ヒエロニスムスの姿は、自負と理想化に入り交じった自己像だったに違いない。

しかもデューラーは、その姿を比類なく克明、かつ明確に画像化している。二度目のイタリア滞在から帰還して後、デューラーは一時期油絵をやめて、銅版画に専念していた。レオナルドのようには多彩な活動をしなかったデューラーは、その持てる資質、力量、知識の総てを画業に注ぎこんだ。誰一人真似の出来ない、動物の体毛の一本一本や草花の葉脈の一筋一筋の表情そのものと化した繊細な描線は、彼の技量と感覚の発露であるだけでなく、学識の結晶でもあった。《聖ヒエロニスムス》においても、彼の数学的知識は大きな成果をあげている。イタリアで研究した画面の幾何学的な構成は、絵を見る者が、あたかも僧房に至る階段を上りきった踊り場から室内を覗き込んでいるかのような、錯覚を起こさせる。

彼は、銅版画を最も客観的なジャンルと考えていた。客観的と云うのは、自然科学、数学の知識を盛り込む許容範囲の大きさといった意味があるのだろう。ヴェネツィアで、油彩の色調について批判されたことが、反映しているのかもしれない。影と光の鮮やかなコントラストこそが、認識の正確な表現であると考えていたとも推測できる。

銅版画は、彼にとって総てでもあった。彼の人生、ニュルンベルクの金細工師の徒弟から始めて、皇帝や枢機卿たちから肖像画や祭壇画の注文を受け、当代一流の学者たちと親交する全ヨーロッパ的な芸術家になった人生の総てが、彫刻刀を執って銅板に向かう掌に込められていた。そして、その人生の包み方が、客観的であることと密接に関係しているように私には思われる。

解り難いだろうか。客観的というのは、他人事として事物を眺めるのではなく、自らの存在を、その可能と不可能、夢と喪失の総てを含みながら、いかなる誤解も差し挟み得ぬような具体的現実的な明確さで示す事ではないだろうか。私が、この銅版画に常に見いだすのは、その、圧倒的に深い、客観性だと云っていいかもしれない。それを云いかえれば、幸福、至福の形象化ということにもなるだろう。聖ヒエロニスムスのような老年を迎えること、つまり人生全体をかように深く、大きく、形象化できるということは、幸福と云うべきではないか。

私も、私の子供も、デューラーの様に生きる事はないだろう、と述懐するのは異様だろうか。だがこのように日々考える事は、存外大事な事だと私は考えている。そうでないと、一体何が自分たちに許されているのか、残されているのか、あるいは何もないのか、明らかにならないからだ。

デューラーのように生きることがないというのは、云う迄もなく、私が彫金職人の息子でなく、また大芸術家でもない、ということではない。私たちには、自分を自分として形作るという営みが許されていないのだ。デューラーは、自分を自分として形作った、その彼を、後世の人々は、分かりやすく大芸術家と呼んだにすぎまい。私たちの人生には遥かさがない。私たちは、何者でもなく、何者にもならない。勿論私たちは、システム・エンジニアになったり、文芸批評家になったり、エアロビクスのインストラクターになったりすることが出来る。でもそれは職につく事でしかない、出来合いの型に自らを流し込むだけだ。だから私たちは、ニュルンベルクで発生したペスト禍から逃れたデューラーが、アウグスブルクからロンバルディアの平野を眺めたような遥かな視界を持つ事がないのだ。

自分を自分として形作る事が、かつては生きる事の意味だった。《聖ヒエロニスムス》は、その形成の、もっとも「客観的」な成果の一つだろう。自己形成とは何者でもない存在として自分を形作っていく過程そのものであり、その過程において、可能であったことと不可能であったことの限界を押し広げ、あるいは縮めていく線を描いていくことにほかならない。

遥かであるということは、遠いということではない。それは距離の問題ではないのだ。ニュルンベルクからヴェネツィアへの距離は、デューラーにとってけっして遠くはなかった。私たちにとってローマが十余時間で着く場所になったというよりも、近かったかもしれない。同様に職人から芸術家も距離などなかった。ただそれは彼が歩み、彼が切り開いた、それと知らず、自分を自分として形作る過程であるから、遥かなのだ。

*

デューラーを最も重用した王侯が、ハプスブルグ皇帝マクシミリアン一世だった。画家は皇帝のために、実に多様な仕事をしている。皇帝でありながら、大規模な建築を計画するためには貧しかったマクシミリアンのために、デューラーは、百九十二の版木を用いた、木版画の凱旋門まで「作って」いる。実際皇帝の事業のほとんどが、紙の上にしか存在しなかった。

デューラーの行った、最も大きな皇帝への貢献は、その死の直前に描いた肖像だろう。一五一八年の夏に、ニュルンベルクの市代表として、アウグスブルクの帝国議会に出席したデューラーは、皇帝に謁見し、その相貌を木炭でデッサンした。このデッサンからデューラーは、皇帝の死後、金刷り彩色木版画と油彩の肖像画を描いた。この肖像画は、マクシミリアン一世を、歴代のハプスブルグ皇帝のなかでも、もっともポピュラーな存在にした。「生前、自らの名声のために手をうたない者は、死後に名声を保つことは出来ないだろうし、弔いの鐘の音とともに忘却されるであろう」と常々語っていた皇帝にとっては、誠に本意だったに違いない。

油彩の肖像画でマクシミリアンは、緑色の背景に、毛皮のケープを肩にかけて端座している。髪は完全に銀色になり、頬から首までを覆っている。名高い鷲鼻は、根変わらず鋭いが視線は透徹しているというよりも、諦念によって落ち着きのなさを圧し留めたかのようだ。顎は隆々としているが、唇は今にも開いて何かを語り出しそうだ。

皇帝は、膝の上に置いた左の掌に石榴を載せている。石榴は、熟れて割れ、中の実が覗いている。この死後に描かれた肖像において、石榴を持たせた画家の意図は何だろう。皇帝の円熟を表現するためだったのか。あるいは彼が、匂い立つような成熟をついに迎えられなかった事を悼んでいたのか。

マクシミリアンの生涯は、終わりと始まりの間にあった。まさしく彼は端境期を生きた皇帝だった。ハプスブルグ家から最初に皇帝に選ばれた父フリードリヒ三世は、神聖ローマ帝国の幻影の中に生きていた。義父のブルゴーニュ侯シャルル・テルメール（突進侯）は、その全生涯が騎士劇のような、騎士らしい騎士であり、中世の王侯の理想を、自ら体現した人物だった。

ホイジンガは、『中世の秋』において、シャルルの宮廷を次のように描いている。


ブルゴーニュの宮廷は、もっとも富み栄え、よくととのえられた宮廷として、広く知られていた。とくに有名だったのは、シャルル突進侯のときで、秩序と規則にきびしく、そのくせ、無秩序をしか死後に残さなかったこの男は、作法に従う生活への情熱に生きていたのだ。貧しいもの、身分卑しいものの訴えを、王侯みずから聴聞し、すぐさま裁きをくだす、とは、これはいかにも古風な幻想だが、かれは、この幻想をみごとに演じている。（中略）

シャルル突進侯の考えでは、娯楽もまた、きちんとしたかたちをとらなければならなかった。かれは「一日のうちのある時間、態度振舞を分別に向けた。遊びと笑いのさんざめきのなかで、たくみな話ぶりのうちに、家臣のものたちに、徳を勧めて楽しんだのである、雄弁家さながらに。そうするときには、かれはしばしば、高い背もたれのついている、ゆったりとした椅子にすわり、家臣たちを前にして、時に応じ折にふれての忠告を、かれらに与えるのであった。そして、つねに、王侯、首位者として、他のだれにもましてぜいたくな、すばらしい衣服をつけていた」（中略）

こと、食事、台所に関しては、侯家家政の位階職制のしくみは、まさにパンタグリュエルふうの活気をみせていた。シャルル突進侯の食事は、礼拝式を想わせるほどおごそかに、パン係、肉切り係、酒注ぎ係などの召使いたち、料理人たちにつきまとわれ、まるで、大まじめな劇の上演をみるようであった。廷臣たちは、全員、十人ずつのグループを作って、別の部屋で食事をとり、主君と同様のもてなしをうけた。すべては、位階に応じて、入念に配慮されていた。食事のコースは、それこそきちんと定められていて、食事のあと、全グループが、まだテーブルについている侯のところに、「かれをたたえるべく」挨拶にやってくる、そのタイミングが、けっして狂わないほどなのであった。

（『中世の秋』ホイジンガ　堀越孝一訳）

ブルゴーニュ公国は、その成り立ちからして、騎士道物語めいていた。ドン・キホーテなみに騎士道物語に熱中していたフランス王は、敗北に終った戦いで見せた勇気の代償として、甥に現在のオランダからリヨンに及ぶ、最も豊かであり、また戦略的にも重要な国土の一部を与えてしまったのである。歴代の王の名前は、サンプール（無怖侯）、ル・アルディ（豪勇侯）、ル・ボン（善良侯）といった具合で御伽噺めいていたし――ホイジンガに拠るならば、これらの呼称も、宮廷御用の文学者に作らせて名乗っていたのだと云う――、国の基本政策は、復讐による正義の回復だった。王たちは、いずれも高慢であることを義務と心得ている者ばかりであり、地味の豊かなピカルディ、ブルゴーニュとヨーロッパ交易の中心地フランドルを領土に抱えて宮廷の財政は豊かで、都市文化が華麗な花を咲かせていた。歴代君主のブルゴーニュの葡萄酒と同様の、刺激的で派手な行動は称賛を受け、彼らはますます祭と戦争を好み、ごく下らない理由で暗殺されたり、軽挙によって戦場に屍をさらした。それは、まさしく中世の終わりを象徴するような宮廷であった。

パリにペストが荒れ狂っている最中だというのに、ブルゴーニュ、オルレアン両侯は、気散じのため、愛の宮廷《クール・ダムール》を催そうと呼びかけたという。一四一八年、アルマニャック派に対するおそろしい殺戮が中休みしたときのこと、パリの民衆は、聖ユスタシュ教会に集まって、聖アンドレ会を結成した。パリの一市民の報告によれば、司祭も平信徒も、みんな、紅ばらの花笠をつけていた。教会は花で埋まり、「まるでばら水で洗われたかのように」その香りで満たされたという。

地獄の疫病にも似て、一四六一年のアラスに荒れ狂った魔女さわぎがやっと静まり、これまで行なわれた魔女審問はすべて無効と宣せられたとき、市民たちは、この正義の勝利を祝って「教訓仕立ての茶番狂言《フォリー・モラーゼ》」を演ずる競争を催した。一等の賞品は銀の百合花、四等はひとつがいの去勢鶏。拷問の犠牲者たちは、すでに死んで久しかった。

生活ははげしく多彩であった。生活は、血の匂いとばらの香りをともにおびていた。地獄の恐怖と子供っぽいたわむれとのあいだ、残忍な無情さと涙もろい心のやさしさとのあいだを、まるで子供の頭をもった巨人のように、民衆はゆれうごいていた。この世のさまざまな楽しみの完全な放棄と、富、歓楽へのあくなき執着とのあいだ、陰険な憎しみと笑いを絶やさぬ気のよさとのあいだを、民衆はゆれうごいていた。極端から極端へとゆれうごいて生きていた。（同前）

マクシミリアン一世は、若き皇太子時代、シャルル・テルメールの娘マリーとの婚姻のためにトリーアを父と共に訪れ、連日シャルルが催した宴会や槍試合、祭典やページェントに圧倒された。ウィーンの、貧しい宮廷しか知らなかった青年には、まさしく夢の世界だった。彼の味わった陶酔が、ウィーンを、そしてハプスブルグ家を、ブルゴーニュ式の壮麗な宮廷文化の提唱者にしたのだった。だがマクシミリアンは、シャルルのエピゴーネンには成り得なかった。彼は最早「極端から極端」へと動く、気まぐれな世界には生きていなかった。たしかに彼も、シャルルほど派手には出来なかったけれど、馬上槍試合や行列を愛していた。騎士物語を収集し、自伝として騎士物語を執筆しさえした。だがまた同時に彼は、実際の戦闘から騎士を排除し、長槍をもった傭兵隊――ランツクネヒト――を戦闘の中心に位置づけた組織的戦闘の提唱者であり、実践者でもあった。彼はまた大砲の鋳造の革新者であり、砲兵を城攻めに用いることで、騎士の甲冑を郷愁のなかに葬っただけでなく、石造りの塔をいくつも聳えさせた城の防衛力を無効にすることで、皇帝に従わない諸都市、諸侯を平定し、私闘《フェーデ》による決着を許す慣習法たるゲルマン法を排して、皇帝直属の裁判官が裁く手続き法たるローマ法を普及させ、また大学に人文系の学部を作らせた。

マクシミリアンは、最初の近代的な君主の一人であった。だが、彼以前には、国家をある種の機関として眺め、その設計と管理をこととする君主は一人もいなかったので、マクシミリアンもまた、自らを自らとしてしか作りえなかった。彼は、シャルル・テルメールのように、古代の英雄や騎士たちの物語に耳を傾け、それを理想とすることで安らかに眠ることはできなかった。

＊

ゲーテは、『鉄の手のゲッツ・フォン・ベルリヒンゲン』において、かようなマクシミリアン一世の両義的な位置を、はっきりと描きだしている。

アウグスブルクの皇帝のもとに、ゲッツ・フォン・ベルリヒンゲンとその仲間の騎士たちに襲われた商人たちが請願に訪れる。昔気質の騎士であり、また皇帝自身には忠誠心をもっているゲッツを愛している皇帝は、請願を一蹴する。それをかつてはゲッツの友人だったが、裏切って宮廷貴族となり、皇帝の側近を務めているヴァイスリンゲンがとりなす。

皇帝　またまたもめごとか。片づけるはしから湧き出して来るようだな。

ヴァイスリンゲン　根絶やしするにはぐさりすっぱりと、思い切った手を打つほかはございません。

皇帝　そうかな?

ヴァイスリンゲン　それには何よりもまず陛下と諸侯がたが結束なされて、他のつまらぬ争いごとに当たられるのが最善かと存じます、決してドイツ全土が不穏を訴えておるわけではございません。フランケンとシュヴァーベンだけがまだ危険な内乱の余燼をくすぶらせておりますだけで、その国にいたしましても、貴族、平民を問わず、心から平和を願っている者はたくさんおります。もしもくだんのジッキンゲンやゼルビッツやベルリヒンゲンらを取り除いてしまいましたら、残りはやがておのずから崩れて消えてしまいましょう。この連中こそが不逞のやからどもの心の文えなのですから。

皇帝　あの連中は大目に見てやりたいのだがな。いざわしが戦争に出るときには、ぜひ連れて行きたいのだ。

ヴァイスリンゲン　連中に昔から自分の務めを守るという心得のあったのであればよろしいのでございますが。それにまた連中の不逞な所業に栄位をもってお報い遊ばされることは、たいそうゆゆしいことでございましょう。なぜと申し上げて、そのような陛下のご寛大とご慈悲をよいことに、これまで連中はさんざん仕放題のことをしてまいったのでございますし、かれらの一味もそれをあてにし信じておるわけでございますから、これを押えつけるには、われわれとしてはまず首領どもを天下に公然と完膚なきまでに打ち懲らし、二度と頭をもたげるようないかなる望みも、完全に断ち切ってしまうよりほかに方法はございますまい。

皇帝　では厳しい処置をもってのぞめというのだな？

ヴァイスリンゲン　いま各地に吹き荒れておりますいかがわしい風潮を取り鎮めるのに、ほかに方法はないと存じます。すでにあちこちの貴族から無念がって訴えてまいりますとおり、家来や百姓どもが貴族に逆らって強訴に及んだり、父祖伝来の主権を脅かさんとするものがある以上、これらをこのままにいたせばその結果は危険きわまりないものとなりましょう。

皇帝　ベルリヒンゲンやゼルビッツをやっつけるにはちょうどいい折というわけか？　ただし、あの者たちの身に危害を加えてはならぬ。つかまえるだけでよい。そのうえで私闘断念の誓約と、居城でおとなしくして領内から外に出ぬということを誓わせるのだ。次の議会でわしはそれを持ち出すことにしよう。

（『鉄の手のゲッツ・フォン・ベルリヒンゲン』中田美喜訳）

皇帝は、ゲッツら騎士たち――「従うものは神と皇帝と自分しかいない自由な騎士」――を愛しながらも、彼らの自由の根底をなす「私闘」――司法や行政の介入を許さず、揉め事を自らの武力で解決する権利――を禁止せざるをえない。それは、皇帝が、騎士であるよりも帝国の整備者であるからにほかならない。ほかにもゲーテは、ローマ法を普及させようとする法学士が買う反発の様を戯曲に盛り込んでいる。

しかし肝要なのは、ゲーテが、マクシミリアンの置かれていた位置を的確に把んでいたということではない。この皇帝が死んでから二百五十年の時間が過ぎた時点で、かような皇帝像を描出しなければならなかったのはなぜなのか、という事だ。それはそのまま、ゲーテが、啓蒙主義全盛の時代において、「自由」という観念の尊厳を、中世的皇帝権力とゲルマン法と山賊騎士の結託として、つまりは市民的権利の保障としての自由ではなく、封建的な価値観としての「自由」を戯曲中で顕揚しなければならなかったのか、という問いとも重なる。

幕切れで、瀕死のゲッツは、可愛がっていた小姓が、捕虜にならず、戦って死んだことを聞いて喜ぶ。

ゲッツ　それはよかった。あれはこの世界じゅうでいちばんの若者だった。勇ましかった――ああ、これで私の魂は離れて行ってもよい――かわいそうなおまえ、おまえをこの腐った世に残して行くのか！　レルゼ、家内についていていてやってくれ――おまえたち、門よりももっとしっかりと心のかぎを締めるのだ。いつわりの世がやってくるぞ、いつわりがまかり通るようになるぞ。ろくでなしともが策略をもって世を治め、りっぱな人間がやつらの網にひっかけられるだろう。マリア、おまえの亭主が元気で帰って来ることを祈ってるぞ、高くかけのぼった分だけ下に落ちなればよいが。ゼルビッツも死んだ。あの皇帝陛下も亡くなられた。あのゲオルクも。――水を一ぱいくれないか――おお、天国の空気だ――自由だ！　自由だ！（死ぬ）

エリーザベト　自由は天国に、天国のあなたのところにあるのですわ。この世は牢獄ですわ。

マリア　りっぱな人だった。りっぱな人だったわ。こんな人をはねつけたなんて、なさけない時代だわ。

レルゼ　殿を見誤るようなのちの世はのろわれるがいい。

（同前）

ゲーテが『鉄の手のゲッツ・フォン・ベルリヒンゲン』において、十八世紀の終わり、啓蒙思想の全盛期において、なぜ「最後の騎士」の時代、封建的権利としての「自由」を語らなければならなかったのか。

それがもとより反時代的振る舞いであったとしても、その反時代性の文脈はいかなるものとして捉え得るべきだろうか。

ゲッツを目の仇とするバンベルクの僧正の宮殿での、ローマ法の普及に携わる法学士オレアーリウスを招いての食卓で、法学士が故郷フランクフルト・アム・マインで遭った災難が話題になる。

オレアーリウス　けしからぬ話でございますよ。わたくしは父親の遺産を受け取りにそこに行ってまいったのでございますが、愚民どもは、わたくしが法律家だと聞きますと、すんでのところで石打ちの仕置きにあわせるところでございました。

僧院長　とんだことでしたな。

オレアーリウス　それはこういうわけでございます。あそこの陪席裁判所と申しますのが、あのあたり一帯では大いに羽振りをきかせてはおりますが、ローマ法などは目に一丁字もない連中ばかりで占められておりまして。年齢と経験でもって町の中のようすや外のようすを詳しく知っていさえすれば、それでもう十分だと思っている者ばかり。そんなわけで町の者にしても近郷の者にしても、古いしきたりとなきに等しい法文にのっとって裁判を受けるのでございます。

僧院長　それでよいようにも思えるが？

オレアーリウス　ですがとても十分とは申せませぬ。人の一生は短いものでございまして、一代ですべての事例にぶつかるというわけにはまいりません。

（『鉄の手のゲッツ・フォン・ベルリヒンゲン』中田美喜訳）

ここで法学士オレアーリウスが代表しているのは、ゲッツ・フォン・ベルリヒンゲンが崇敬するマクシミリアン一世の、武勇を貴び、華美と風雅を愛した「最後の騎士」、騎士道の守護者として見せていたのとは別の側面、つまり父親から受け継いだ帝国を、少しでも有機的な国家組織にしようと試みていた国家経営者の側面であることは云うまでもない。慣習と有力者間の調停を軸とするゲルマン法から、手続きと判例を基軸とするローマ法への転換は、法体系の交換に止まらず、法の裁き手を、地方の名門貴族、領主たちから、法手続きや事務に通じた法律の専門家である法官僚へと移管させることにほかならなかった。それは当然のことながら、帝国内における法規の統一だけではなく、司法制度の整備をつうじて、帝国を一体化し、中央集権的支配体制を確立する政策であった。マクシミリアン一世は、カール六世の治世に一応の完成を見る、ハプスブルグ王朝における「ローマ法の継受」の発動者であり、帝国最高法院の創設者でもあったのである。

かといって、ここでゲーテが、ゲッツの呼号する「自由」を、中央集権的な国家体制への反発、反抗としてのみ考えてしまうことは単純すぎることになるだろう。と云うのも、国王や貴族などの圧政や不合理的な支配にたいする抗議として、当時のヨーロッパの知的世界を風靡していた啓蒙思想の下で「自由」は、モンテスキューにおいてもっとも明確にあらわれていたように、理性的な法秩序の、機能的な実現による、平等と公正の実現と理解されていたからである。

とするならば、ゲーテがゲッツに託しているものは、反啓蒙として実現されねばならない自由ということになるだろう。だが、一体それはどのようなものであるのか。あり得るのか。それは当然のことながら、劇中でゲッツが主張する私闘《フエーデ》に基づく、強者優越としての自由をそのままゲーテが担う気がないということは明白だろう。

ゲッツ　みみっちい利欲のためや、守りのない弱い者から領土や民を掠め取るために、おれはいくさをしたことはない。つかまった家来を取り戻したり、わが身を守ったりするためだ。それのどこが悪いのだ？　陛下やほかのお偉方は、おれたちが困っていようがとんと平気の高枕だっただろうからな。幸いおれには手が片方残ってたから、当然それを使ったまでだ。（同前）

ゲッツ的な自由が非現実的であると思わざるをえないのは、「命令する相手も服従する相手もなしに、それだけで何かでいられる人間だけが、ほんとうに仕合せな偉大な人間なのだ」という、自由と自律の両立が、武勇というアナクロニズムによって実現されるからだけでなく、また歴史的に見れば帝国騎士としての封建的利益としての「自由特権」にほかならないからでもなく、自由にしろ、自律にしろ、包括的な制度、もっとも弱き者の権利をも保護しうるほど満遍なく行き届いた強力な権力によってしか実現できない事を、好むにしろ好まざるにしろ認める、というよりもむしろ自由とはかような制度的なものであると認識されはじめた時代において、如何なる意味でも、現実的な置き場所が存在しなかったためである。

にもかかわらず、ここでゲッツの語る「自由」を、単なる劇の構成要素や、主人公のプロブレマティークに還元してしまう訳にいかないと思うのは、『ゲッツ』という作品自体が、あるいはゲーテという作家が、なぜ存在しえたのか、という問いと、「自由」は切り離しえないからだ。

『鉄の手のゲッツ・フォン・ベルリヒンゲン』が、ドイツにおいて、またヨーロッパ文学において、いかに画期的な、つまりは横紙破りの作品であったかは未だに多くの文学史が口角泡を飛ばして語っていることだ。その衝撃を私たちが感じえないとすれば、それは何よりもフランス古典主義の支配、特に文学の趣味による支配の強靭さ、疑いのなさを、実感しえないからに違いない。それは逆に云うのならば、フランス古典主義が要求した、規則と規則の根底としての理性なるものが、文学はもとよりあらゆる表現にとって無縁なるものとしか受け止められないからでもある。そしてやはりそれは獲得ではなくて喪失なのだろう。

演劇は、フランス古典主義のなかでも、もっとも規範性の強いジャンルであり、その決め事は、登場人物の制限から、台詞の音韻、装置、小道具にまで及んだが、その中核をなすものが、いわゆる三統一の規則である。

三統一（les trois unités）の規則は、ドラマトゥルギーのあり方を規定するものであって、演劇は（1）サイド・ストーリーを持たない、一つだけの筋で構成され、（2）単一の場所を舞台として動かず、（3）

幕開けから結末まで戯曲内の時間で一昼夜を超えることがない、ように作られなければならないということを謳っていた。

この規則は、ボワローら批評家の、コルネイユやラシーヌの作品を巡る応酬のなかで徐々に形作られたものであり、文芸にかかわるものであるから完全に杓子定規に守られたのではないにしろ、ヨーロッパにおける演劇に対する感覚、鑑賞姿勢、あるいは劇的なるものとは何かという概念規定を形成したものであった。

三統一の規則が提示している演劇観はきわめて明確なものである。禁欲的といっていいほどに、筋、場所、時間を限定しようとする意志は、演劇を、そのもっとも劇的な瞬間、つまりそれまでの、状況の転変や経緯の説明を極力抑え、また派手なスペタクルや目を眩ませる演出を断念して、もっとも純粋かつ稠密に蒸留されたドラマの頂点においてとりだそうという意志の現れであり、つまる処、運命の転変が明らかになり、王国が滅び、正義が悪に変わり、葬られざるものが癒やされるその瞬間のみを演劇的なるものとして認めようとする、強い意志の現れにほかならない。

その意志は、きわめて強い理性、つまりは熱を帯び、熱狂しているといってもいいほどに強靭で徹底した理性に裏打ちされており、かような意志が存在し、それがけして短からぬ時期の芸術的感性を支配しえたということは、今日からみれば驚異に値するとしか云い様のないものだが、かような理性にとって『鉄の手のゲッツ・フォン・ベルリヒンゲン』のあり方がいかに型破りであったか。

戯曲が扱っている事件は、多岐にわたり、バンベルクの僧正との抗争から農民戦争への加担まで、ゲッツの後人生数十年が扱われ、場所といえばバンベルク、アウグスブルク、ヤクストハウゼン、ハイルブロン、シュペットサルトといった帝国各地にまたがり、劇は主筋と副筋どころか、場ごとに事件が持ち上がるので、全体を貫く一つの山場などは存在しない。大道具を虐待するように多くの場面が設けられ、ときにその場は数行の台詞しかなく、さらに登場人物といえば、皇帝、司教、修道院長や聖職者、市の参事会員、法官僚、秘密裁判の判事、帝国騎士、傭兵、小姓、農民、御者、ジプシー、子供など数百人に及び、皇帝の廷臣との会話からジプシーの野宴、農民の婚礼まで多様な事柄が盛り込まれている。一七七二年に出版された戯曲は、上演は不可能とされたにもかかわらず、(作者による多少の簡略化をへた後であったが)二年後にはベルリンで舞台にかけられて、演出の不味さにもかかわらず熱狂をまきおこし、文化的には徹頭徹尾フランスかぶれだったフリードリヒ大王の不興を買ったほどだった。

言語的にも、司教たちの用いるルター的に硬質な言葉から、農民たちのフランケン訛り、子供たちの片言まで、文体はもちろん語彙、語形、アクセントまで雑多で多様な言葉遣い、言い回しが取り込まれていた。レッシングの『ミンナ・フォン・バルンヘルム』に代表されるように、それまでも極度の洗練の後にアカデミーにより規格化されたフランス古典主義の文学言語のあり方に否定的で、生きた言葉を戯曲に取り入れようとしたドイツの文学者は少なくはなかったが、『ゲッツ』におけるように、大胆に、整理や洗練の顧慮なく生々しくかつ大量に、地方語や風俗的な言語が戯曲に取り入れられたことはなかった。

それは云うまでもなくスキャンダルであったが、その因習打破と新機軸が、余りにも堂々としていたために、あらゆる規則と先入見、慣習、ジャンルにかかわる決まり事を踏みにじっていたにもかかわらず、『ゲッツ』はまがうことなき新時代の幕開けとして、新しい正統として受け止められた。レッシングの詐欺じみた作品という冷評もあったものの、知的公衆、特に青年たちは『ゲッツ』を熱狂のうちに、無上の解放として受け止めた。「三統一の法則がすべて見るも無残なかたちで虐待され、喜劇でも悲劇でもないのに、それでいてきわめて美しく興味深い怪物であり、わが国の幾百ものこっけいで泣きたくなるような劇と交換したいような劇……。われわれはこの劇をすでに何度も読んだが、この劇にけちをつけるのは可能だと安心していた、ところがあっという間にわれわれはふたたびもろもろの感情の陶酔のただなかにおかれ、すべての法則が、また批評しようという意図すらも、心の底から発せられたこの力強い言語の前にさながら幻影のように消えうせてしまったのである」（『ゲーテ』A・ビルショフスキ　高橋義孝・佐藤正樹訳より）という、C・シュミートによって『ドイツ・メルクール』に載せられた文章は、当時の青年層の熱狂を率直に表現している。

『ゲッツ』による解放とは即ち、フランスによる文化支配からの解放であったが、もっとも本質的には、理性と歴史的普遍性からの解放であった。『ゲッツ』に先だって『ドイツの建築術について』なるドイツ・ゴシックの称揚とラテン人文主義建築の誹謗によって文壇の一角を占めた戯曲作家の民族主義、ナショナリズムを見逃してはならないとしても、より本質的に『ゲッツ』は、「何百年にもまたがる」判例を集めて、「誰かがきょうは正しいと考えたものを、別の者はあした誤りである」といったことがないように作られた「法律は不変のもの」であるとする法学士オレアーリウスの意図を文学上に敷延したかの如きフランス古典主義の諸規則を、それがフランスのものであると云うよりも、むしろ理性と抽象と洗練を絶対化し、普遍化するからこそ破壊しようとした戯曲であった。

それを逆に云うならば、「三一致」的な抽象からこそ、若きゲーテは逃れようとしていた。『ゲッツ』が、騎士道没落期における理想と自由の非抽象的表現、つまり一個の筋と場と時に集約されえないものとして書かれ、それが後に疾風怒濤期の文学者たちによってうんざりする程反復される、自由を求める英雄的な人物が、周囲の頑迷で敵意ある反発によって、その高貴さゆえに滅びるというモチーフを提示したのは、かような人物像こそが理念的な劇の、文学のあり様を捻挫させるからではなかったか。フランス古典主義の理性に基づく抽象、理念化が、批評と作者の比類なき近さと、観衆の創作にたいする支配力の強さ、つまりはきわめて都市的かつサロン的な受容の環境に基づいているとすれば、なおかつそのような環境がドイツにおいては真似事にすぎなかったとしたら、そこではむしろ読者と作者の距離こそが拡大され、明確にされなければならなかった。C・シュミートの言葉を借りれば、「あっという間にわれわれはふたたびもろもろの感情の陶酔のただなかにおかれ、すべての法則が、また批評しようという意図すらも、心の底から発せられたこの力強い言語の前にさながら幻影のように消え」うせさせてしまうことが、孤独な文学が真剣な営みであるために必要だった。

肝要なことは、かようなボワロー的サロン性の拒否が、単純にブルボン的な宮廷の洗練のみではなく、フランスにおいて凱歌をあげた理性的な知のあり様にこそ向けられていたのであって、それがゆえに『ゲッツ』における「自由」は啓蒙主義の結論としての「自由」とは別種のものとして、つまりは、「英雄」や「天才」といういささか趣味の悪い、道理と洗練とは無縁な不機嫌な客の、生き方、人生全体としてしか提示されえなかった。

新しい理想は、フランスにおいても不定形な、定義しがたいものとして現れたのだったが、フランスにおいて、あるいはイギリスにおいても、その無定形なるものは、サロン的な洗練のなかでの、共通了解として保持され、コモンセンスに形成されたが、ドイツにおいては、めまぐるしく人生上のエピソードを並べた遍歴的な英雄像としてしか形作られえなかったのである。

かような理性と洗練からの離脱は、二つの危険を道連れにすることになる。抽象的な限定の拒否は、無限定へと、完成の不在へと移行せざるをえない。『ゲッツ』において、既に呪いは現れた。若きゲーテは、『ゲッツ』を上演用を含めて数度にわたって改稿をし、どの版を決定版と呼んでいいのか、自身で決めかねるほどだった。『ゲッツ』以降、ゲーテのほとんどの戯曲、詩には、いくつもの改訂版、異稿が存在し、ゲーテ専門家たちに論文の題材を提供し続けている。さらに一つのテーマを長年にわたって蒸し返すことが、つまりは完成にいたらない事が、ゲーテの基本的な執筆姿勢となり、『ファウスト』『ヴィルヘルム・マイスター』など、数十年の時をへて第二部、続編が書かれた作品は数多く、余りに絶大な成功を収めてしまったために、続編を書くことのできなかった『若きウェルテルの悩み』にさえ、ウェルテルが自殺に失敗して、ロッテと結ばれるというパロディを書き残しているほどだ。

完成の不在は、つまりは自己限定の拒否は、直接的に独善を生起させる。決定から常に逃れる者は、自らを世間の規範を超越していると位置づけ易いからだ。ゲーテは、一生定まった女性のパートナーを持とうとしなかった。『ゲッツ』執筆以前に相愛の関係にあったゼーゼーハイムの牧師の娘から結婚直前に逃げ出したのを手はじめに、『若きウェルテルの悩み』のモデルとなったシャルロッテとケストナーの若き婚約者たちの間に波紋を投げかけて立ち去り、文名が上がってからは何度も婚約をしては逃亡し、三十九歳にいたって造花工場の女工と同棲をはじめたが、ナポレオンの侵攻にさいして彼女が身を挺して彼をフランス兵の略奪から庇う時まで入籍をしなかった。生涯に唯一正式に求婚したのは、七十四歳の時にマリエンバートで出会った十九歳の少女にたいしてだった。

恋愛と同様に、それ以上に本質的に、ゲーテは自らが何者であるかを規定しようとはしなかった。早くも学生の時に、彼は専門を決定しようとせず、法律の勉強を父に強いられながら、専門的な知識を習得したり、課程に従うことに肯じなかった（但し『ゲッツ』におけるローマ法への理解は大学時代の知識に依っているが)。

文名があがってからも彼は文学者という立場に納まったことはなかった。新時代の錬金術師よろしくワイマール公国の宰相となり、政治、外交、軍事にたずさわり、地学や工学の学術論文を書き、画家になるという野心を捨てなかった。

かような精神にとって、恋愛が至上の営為となり、最高の遊戯となることは容易に理解できることだ。しかも絶対的に成就しない恋愛でなければならない。というのも、具体的な関係が不在であるがゆえに、精神は天の高みから地の底へと自由に遊び、自己との対話は自己を劇化し、自己を純化することが出来るからだ。「仕合せなのは毎日自分に向ってこういえる人だけだ。お前は友だちに何もしてやることはできないぞ。友だちのたのしみの邪魔をせず、友だちと一緒になってたのしむことによってその幸福を増してやる以外は」(『若きウェルテルの悩み』高橋義孝訳)と語るような精神にとって恋愛とは、自らの高貴さと悲運を確認する自己愛にとって甘美な機会にほかならないのである。

幸福というものが同時に不幸の源にならなくてはいけなかっただろうか。はつらつたる自然を見てぼくは心にあたたかいあふれるばかりの感情をいだいた。ぼくは歓喜に燃えてこの感情の中に身を浸し、周囲の世界を天国のように思いなしたのだが、現在ではこの感情がどこまでもぼくにつきまとう悪霊となり、堪えがたい拷問者となる。ぼくはかつて岩にすわって流れ越しにあの丘のつらなりに至る豊かな谷間を見渡し、自分の周囲にあるいっさいのものが芽ばえわきでるのを見、ふもとから頂上まで高い木を生い茂らせたあの山々、この上もなくやさしい森蔭を複雑な線を描いて走っているあの谷々、夕風が空にやさしく揺り集める美しい雲の影を宿しながら、ささやく葦の間を静かに流れてゆく川をながめ、森をにぎわす小鳥の声を聞き、西に傾く太陽の名ごりの光の中に数知れぬ蚊の群れが元気よく飛びまわり、太陽の最後の明るい輝きが草の間からうなって飛ぶかぶと虫を解放し、あたりのざわめきや活発な営みを見て大地に注意を向けると、かたい岩から養分を吸いとる苔、地味のやせた砂丘の斜面にはえている灌木などがぼくに自然の内面の燃えるような神聖な生命を啓示してくれるとき、ぼくはそういうものすべてをぼくの心の中へ抱き入れ、たぎりたつ豊けさのうちにわが身も神の一人になったのかと疑い、無限なる世界の何ともいえぬものの姿がいっさいに活気を与えながら、魂の中をうごめくのであった。(同前)

かような汎神論的な世界、宇宙との一体感から自らの内に「神聖な生命」を感じ、「神の一人となった」かと疑う感覚を、ゲーテは成就しない恋愛を描いた一代の傑作『若きウェルテルの悩み』によって形成した。ゲーテの記述の一端に近い事柄を感じたことがある読者は、白らの感覚、知覚がかように押し広げられ展開されたことに無上のよろこびをおぼえるとともに、これはまがうことなく自分のことだと、感動に打ちふるえ、自己肯定をむさぼった。想起しなければならないのは、ゲーテが発明したかような内面と宇宙との一体感の叙述が、ドイツ観念論をカント的な晦渋と停滞から離脱させて、自在に独我的な世界観を語れるようにしたことである。フィヒテ、シェリング、そして誰よりもヘーゲルは、ウェルテルの兄弟であった。

彼は恋愛から出発して、独我的な精神の深さと自在さを切り開いた。それは誘惑者の自由であり、実際にゲーテ自身、自殺という結末は別にして、ほぼ小説通りの関係を田舎暮らしの許婚たちとの間にもっていた。地方の街で、平穏に真面目に暮らしている婚約者たちのもとに、突然大変魅力的な青年としてゲーテはあらわれた。彼は人々が仕事や将来に取り組んでいる時に、身勝手な感動や機知に身を任せているので、快活であり魅力的だ。しかし彼は、結婚とか、就職とか、文学的野心といった世間的なもの、つまりは人々がそのよすがにしているものに、何の興味もない。彼は、ロッテを誘惑しているが、その誘惑には何の目的もないのだ。彼女を奪い、結婚をする、あるいは弄ぶというつもりすら彼にはない。彼には何の目的もないし、見通しもないのである。彼は相手の都合に関係なく、有頂天になり、絶望をする。その無責任で、一方的な呼びかけと誘惑性こそが、彼の精神の、圧倒的な魅力の本質である。

ロッテ、ぼくは窓辺に歩み寄って、空をながめる、荒れ模様の、脚の速い雲間にまたたく永遠の天空のまばらな星をながめます。そうだ、あの星は落ちはしないのです。永遠なる神はあの星を胸に抱いているのだ、そうしてこの私をも。大熊座の轅星が見えます。ぼくの一番好きな星だ。夜あなたと別れて門を出ると、ちょうどあの星が真向いに懸っている。ぼくは幾度か酔い心地であの星をながめ、ぼくの現在の幸福のしるし、神聖な標石と思って両手を差し伸べたことでした。そうして今でも——おお、ロッテ、一つとしてあなたを偲ばせないものはない、あなたはぼくを取り巻いている。神聖なあなたが触れたものなら、どんなつまらぬものも、まるで子供のように飽くことを知らずにぼくはひったくるようにしてきたのですから。（同前）

『若きウェルテルの悩み』が、どれほどの成功を収めたか、今更繰り返す必要はないだろう。ドイツ語の書物が、はじめて文学として認められ、絶賛と悪罵が全欧を覆った。だが『ウェルテル』が際立っていたのは、それがドイツから届いた新文学だったからではなく、はじめての大衆的な熱狂を引き起こしたということだった。パリでも、ロンドンでも青年たちはウェルテルと同じ黄色い燕尾服を着、ウェルテルを真似た自殺が流行した。広場に面した窓で、公衆の面前、ウェルテルを朗読した後に自殺した酔狂者まで現れた。ウェルテルとロッテの姿は象牙のボンボン入れ、扇子、紅茶茶碗のセットに描かれ、オー・ド・ヴァルターなる香水までが発売された。ゲーテ自身の言葉に従うならば中国製の磁器にまで絵付けされたと云う。

それは無論作家にとって不本意なことだったろう。だがかようなキッチュな文物と大衆化は、作者の豊かな独善に読者が陶酔し、それを自らの「趣味」で模倣した結果である。それはやはりゲーテがなした事、『ゲッツ』的な自由の直接の結論であった。

『若きウェルテルの悩み』において、主人公ウェルテルの、相手の意志と在り方を構わない、つまりは徹頭徹尾独りよがりな内心の吐露こそが、その鮮やかにして豊かな精神の相貌を可能としているとしたら、つまりは内面の、紫がかった闇の深さから、天空に向かって何一つ遮るものなく抜けていく空の青さまで表情を変える初秋の気候のような色とりどりの変容が、他者から完全に遊離したが故の純粋さによって保証されているのだとしたら、小説の結論が自殺でしかありえなかったのは自明の理であろう。かくも徹底的に他者を欠き、そして欠いているがゆえに可能な独善と純潔を手放してはならない真実なる自己として把えてしまった者が、その自己を守るためには、自らを滅ぼすしかないという帰結は、余りにも凡庸な論理学だ。

だが、前述したように、かような凡庸さこそが『若きウェルテルの悩み』をして、近代文学最初の成功作、国境を超えて全世界の若者たちの、つまりは大衆たちの熱狂をかきたてた作品たらしめたのである。「ヴェールター」が感じたものを感じたことがあり、また感じている人は、それを語れと言われただけで、思考が太陽の火の前の薄霧のように消えてしまう。彼の胸はそのことでいっぱいになり、頭全体が、涙の感情となる。ああ人間の命よ、おまえはなんという苦悩と歓喜の灼熱を自己の内部に

取り込むことができるのか」（テューリンゲンの作家ハインゼの評言　ビルショフスキ前掲書より）

たしかに文学、特にロマンティックな文学には、読者をして登場人物を模倣させる、同一視させる力が、元来備わっていた。そのもっとも痛ましく、痛ましいが故に滑稽な様を写したのが、セルヴァンテスの作品であるとすれば、ウェルテルの読者たちは、自らの滑稽さを認識する鏡を、つまりは自意識をなくしてしまい、ウェルテル印の香水や紅茶を、平気で購入できる存在、つまりは大衆となってしまった。R・ジラールが『ロマンティクの嘘と小説の真実』で語ったように、不幸にして卑小な近代人は、ドン・キホーテのように自分が何ものかのパロディとしてしか生きられないという真実を直視することができず、というよりもむしろそれを直視したくないがために、自らを独自な、個性ある存在なのだと思い込まずにはいられない。

こうした個性の、独自性の宗教化ともいうべき時節を、『若きウェルテルの悩み』が切り開いた。読者たる大衆は、競うようにして自らウェルテルと同じチョッキを身にまとい、ウェルテルのようにはた迷惑な恋愛に興じ、そして自殺をした。

奇妙なのは、彼らが自らを、けしてドン・キホーテの末裔とは思わなかったことである。それどころか、その振る舞いは、ラマンチャの郷士と同様の滑稽きわまりない模倣であるのに、彼らはみずからをエピゴーネンと見做さず、むしろ独創的な天才であると考え、その証明として、自殺を含むウェルテルの真似事に従事したのである。

この点にこそ、『若きウェルテルの悩み』の本質がある。つまりは、エピゴーネンにほかならないものを本来的と受け取らせる力が。それは同時に、近代文化の本質でもある。ウェルテルのマニアから、スピーカーの前で自ら指揮棒を振っていい気持ちになる音楽マニアまで、精神の頽落は一直線につながっている。最も滑稽、卑俗な行為こそを、高度なるものと取り違える、模倣者の倒錯。

かような詐術の本質が、『若きウェルテルの悩み』においては、音楽的とも云うべき共感の作用によってもたらされている。ゲーテは、作品のなかで、恋愛を波瀾万丈な鞘当て劇として書く代わりに、極度にドラマを抑圧し（実際、ウェルテルから、恋敵——言葉を正確に用いれば、彼は恋敵ですらないのだが——にたいする働きかけはほとんどなされない）、その代わりに精神と感性の逆りと沈潜を、豊かな主観性からの描写のもとに、繰り返し、華麗に変奏してみせた。「読者は、あるときは広大な自然のなかに、あるときはヴァールハイムの小料理屋のかまどのそばに、あるときは泉のほとりに、あるときは牧師館の庭園に、あるときは郡長の子ども部屋に、あるときは伯爵のきらびやかなサロンに、あるときは惨めな村の旅籠に招き入れられるすべての季節、自然界のすべての情緒のなかに案内される。春の花の装い、夏の灼熱と実りの充溢、秋の憂鬱な凋落、冬の厳しい天候。あるいは陽光、月の光、闇夜、霧、雨、雪といったぐあいである。しかもこれらすべてが、ヴェールターの魂の状態と一つになってきわめて感動的に響き合」（ビルショフスキ前掲書）わせてみせた。つまりは、汎神論的な世界における唯我論の最高形態としての、音楽的な宇宙と自己との共鳴と一体化において。

留意しておかなければならないのは、かような共感と独自性の錯誤に、ゲーテ自身が侵されていたわけではない、ということだ。ゲーテは、作中、ウェルテルが最後にロッテと会う、決定的な場面を、自らの筆で書くことをせず、オシアンの引用によって示している。

自分が何をいっているのか、何をしているのか、ロッテにはわれながらはっきりしない。ウェルテルただ一人を相手にしていないために、二、三の女友だちのところへ使いを出した。ウェルテルは持参した二、三冊の書物を下に置いて、別のはないかとたずねた。ロッテは友だちが早く来てくれればいいがと願っている。来てくれなければいいがと願っている。女中がもどってきての口上には二人ともさしつかえがあって出られないというのである。

ロッテは隣室で女中に仕事をさせようとした。しかしすぐ考えが変った。ウェルテルは部屋の中を往ったり来たりしている。ロッテはピアノのところへ行って、メヌエットを弾きだしたが、思うように弾けない。気を引き締めて、さあらぬ態でウェルテルの横に腰をおろした。ウェルテルは例のごとく長椅子にかけているのである。

「何か読むものを持っていらっしゃらないこと」——何も持っていない。——「あすこの、わたくしの引き出しに、あなたがお訳しになったオシアンの歌が少し入っていますわ。まだ読んでおりませんの。あなたに読んでいただこうと思っていたものですから。でもあれ以来いい折がございませんでしたし、そんな機会が出てきそうにもございませんでしたから」——ウェルテルは微笑して、歌稿をもってきた。手にとると、ある戦慄が彼を襲った。原稿に眼を落したとき、涙があふれてきた。ウェルテルは腰を下した、そして朗読した。

「暮れゆく夜の星よ、汝はうるわしく西にきらめき、雲間より汝の輝けるかしらをあげ、おごそかに汝の丘をさすらい行く。荒野をながめて汝何をか求むる。吹きすさぶ風はしずまりて、遠方よりは小川のせせらぎ聞えきて、岩間を洗う潮の音遠し。夕蠅のうなり野面に群れぬ。うるわしき光よ、何をながむる。されど笑《え》まい往く汝をよろこばしく波はかこみて、汝のやさしき髪を洗えり。さらばよ、静けき光。現われよ、オシアンの心の、汝、状絶の光よ。（中略）」

涙はロッテの限にあふれて、心の憂悶を遣るかに見えた。ためにウェルテルの朗読の声はとぎれた。ウェルテルは草稿をすててロッテの手をとり、いたましい涙にむせんだ。ロッテは片方の手で面を覆ってハンカチーフで眼をおさえた。二人の感動はおそろしいばかりであった。二人は自分たちの悲しい身の上を高貴な英雄たちの運命の中に感じとった。二人は一緒に感じたのである。そして二人の涙はとけ合った。ウェルテルの眼と唇とはロッテの腕に燃えた。ロッテは戦慄に襲われて、身をずらそうとした。しかし、苦痛と同情とは鉛のように重くのしかかっていて、からだの自由がきかないのである。ロッテは吐息して気をとりなおし、すすり泣きしながら、先を続けてくれるように頼んだ。その声音は何とも形容できなかった。ウェルテルはからだが震え、心臓が張り裂けそうになった。

（『悲きウェルテルの悩み』高橋義孝訳）

ゲーテは、その代表作の最も決定的な場面を他者の筆に委ねた。それはゲーテが、自意識において、みずから騎士物語のエピゴーネンであることをすすんで認めたドン・キホーテの衣鉢をつぐものであるという意識を失っていなかった証左であったように思われる。しかも、その引用した作品も、その点をゲーテ自身がどれほど意識していたかは別として、いわくつきのものであった。

いわくつきというのは、『オシアン』が十八世紀の半ばにスコットランドの詩人一族に属するジェイムズ・マクファソン（ゲール語名シェイマス・マクヴーリッヒ）によって公刊されて以来、その真贋、出自について深刻な論争が繰り返されてきた書物だからである。ケルト族の王たちの盛衰と白い胸をした乙女たちの恋を、高地地方の荒涼たる自然のなかで詠ったことで、ルソーからシャトーブリアンに及ぶ初期ロマン主義に決定的な影響を与えた本書は、発表当時の、サミュエル・ジョンソンによる、まったくの偽作という糾弾以来、スコットランドではなくアイルランドのものではないかといった疑問や、中心となるフィン王一族の存在にいたるまで、さまざまな点について議論されてきた。

ジョンソンのような古典主義の領袖によって全面否定をされたことが、かえって『オシアン』をロマン主義の聖典の座に押し上げる結果となったが、そうした力学をゲーテがどの程度意識して作中に取り込んだかは判らない。ただ重要なのは、当時決して珍しいものではなかった、というよりは流行すらしていた書物を、ゲーテが自作の核心部分に取り込んでいるということである。

ゲーテはその後も、『ヴィルヘルム・マイスターの修行時代』において、自らの母の親友、ズザンナ・フォン・クレッテンベルグの、ヘルンフート派信徒としての告白手記を、そのまま作中の一章として、「美しき魂の告白」と題して引用している。

かような引用のあり方が、ゲーテ自身が、素朴かつ凡庸な独自性と独創性という神話において自らを捉えていた訳ではないことを、つまりはみずからが独創者ではなく、模倣者であり継承者であることを理解していたということを示しているばかりではない。作品のもつべき構造、あるいはその調和のあり方について、独特の感覚を備えていたということも、また示している。

自らの筆になるものだけで、作品を統一しない、という配慮は、一面において間違いなく『ゲッツ』における ドラマの統一の拒否とつながるものだろう。だがしかしまた、『ゲッツ』が、宿命の提示という伝統的な悲劇の役割を拒否して、世界観自体を提示したのに対して、むしろ『若きウェルテルの悩み』においては、また『ヴィルヘルム・マイスターの修行時代』においては一層、引用は作品世界に裂け目をもちこんでいるように思われる。裂け目というのはあいまいな云い回しだが、要するに読者にたいして、作品世界に没入しきることを許さず、ある種の違和感を、少なくとも異質な声部からなるテキストを総合しつつ読むという努力を強いるのだ。この点は、ゲーテにおける古典的なるものを考える上で、きわめて本質的な問題である。

しかしながらゲーテは、独創的な個性というロマンティックな自己陶酔を拒みながらも、同時に自己を一つの定形に、役割に当てはめることは拒みつづけ、「何でもないもの」であり続けようとした。ウェルテル的な精神が、自殺することなく、自らの確信を追求するには、如何にすればよいのか。このような問題意識に呼応したのが、遍歴による自己の形成というヴィジョン、つまりは教養という観念にほかならない。付言するまでもないが、日本では伝統的に「教養」と訳されているBildungsは、英語でいえばBecomingであり、つまりは自己形成といった意味あいが強い。

自分を、そのままあるがままに高しと思い、その高貴と純潔を守るために現世と絶縁するのではなくこの世界に生き永らえながら、しかもなお自分としての自己を守り、何者でもない自分自身であろうとする者は、自分をより高めることにより完成するという道を歩まざるをえない。何らかの役割において人生を追求するのでなければ、その追求は、自分が自分であるということを徹底的に高めることでしかありえない。

真実の自己を多くの経験を通して実現していくという教養理念が、自分が自分であるということを、無償の、無益の自己実現への道として支えた。留意しておきたいのは、この自己実現なるものが、今日ではきわめて卑小な水準、つまりは社会的な成功や名声といったものと置換されているが、教養においてはあくまで、自己の自己としての完成をめざすものであり、その完成は、完成自体以外の何ものによっても報われない、徹底して無償なものであった。

遍歴による自己形成という発想は、きわめてドイツ的なものである。フランスにおいて、あるいはイギリスにおいては、サロンやコーヒーハウスが、趣味の洗練の坩堝になったとすれば、近代的大都市とその文化を欠いていたドイツにはそのような背景をもたず、代わりに諸地方を巡る遍歴が、感覚と知性の揺籃となった。

かような背景の違いは、求められるべき人間像の性格をも異質なものにした。フランスにおけるサロン的人間像の理想であるオネットムは、社交において最高に洗練された存在として規定されており、その規定は社交の現場においてのみ了解されるものであって、客観的な尺度や基準などは存在しないとされていた。

その点においては、教養も同じように、知性なり、学位なりの客観尺度とは無縁であったが、さらに教養が捉え難いものであるのは、一面的な定義をのがれながらも、中央集権国家の宮廷での望ましい社交生活を体現するという、いわば機能的な役割を担っていたオネットムにたいして、教養という理念は、あくまで、より決定的に無償であった。教養ある人間であるということ、つまり自分を自分として完成させるということは、徹底的に自己以外を目的としないのであり、自己目的化された営為であるという事だった。

無論、教養もまた、徹底的に外的な規定を欠いているわけではない。『ウィルヘルム・マイスターの修業時代』の半ば、父の死とその処理について伝えてきた幼なじみウェルナーの手紙の「市民生活の幸福」について語る調子に反発し、いよいよ「自分が望む教養は、ただ舞台の上でのみ完成されると確信」して、以下のような文章をその返信に記す。

一口でいうと、現にいまあるがままのぼく自身を完成するということが、おぼろげながらぼくの幼年時代からの願いであり、ぼくの目的でもあった。いまでもぼくはちょうどそんな考えを持っている。ただそれをぼくに可能ならしめる手段が、多少はっきりしてきた点が違うだけだ。ぼくは、君が思っている以上に世間を見てきたし、君が考えている以上によく世間を利用してきたのだから、ぼくのいうことに、たといそれが君の考えに全く一致しなくても、多少の敬意を払ってくれたまえ。

もしぼくが貴族だとしたら、ぼくたちの議論はすぐに片づいたはずだ。ところがぼくは一市民にすぎないから、ぼく自身の道をとらなければならないのだ。どうかぼくのいうことが君にもわかってもらいたいものだ。諸外国ではどうか知らないが、ドイツでは貴族にだけある程度の一般的な教養、もしこういえるなら、個性的な教養が可能なのだ。どんな市民だって功績をたてたり、またどうにかこうにか精神を修養することはできる。しかし彼の人柄だけは、どんなに装ってみてもだめだ。ところで貴族はもっとも上流の人たちとつきあうから、どうしても上流の礼儀作法を身につけなければならなくなるし、また彼にはどこでも門や扉が閉ざされていないから、その礼儀作法は囚われないものとなり、またそれが宮廷であれ軍隊であれ、彼は自分の風采や人品にものをいわせなければならないから、それに重きをおき、また重きをおいていることを人に示すというのももっともなことだ。（中略）

ところでぼくには、ぼくの家柄のためにえられないでいる自分の本性のあの調和的な完成ということに、どうにも抑えがたい欲求を感じている。ぼくは、君と別れてから、肉体の鍛練によってうるところが多かった。ぼくはこれまでのぎごちなさからもだいぶ抜けでることができて、動作も洗練されてきた。またぼくは言葉や声の習練も積んだ。人なかに出ても不快な気分を与えるようなことはないと、うぬぼれでなくいうことができる。ところでぼくは、一個の公人となり、もっと広い社会で気に入られたり、羽振りをきかせたりしたいというぼくの衝動が、日ましにどうにもならなくなって行くのを否定しない。それに、詩とそれに関連のあるあらゆるものに対するぼくの好みも生じ、ぼくには欠かせない人生の享受の際にも、次第にいいものを本当にいいとし、美しいものを美しいと思うように、精神や趣味を磨こうという欲求が起ってくる。たぶん君にはわかっていると思うが、これらのいっさいのものはぼくにとっては舞台の上でのみ見いだされ、このたった一つの要素のなかでぼくは思いのままに行動し、修養できるのだ。舞台の上でなら教養ある人間は、上流社会におけると同じように、個性的な輝きを放つことができるのだ。精神と肉体とは、いくら骨が折れても歩調を合わせていかなければならない。そしてぼくは、舞台の上でも、どこかほかの場所にいるのと同じように、立派であることもできるし、立派に見せることもできるであろう。そのほかになおぼくが仕事を求めるとそこには機械的なわずらわしさがたくさん生じてきて、それによって日々忍耐力を練磨することができるのだ。

(『ウィルヘルム・マイスターの修業時代』高橋義孝訳)

ウィルヘルムにとって、彼が「自分の本性のあの調和的な完成」を舞台において目指さざるをえないのは、彼ら「市民」階級という「家柄」を欠いた出身であるためにほかならず、それはあらゆる場所と機会にたいする門戸が開かれている貴族にたいして、社会的な活動の機会がいちじるしく狭められている、あるいは制限されていた当時のドイツの市民階層の社会的、政治的あり方から必然的に生み出された要求であると、一応は示されている。それはまたフランクフルトの資産家の息子に生まれたゲーテ自身にとっての実感でもあっただろう。

その点からすれば、「教養」という理念がすぐれてブルジョワ的政治理念であると見るべきかもしれないが、同時にやや異様に見えるのは、ここでその遍歴の対象が、演劇に設定されている、という点である。

無論、ここでウィルヘルム自身が語っているように、舞台という空間だけが、ブルジョワに開放されているからだ、と捉えるべきかもしれない。しかし舞台における経験という発想が必ずしも、いわゆる市民的な自由の追求といった政治活動とはかなり異質であることも否定できないだろう。

ウィルヘルムが、旅の途中でしりあった役者たちと、即興劇に興じている時、その場に居あわせた「見知らぬ人」は、その利点を「それは、人間にいったん自分の殻を捨てさせ、そういうまわり道を通って自分というものを再発見させるいちばんいい機会です」と語る。さらに結末近くになって、塔の結社のヤルノは、俳優としてのウィルヘルムの限界を指摘した上で、こう云う。「自分だけしか演じられないような者は、けっして俳優とはいえないのだ。これはぼくの断定だ。心の上でも姿の上でも、いろんな人物になりきれる人でなくては俳優の名に値しない」

俳優であるという事は、役を通してさまざまな人物に成り切ることを通して、多数の人生を経験しながら、本質的な自己を見いだす営為である。言うなれば演劇は、複数の、一時的なアイデンティティを通して、誰でもない者としての自己を発見する場なのだ。

ゲーテによるならば、そのように考えてみると、演劇において発揮されるべき市民の自由の相貌が明らかになるだろう。その自由は、決して単純な政治的要求、機会や身分の制限にたいする抵抗ではなかった。それは市民をして、高位高官につかせる、軍事から宗教にいたる領域での権力や地位を可能にすることを目指していたわけではない。ゲーテにとって自由とは、市民が貴族に成り代わり、社会の実権を握ることではなく、並列的に多数の者であること、貧者であると同時に富者であり、僧侶であると同時に瀆神の放蕩者であり、王者でありながら泥棒でもあるような、そのようなあらゆる存在でありうる何でも無い者である事だった。ウイルヘルムの一座のパトロンとなった貴族が、俳優たちにたいして、自らの役柄の専門を厳守するように申し渡すのとは、まさしく対照的である。

こうした複数の経験による自己の発見というモチーフは、ウィルヘルムの筋立ての中にも生きている。第四巻において旅役者たちの指導者となり、意気揚々とその集団を「移動国家」として組織しようとしたウィルヘルムの意図は、山賊たちの襲撃と、その責任のなすりつけあいによる劇団の崩壊によって、あっけなく崩壊する。

愛すべき守護神のやさしい誘いは、われわれの主人公をどれか一つの道へ導くことをしないで、彼が前から感じていた不安の念を助長し増大させた。ひそかな炎が彼の血管のなかに忍びこみ、形のはっきりしたものや、はっきりしないものが心のなかで交代し、果てしない憧れをおこさせた。あるときは駒あらばとねがい、あるときは翼あらばとのぞみ、そのままにとどまっていることはできないように思われながら、ではいったい自分はどこへ行きたいのかと、いまさらのようにあたりを見まわすのであった。
彼の運命の糸は、実に妙なもつれ方をしていた。彼はその不思議な結び目がとけるか、それとも断ち切れでもしてくれればいいのにと思った。
(同前)

さらに後段の小説と戯曲を比べた場面では、「小説は徐々に進行しなければならない。そして主人公の意図は、たといどういう方法によるにしても、ともかく全体が急いで展開して行くのを食いとめなければならない。戯曲は急ぐべきものだ」と語られる。かような小説としての『ウィルヘルム・マイスターの修行時代』の展開、あるいは規定を見ると、作中で目指されている「教養」なるものが如何なるものなのか、その一般的な市民的なもの、フランス大革命的なものからの乖離が明確になってくる。

『ウィルヘルム・マイスターの修行時代』とほぼ同時期に書かれた、ヘーゲルの『精神現象学』は、精神が体験を重ねて、弁証法的に発展していく姿を描いたことによって、イポリットら研究者から、哲学化された教養小説、と評されることが多い。

実際、自然的意識が、対自、即自の認識を合わせ持つという構造的力学から、必然的に絶対知へ向かって発展し、また世界史の主体としての世界精神が、原始状態から最高の発展段階としての市民的デモクラシーへ発展していくという論旨は、さながら精神の自己形成の物語として読み得るものだ。市民が、自ら生きる社会を自らの意志で決定し、構成することを世界史の最終段階と考えるヘーゲル哲学は、フランス大革命を、精神にとっての重要な発展として位置づけ、不可逆な進歩として提示している。だが、教養小説の祖とされる『ウィルヘルム・マイスターの修行時代』については、事態はさほど簡単ではない。

無論そこには、哲学と小説というきわめて異質なテキストのあり方の差異があるのだから当然と云えば当然ではあるが、『修行時代』において自己生成は、決してデモクラシーといった単一の結末に到着することはないのである。ウィルヘルムの「外部から何かの圧倒的な力が選択を決定してくれたらなあ」という慨嘆が示しているように、ウィルヘルムはつねに状況のなかで宙づりにされており、不可逆な歴史の流れによって押し流されることがない。

ない、というのは、いささか正確さを欠くかもしれない。かっては、つまりは発表されざる初稿においては、そのような趣をもっていた。

一九一〇年に、まったくの偶然から発見されたゲーテの草稿は、『ウィルヘルム・マイスターの演劇的使命』と題されていた。『ウェルテル』完成の三年後、一七七七年に書き出され、一七八五年くらいに筆を置かれたと推定できる草稿は、『修業時代』とはかなり異なった作品である。たしかに、主人公ウィルヘルムの、演劇における遍歴というモチーフは変わらないし、少なからぬエピソードが、『演劇的使命』から『修業時代』へと、そのまま引き継がれている。

だが、作品のモチーフはかなり異なっており、叙述の性格自体が異なる。『修業時代』が、ウィルヘルムの家出から語りだされるのに対して、『演劇的使命』では、誕生からである。つまり『演劇的使命』では、主人公の人生がその最初からオーソドックスに述べられるのであって、作品はともすれば時間軸に忠実な、単線的な発展に沿ったものとなっている。それに対して『修業時代』は青年期に達した主人公の旅立ちが端緒であり、焦点はその成熟になっている。

さらに異なるのは、演劇の、作中における重要性である。『演劇的使命』においては、ウィルヘルムの演劇活動自体が、具体的な場面として取り上げられている。『修業時代』では抹消されてしまったが、ウィルヘルム自身が、『ベルザーツェル』なる作品を執筆し、自ら主役を演じる経緯が重要なエピソードとして取り上げられ、とりわけ二回目の上演にさいして、観客が憤って暴動を起こし、舞台装置のみならず劇場自体が壊される騒動は、作中の一つの頂点をなしている。

さらに重要なのは、作品において、ウィルヘルムの「使命」が、「ドイツ国民演劇の完成」として、明確に意識されていたことである。

国民演劇の創立というモチーフが、国民国家の成立と重ね合わせられるべきものであることは、云うまでもない。その点で『使命』は、市民革命をもって精神の最終段階とする『精神現象学』と、軌を一にする構造をもった、つまりはドイツにおけるブルジョワ革命を視野におさめた作品と考えられる。

それにたいして『修業時代』では、演劇はウィルヘルムの遍歴の背景にすぎず、またドイツ国民演劇の完成などというモチーフはまったく姿を消していて、より無定形で、無償な自己形成としての教養が、全体を貫いている。

さらに、『使命』では、ウィルヘルム・マイスターの母親の不貞が、主人公を規定する大きな要素として掲げられており、しかもその不貞は、母親が被っている市民としての身分的拘束が原因だとされている。同様に、俳優たちの風儀の乱れが問題とされるが、それも市民らがおかれた閉塞状況に原因が求められる。このような形での、社会批判は、『修業時代』では完全になくなっている。市民革命をモチーフとする『演劇的使命』と、より個人的な自己形成を中核とする『修業時代』では、まったく異なった作品と云うべきだろう。

かような変化がどうしておこったのか。あるいはその意味は何なのか。

そこには二つのテキストを分かつ、二つの要素、つまリゲーテのイタリア体験と、フランス大革命が横たわっている。

フランス大革命の報は、当初ドイツにおいて、とりわけワイマールのような小邦においては好意的に受け止められた。ルイ十四世をはじめとする歴代のブルボン朝によるドイツ進攻により痛めつけられたドイツ諸公領の住民たちにとって革命は天罰であり、またフランス以外の大国——プロイセン、オーストリア、イギリス——にたいするよい戒めになると思われたのである。

しかも、当初革命運動が標榜していた啓蒙主義は、知識層を有頂天にした。まさしく政治の世界で理性が勝利を収め、光明の世紀の約束が実現されるかに見えたのである。

かような熱狂は、革命後体制の動揺が納まらず、そのうち革命諸派の激しい抗争がはじまり、ミラボーら穏健派、国王、ダントンらがつぎつぎに処刑台にかけられ、恐怖の嵐が吹き荒れるにつれて反転した。カントの弟子であり、革命の使徒であったフリードリヒ・ゲンツのように、革命の熱狂的な支持者から、反革命の提唱者に転換する知識人が、続出した。

だが、ゲーテは、革命に熱狂することはなかった。彼が大革命のもたらしたものに多少とも興奮するためには、一八〇八年にエアフルトで——つまりバスティーユ攻撃からほぼ二十年後——ナポレオンと再会するまで待たなければならなかったのである。その時まで、ゲーテにとって革命のもたらしたすべてが、憂いものだった。

ゲーテ自身の言葉によるならば、一七八五年の時点で、革命の日の訪れる事を予期していたという。

すでに一七八五年に例の首飾り事件がゴルゴーンの首のように私をぎくりとさせた。このような前代未聞の無法の行為によって王室の品位が失墜し、もうあらかじめそれが葬り去られているのを私はみてとった。そして、残念ながらこの恐るべき予感は、この時以降の事態の動きによって裏づけられたのであった。私はこの予感を抱いたままでイタリアへ行き、もっと鋭いかたちでふたたび持ち帰った。

（中略）

私は何年間も、大胆な空想家や計画的な狂信家どものいかさまにたいして、吐き出したいほどの不決を感じていた。そしてこんなにも大胆なあつかましさによって、すぐれた人びとが思いあがった気持になることがどうも理解できず、驚きかつあやしんでいた。ところがこのような愚行の直接間接の結果が、いまや王室にたいする犯罪、あるいはそれに近い形をとって私の前に現われてきた。これらが全部ひとまとまりになってくれば、世界のもっともかがやかしい王位をもゆるがすに十分な力をもっている。（中略）

例の首飾り事件は、私にとって不吉な前兆であったが、今度は革命自体がぞっとするような現実のできごととなって私をとらえた。王位は地に落ちてとび散り、大国の箍はゆるんだ。そしてわれわれの不幸な出兵の後には、世界もまたがたついてきた。

これらのことが私の頭のなかで群らがり、心にひっかかって、私は残念ながらわれわれの祖国においても、思想を弄んで同様の運命をわれわれの国にもたらそうとするもののあることを認めないわけにはいかなかった。私のよく知っている何人かの高潔な人びとも、自己と事態をよく理解しないである種の見込みと希望とに夢中となっていた。一方、卑しい連中は激しい不満をかきたて、大きくしてこれを利用しようとしていた。

（『滞仏陣中記』永井博・咲村登訳）

首飾り事件は、ブルボン王朝末期を騒がせた、王妃マリィ・アントワネットを巻き込んだ大スキャンダルであるが、ゲーテにとってそれはきわめて不吉かつ重大な事件であった。王家をかような詐欺事件に巻き込む悪党と悪僧がおり、さらにまたハプスブルグ家からブルボン家へと嫁いだ王妃がそれに易々と欺かれるという展開は、まがりなりにも敬われてきた権威あるものが、実は低劣な冗談であると示す事にほかならなかった。その事件が、さらにヨーロッパ中の耳目を集めて、好き勝手に噂される様は、ゲーテの秩序感覚を根底から揺るがした。

それは高貴なるもの、価値あるもの、徳あるもの、責任あるものが、自らすすんで悖徳な所業に狂奔する様に他ならず、かような光景を見て、ゲーテは、自らが盤石と信じていた体制が、価値観が、今にも崩れていくような不安を覚えた。

故にゲーテから見れば、フランス大革命とは、この不安感の現実化にほかならなかった。有徳の士と山師たちが、互いに手をとりあって、面白半分に、あるいはおぞましい欲望のために、数世代にわたって人々が守り育ててきた秩序とその安定を攪乱し、壊し、そして改めて建設をするという責も果たさないまま、己が快を貪るという、嫌悪すべき狂宴、それが大革命であった。

かような大革命観を、もっとも明確に示しているのが、『ヘルマンとドローテア』のクーリオの巻において、戦乱により家郷を追われた農民たちが述べる恨み事だろう。

さて牧師がこの他郷の村長に向って、村のひとたちはどのような苦難を経てきたのか、家郷を追われてからどのくらいになるのかとたずねると、老人はこれに答えた。「わしたちの苦難はこのごろのことじゃありません。革命以来多年の辛酸をずっと嘗めつづけてきましたんじゃ。たぐいなく美しい希望がわしたちの国においても潰えさりましただけに、よけい悲惨ですわい。なにしろ、新しい太陽の曙光がさしそめて、人権は万人に共通であるという声が聞え、自由に感激し、平等を賞めたたえたときには、心がおどり、自由になった胸がすっきりと脈打ったものでして、いったい誰がこの事実を打ち消しましょう！　その当時は、誰も彼もがわが身を生かす生活ができるものと思い、遊惰の徒や利己のともがらがわが手ににぎって多くの国々をしばりあげていた縛めが、ほどけそうに見えました。あらゆる国民があの欝勃たる時期においては、すでに長いあいだ世界の首府であり、今は従前にも増してその光輝ある名前にふさわしくなったパリの町を仰ぎ見ていたではないですか。あのひとたちの、福音の最初の告知者たちの名前は、星の列に伍した至高のひとたちと同一視されていたではないですか。世を挙げて勇気と精神と言論とが盛りあがってきたではないですか。（中略）

しかし、やがて空は曇ってきました。善事をはじめる資格のないような不徳漢どもが、支配者の利をもとめて争いはじめましたんじゃ。そうして、たがいに殺戮しあい、新しい隣国の同胞を抑えつけ、私欲に目のない役人ばらを送ってよこしました。おかげでわしたちの国では、上役連が奢侈にふけり大がかりな略奪をおこなえば、小役人どももどんな下っ端のものにいたるまで略奪をおこない奢侈にふける始末で、どいつもこいつも、わしたちのものを明日を待たずに全部まきあげようと、ただそればかりを気にしているように見えました。実にお話にならぬ苦しさで、圧制は日ごとにつのってきましたが、誰ひとりわしたちの訴えに耳をかたむけるものはなく、連中は時を得顔のひとり天下でした。(中略)

こうもさもしく逆上した人間を、わしは二度と見とうはありませんですわい! たけりくるった獣でも見るほうが、まだしもましですじゃろう。われとわが身を治めることができるような顔をして、自由だなどと口はばったいことを言わぬことです! なにしろ、柵がひとたび取りはらわれると、法律に抑えつけられて隅っこのどんづまりに小さくなっていたあらゆる悪が、たちまち綱を切って跋扈しはじめるのですからな」

(『ヘルマンとドロテーア』国松孝二訳)

啓蒙主義の理想と、その哲学が約束したはずのものが、ごく簡単に圧制の武器と転じ、さらには動物じみた破壊と殺戮、略奪しかもたらさなかったという無力感と、嫌悪が、きわめて強く呪われている。「われとわが身を治めることができるような顔をして、自由だなどと口はばったいことを言わぬことです!」という一句は、けだし、革命にのぼせ上がった大衆にたいしての、最も厳しい嫌悪の言葉だろう。

その嫌悪はなによりも、革命それ自体や、革命を動かした思想よりも、そのなかで無責任に右往左往しつつ、刹那刹那に信じてもいないスローガンを喚きたてながら、破壊に専念をした、知的たるか否かを問わない大衆たち、暴徒たちに向けられている。

かような、マスが、あるいはモッブが、何処から湧いて出たのか。ゲーテが先んじて首飾り事件において感じた、権滅あるものの自己破壊からであろう。しかしまた同時にそれは、自由なる理念が、権威と高貴さが立ち去った後ではいかに凄まじい様相を見せるか、つまりは単なる放縦に堕してしまうか、という事を証しだてるものであった。

かような破壊を眼前にはいまだしていないものの、その予感を抱きながら、ゲーテがイタリアに赴いた事は、重要である。ゲーテは、首飾り事件の一年後、大革命勃発の三年前、イタリアへの路に足を踏み入れた。

一七八六年九月三日

朝の三時に、こっそりとカールスバートを発った。そうでもしなくては、行かせてもらえそうになかったからだ。八月二十八日のぼくの誕生日を心をこめて祝いたがっていた仲間たちには、そのことでぼくを引きとめる権利があったわけだが、しかしそれ以上ここにぐずぐずしているわけにもいかなかった。旅行かばんと毛皮つき背のうを一つにまとめて荷作りしただけで、たったひとり郵便馬車にとび乗り、七時半ツヴォータに着いた。

（『イタリア紀行』高木久雄訳）

かような記述の中から、ゲーテが青年時代に繰り返してきた逃亡の快感の蘇りを看てとる事は容易である。ただ、この時点で、四十代に入らんとしていたゲーテは、かつてのように、婚約者や厄介な色恋沙汰から逃げ出したわけではなかった。表面的には、彼には逃げるべき理由はなかった。ゲーテは、当代最高の文名をほしいままにする文学者であると同時に、その治積の実が上がったか否かについての評定はおくとして、ワイマール公国宰相の地位にあり、君公にして親友であるカール・アウグストの信任はいよいよ厚く、鉱山開発をはじめとする、自らが手をつけた事業は佳境に入り、逃げるべき理由はどこにもなかった。無論、小国の宮廷という息詰まる狭い宇宙から逃げ出すという心持ちは分かるものの、やはり周囲の人間たちから見れば、唖然とする以外に対応しようがない事態だったろう。

作家がドイツを旅立ったのはなぜなのか。それはやはり「逃亡」であったのか。

ブレンナー峠にて、九月八日夕

インスブルックから登るにつれて景色はますます美しくなり叙述するすべもないほどだ。きわめて平坦な道を通って、水流をイン河へと送る渓谷を登っていくのだが、さまざまな変化に富んだ風景を見せてくれる。道が峨々とした岩山の近くを通り、そればかりか岩山のなかへと切りこんでいったときでも、その向い側はゆるやかな傾斜をなし、このうえなく立派な耕作を行うことができるほどだ。いくつかの村落や、大小の家屋や小舎が、どれも白く塗られて、傾斜する広い高原の畑や生垣のなかに混在している。まもなくあたりは一変して狭くなり、利用できるところは牧場となり、ついにはそれも急斜面となって終っている。

世界をぼくなりに創作するために、ぼくはいくつかのものを勝ちとってきたが、まったく新しい思いもかけぬものは何ひとつない。またぼくは、それについてずっと長いあいだ話題にしている模型《モデル》のこともいろいろと夢想してきたが、それによってぼくの内部を去来するもの、それに自然のなかで誰の眼の前にも提示できるとはかぎらぬものを、ありありと眼に見えるようにしたいものだと切に願っているわけだ。

いまやあたりはしだいに暗くなり、個々の物の輪郭が消え失せ、いくつかの大きな塊りはますます壮大なものとなった。そしてついにすべてはただ、深い秘密をたたえた一つの像のように眼の前を動いたかと思うと、突然ぼくはふたたび高い雪の峯が月に照らしだされるのを見たのだ。いまぼくは南国と北国との境界線上にあって、自分がはさみこまれているこの峡谷に、明るい朝のおとずれるのを待っている。（同前）

出発し、いよいよイタリアへと入る峠路で、早くも作家の精神は生気に満ちているのが分かる。視線は生き生きと対象を捉え、貫入し、思索は高らかな諧調をもって想念を奏でてゆく。観入り、それを描写し、概念を駆使して分析したかと思うと、はればれとした言葉遣いとともに、男性的な叙情が漲る。それにしても、見、考える、その精神の基本的な営為のもたらす歓びを、かように明快にかつ抗し難く魅惑的に描いた者が外にいるだろうか。

だが、その出発はけして奔放な自由を求めてのものではなかった。確かに客観的に見れば彼の行動は放埒に違いないが、しかしその「逃亡」は、秩序崩落の予感に憑かれており、その闊達さは、縛めを解かれたという解放感ではなく、むしろ本源へ、本来へと立ち返り、生命を伸長させていく環境の快適さによって彩られている。

ナポリにて、一七八七年五月二十九日
いたるところに楽しい気分が満ちあふれていて、見る人の心にこのうえない喜びを味わわせてくれる。自然がわが身を飾っている色とりどりの華やかな花と果実は、人間をもうながして、彼自身とそのすべての調度を、できるかぎり鮮かな色彩で飾りたてるべく誘っているかのようだ。少しでも余裕のある人はだれもが、絹の布やひもで、帽子につけた花でもって飾る。ごく貧しい家の椅子や箪笥でも、金メッキの地の上に多彩な花模様を散らしている。一頭立の軽い馬車でさえ真赤に塗られ、彫刻した部分には金メッキがほどこされ、つないである馬は造花や真紅の房や金ぴかで飾り立てられている。頭に羽飾りをつけている者もたくさんいるし、小旗を立てている者さえいて、それが歩くときの動きにつれてひるがえる。ぼくたちはふつう、派手な色彩にたいする好みを、野蛮だとか趣味が悪いとかいう。場合によってはたしかにそうだし、そうなることもある。しかしほんとうに晴れわたった青空の下では、どんなものでもけっして派手すぎることはない。というのは太陽の輝きとその海からの反射とを凌駕できるものは何ひとつないからだ。最も鮮かな色彩も強力な光線によって消されてしまい、樹木や植物の緑にしろ、黄色や褐色や赤色の大地にしろ、あらゆる色彩が精一杯の力で眼に作用するので、そのため色とりどりの花や衣服も、全般的調和のなかに溶けこんでしまうのだ。ネットゥーノの女たちの、幅広く金銀を配した深紅色の胴着やスカート、その他の多彩な民族衣裳、絵の描いてある船など、すべてが天空と海との輝きの下にいくらかでも目立つことを競っているように見える。（同前）

ゲーテが、イタリアで第一に際会したのは、強烈な陽光のもとでの、圧倒的な色彩の鮮やかさであった。その色彩は、まず自然から我勝ちに自らを飾って魅せ、それに対抗するようにして人間たちもみずからの姿を、道具を、街を飾っていた。

何よりも大事なのは、恣意のままに果物を貪った跡のような華やかで鮮やかな光景を抱きしめている、時にむせ返るように濃厚で香しい空気であった。
かような空気、雰囲気として、つまりは全体を包含し感応しあうものとして、調和はあった。というよりも、イタリアでは、芸術の故郷では、調和とはかような「全般的」な調和、人為も天然も関係なく咲き誇っている、圧倒的に肉感的でありなおかつ澄明な一体感にほかならなかった。この調和のもとには、何一つ崩壊の兆しはなかった。

パレルモにて、一七八七年四月三日

ぼくのつれの芸術家は、元気のいい誠実な善良な人で、きわめて精密なスケッチをする。彼は眼前に現われる島や海岸をすべて写生した。すべてを持って帰れるなら君たちを大いに喜ばすだろう。そのうえ彼は航海の長い時間の退屈しのぎに、イタリアでいま非常にはやっている水彩画（アクヴァレル）の技巧的な面をメモしておいてくれた。ある色調を出すためにはどんな絵の具を使えばよいかを彼は心得ているのだが、この秘訣を知らなければいくら混ぜても駄目だということになるだろう。ぼくはローマでこういうことをいくぶんは聞き知ってはいたが、系統を立ててというわけではなかった。イタリアのような国においてこそ、芸術家はこのような秘訣を研究しつくすことができたわけだ。美しく晴れた午後、ぼくたちがパレルモの港についたとき、海辺のあたりにただよっていた靄の明るさは、どんな言葉でも言い表わせない。輪郭の清らかさ、全体のやわらかさ、色調のわかれぐあい、空と海と大地との調和。それを見たことのある人は生涯それが忘れられない。いま初めてぼくはクロード・ロランの絵を理解する。そしていつの日か北の国でも、この幸福な住居の影絵をぼくの魂から呼びおこしたいものと期待する。ぼくのもつ絵画という概念から、藁ぶき屋根のような小さなものが消えうせるように、ぼくの魂からあらゆるちっぽけなものが、きれいに洗い流されてしまえばよいのだが。島々の女王ともいうべきこの島が、どんな力をおよぼし得るかを、ひとつ見ることにしよう。

女王がどのようにぼくたちを迎えてくれたかは、言い表わすべき言葉がない。新緑したたるばかりの桑の木、常緑の夾竹桃、レモンの木の生垣、等々。とある公園にはうまのあしがたやアネモネの広い花壇がある。空気はおだやかで暖かく、匂い芳しく、風はなまぬるい。それにまた、まんまるい月が、とある岬の後ろからさし昇り海面を照らした。（同前）

人為と天然が、別け隔てなくその絢爛を競うことが、イタリアにおける調和の実相であるとすれば、もとより芸術もまたその調和に深く抱き込まれているはずであった。そしてかような調和に祝福されているからこそ、芸術はその本質を、イタリアの大地において、どこでよりも明確に明かし、展開させる。

かような土地が、あらゆる芸術家にとって懐かしくないということがあり得るだろうか。

トレントにて、一七八六年九月十一日朝

エッチュの流れはいまはゆるやかになり、あちこちに広い河原をつくっている。河岸近くの土地には丘の上までも、息がつまると思うほどにぎっしりと、木々が植えてある——ぶどう棚、とうもろこし、桑、林檎、梨、まるめろ、くるみ、石塀ごしににわとこが元気よく枝を突き出している。きずたは力強い幹で岩づたいに生えあがり、岩一面に伸び広がっている。その合間をとかげがすり抜けてゆく。その他あちらこちらに出没するものすべてが、このうえなく好ましい絵画を想起させる。女たちの束ね上げた髪、男たちのあらわな胸と軽快な上着、彼らが市場から追ってかえる見事な牛、荷を積んだ小さなろば、すべてが、生き生きと躍動するハインリヒ・ロースの絵そのものである。やがて夕暮になるとおだやかな風のもとを、幾切れかの雲が山ぎわに休らい、空にただようというよりは空にたたずんでいる。そして日が沈むとたちまちこおろぎのよくひびく鳴き声がかしましく聞えはじめる。このようなときには、事実このあたりが生まれ故郷のような感じがして、忍びの身の上とか流浪の身であるとは感じられない。まるでここで生まれ育ち、いましがたグリーンランドの航海から、鯨捕りからでも帰って来たような、満足な気持にひたる。これまでずっと少しも気づかずにいたが、馬車のまわりにときおり舞いあがる砂ぼこりまでもが、故国と同じ砂ぼこりと思うとなつかしくなる。鐘や鈴の音のようなこおろぎの鳴き声もたまらなく愛らしいもので、よく通る声だが不愉快な感じはしない。（中略）

こんなことにぼくが有頂天になっているのを、もしも誰か南国に住む人か、南国生まれの人が聞いたなら、さぞかしぼくを子供っぽく思うだろう。ああ、ぼくがここで述べていることは、ぼくがずっと以前から知っていたことなのだ。あのいやな天候の下でじっと耐えてきたずっと昔から知っていたことなのだ。そしていまぼくは、ぼくらが永遠の自然的必然としてつねに享受して然るべきはずのこの喜びを、異例のこととして感じたいのだ。

（同前）

トレントの風物を、絵画的に描写しながら、イタリアこそがわが「故郷」であるという思いが、沸々と湧いて来る。

だが、詩人本人が云うように、フランクフルトに生まれて、はじめてイタリアを訪れた者が、この地を故郷と呼ぶのはおかしくないのか。

それは確かに、自らの感覚が、思考が、官能が、もっとも完全に解放され、生き生きと刺激され、触発され、成長していく土地であるだろう。

だが、もしもかような土地との相性の一致をもって故郷とするならば、彼のドイツという出自はいかなる意味をもっているのか。彼もまた自ら好んで故郷を喪失しようとする者たちの一人だろうか。彼はやはり、逃亡をし、亡命をしたのだろうか。

否、イタリアが、地中海の陽光にさらされる土地が、彼の故郷であるのは、何よりもここが、芸術の、詩の故郷であるからにほかならない。

ヘルダーに宛てて
ナポリにて、一七八七年五月十七日
ホメロスについては、目から鱗が落ちたような気がする。描写、比喩、等々が詩的《ポエーティシュ》に思われ、それでいて言いようもなく自然で、しかもびっくりするような純粋さと切実さとをそなえている。きわめて奇妙な虚構の出来事さえも、ある自然味をもっているが、叙述された対象の近くに行って、これまでになくその感を深くした。ぼくの考えを要約して表現すると、彼らは存在《エクシステンツ》を描写したが、ぼくらはふつう効果《エフエクト》を描写する。彼らは恐ろしいものを叙述したが、ぼくらは恐ろしげに叙述し、彼らは快いものを、ぼくらは快げに、等々である。そこから、あらゆる誇張されたもの、あらゆる技巧的なもの、あらゆる虚偽の優美さが、あらゆる虚飾が出てくるのだ。というのも、効果をつくり、効果をねらってつくる場合、どれほど効果を感じさせようと努めても、なお足らぬと思うからである。ぼくの言うことは新しいことではないにしても、ぼくはそれを近頃しみじみと感じたのである。すべてこれらの海岸と突端、湾と入江、島と岬、岩と砂浜、灌木の丘、なだらかな牧場、肥沃な畑、飾られた庭園、手入れのゆきとどいた樹木、垂れさがったぶどう蔓、雲に蔽われた山といつも晴れやかな平野、断崖と浅瀬、そしてこれらあらゆるものを取り囲む海の千変万化のさまを、心のなかにまざまざと保持しているがゆえに、いまや『オデュッセイア』は、ぼくにとって初めて生きた言葉となっているのだ。（同前）

ホメロスは、その効果ではなく、存在そのものを描いているという指摘は、強力であると同時にきわめて示唆に富むものである。

まさしく、イタリアが、ゲーテの故郷であるのは、それが、彼の詩文の故郷であるからであり、そしてイタリアが詩文の故郷でありえるのは、その大地が風土が、言葉とともに厚い調和を形成しているからである。

故にイタリアに赴くことは、ゲーテにとって、むしろ帰郷であったのだ。それが出生地から遠く離れることであっても。

かようなイタリア体験と、その後の革命を踏まえて、晩年にゲーテは、かようにみずからの感慨を振りかえっている。

イタリアでは私は次第にせせこましい考えから離れ、まちがった望みから解決されるのを感じた。そして芸術の国への憧れにかわって芸術それ自身への憧れが心の座を占めた。私は芸術に気づくともう今度はそれを自分のものにしたいと望んでいた。

古代作家の研究と同じく芸術の研究はわれわれ自身の中にある種のよりどころ、満足を与える。それはわれわれの内面を大きな対象と心情とで満たし、外に向うあらゆる欲望を克服し品位ある欲求を静かな胸の中であたためる。外に向って自己を認めさせようという気持は次第に少なくなる。そして芸術にひかれる人も画家、彫刻家、建築家たちと同様である。彼は孤独のうちに仕事をする。他人と共にすることのない喜びのために。（中略）

ところである種の戦争行為の予感が私の中にも生じることとなった。というのはライヒェンバハ会議で調停されたシュレジア戦役に参加するよう命令をうけて、私はある重要な地域で多くの経験を通して啓発され高められまた同時に楽しい気晴らしで、あてもなく自分をごまかしていたが、その間にもフランス革命の不幸はますます広範囲にひろがるばかりで人びとがどんなことを考えようともヨーロッパ世界で起っている事象に人びとの心を連れもどして否応なしに冷酷な現実を人びとにつきつけていたからである。実際に義務感に惹かれて君公のお供をして、最初は懸念されやがては悲惨な状態になったできごとの中にまきこまれ、私がここにおとなしい形で読者にあえてお伝えする不快な出来事をも男らしく耐えてきた時には、私の心の最も内部にひきこもっていたやさしい暖かいものはすべて跡かたもなく消え去ってしまいそうであった。

（『滞仏陣中記』永井博・咲村登訳）

イタリアに「帰郷」して、芸術の本源を取り戻したゲーテは、ドイツでは孤立を余儀なくされていく。しかしその孤独は、ロマンティックな孤独、つまり一人他者を切り離して、自らの想念を自由気ままに膨らませるような孤独ではなかった。

それは、確かに孤独ではあったが、彼の内心には、生あたたかく香しいシチリアの大気のような調和の感覚が生きていた。この芸術家は孤独ではあったが、独りよがりではなかった、彼の故郷が湛えている均整と調和の感覚に、彼は従っていたのである。

だが大革命が引き起こした、混乱と混沌は、かような孤独をいつまでも詩人に許してはおかなかった。

自ら従軍したワイマール公軍が進駐したシャンパーニュ地方で、革命と戦争の乱脈と鼻をつきあわせ、さらに小康をへた後のナポレオン戦争においては、自宅を襲撃される憂き目にあい、彼の内なる秩序感覚と現世の乱脈の乖離は広がるばかりであった。

＊

かような現実と調和感覚の乖離を巡って、『ウィルヘルム・マイスターの修業時代』の教養理念は形成されている。

幕がいっそう急に開いて、一人の士官があらわれ、ただ通りすがりに、「信頼のできる人たちとお近づきになりなさい」といったかと思うと、幕は閉じてしまった。そしてウィルヘルムは、この士官はいつか伯爵邸の庭で自分を抱擁し、また自分が、ヤルノを兵士募集係と思いこむもとになったあの男だと見分けるのに手間どらなかった。それがどうしてここへきたのか、彼は何者なのか、ウィルヘルムにとってまったく謎だった。「こんなに大勢の人がぼくに興味を持ち、ぼくの人生行路を知り、将来どうすべきかということを心得ているのなら、なぜもっと厳格に、もっと真面目にぼくを導いてくれなかったのだろう。なぜ彼らはぼくの遊びを助長するかわりに、それから引き離してくれなかったんだろう」

「われわれと議論するのはよしたまえ」と、誰かの声が叫んだ。「君は救われたのだ。目的地へ向いつつあるのだ。君は君の過去の愚行のどれも悔いてはならない。どれ一つも取り返したがる必要はない。人間にとってこれ以上の幸福な運命は与えられないのだ」

（『ウィルヘルム・マイスターの修行時代』高橋義孝訳）

その自己の完成を求める旅の終わりが近くなって、ウィルヘルムは、畏友ヤルノから、旅程の秘密を明かされる。彼が家を出てからの全行程は、一群の男たち、つまり「塔の結社」なるグループのメンバーたちによって導かれ、監視されていたことが伝えられるのだ。彼の歩んできた路は、半ば以上結社によってお膳立てされたものであり、彼は二重三重の保護と監視を受けながら、自らの教養の完成、ただひたすら自分自身であることを実現したのであった。

この結末は、今日の視点からすれば控えめに云っても奇異なものである。その行程があらかじめ設計されているとしたなら、なぜ彼が獲得した教養なるものが、自分自身以外の何物でもないと断言することができないのだろうか。

実際、こうした自己形成の在り方は、例えばヘーゲルの『精神現象学』が、意識の自己運動による絶対値への成長物語と考えられているのとも、著しく異なっている。

かような設定に、ゲーテの不徹底を見るべきではなく、むしろ絶望をこそ、見る必要があるのだろう。

一人の教養ある人間ができあがるまでに、天性と人為がどんなに無限の操作をしなければならないかを痛感している者にとって、また同胞に教養をあたえるために自分もできるだけ協力しようとしている者にとって、人間がこうも神を潰してしばしば破滅の淵に沈んで行くのをみると、まったく絶望してしまいたくなりますよ。（同前）

ゲーテ的な「教養」の不思議さは、例えば同様に完全な人間性の発展を追求したルソーの『エミール』と比較するとより明確になるだろう。『修業時代』は、家庭教師による教育が中心の『エミール』と異なり、社会での経験が主人公の成長を促す筋立てになっていて、その点で主人公は格段に主体的であり、逆に云えば教える側のコミットは薄い筈である。

だが、物語が結末に近づき、その放浪は、波瀾万丈に見えて、実は演出されていたことが明らかにされる。その点からすれば、けして演劇のモチーフは、『演劇的使命』よりも収縮したのではなくて、むしろより広範囲に、社会全体を舞台とした演出へと拡大したとも考えられるほどだ。

かような、見えざる手の助けを借りた自己生成という幅湊した教養観念が形成されるには、ゲーテが、イタリア体験により、自由な自己生成という発想と決別をし、調和を重視するようになったが、しかし革命の現実において、その調和がいかに無力かを目の当たりにしたために、調和の実現は、きわめて意識的かつ人為的なものとならざるをえないとされたためであう。

教養について、ゲーテが逢着せざるをえなかった結論は、自己生成としての教養を完成に導くのは、自由な自己生成ではなく、そこに何らかの秩序をもちこむ人為が必要だということであった。

だがまたゲーテにおいてはなお、その人為なるものの働きを保証しうるのは、芸術の、教養の「故郷」以外にはなかったのである。ゲーテ的教養の革新には、風土と歴史と文化の調和の、肉感的なまでの統握があり、それはまさしく彼の、芸術の故郷にほかならなかった。

その点からすれば、ゲーテにとっての教養の完成過程は、自由かつ自立的な精神の発達ではなく、レモンの花咲く島への帰還にほかならなかったのである。

第三章　若きヨーロッパ人——魂と身振り（上）

そして人間は、この創造のマギたる人間は、自然庭園では、あたかもアルカディアにあるがごとく鬱蒼と生い繁る囁く森の奥深く呑み込まれてゆくように、今では、無垢なる時代の自然のままの無垢なる大地にも似て起伏に富んだこの庭の、花咲く原野に消え失せる。その花咲く野辺は、ジャン・パウルが彼のバロック庭園でただ夢見たにすぎないもの、バロック庭園を越えて夢見たものの実現である。つまり、詩人によってはるか彼方へと投げかけられた目標であり、一世紀のあいだに達成され、現実の庭として、天上から地上に引きずり降ろされたものなのだ。そして結局、バロック庭園を広く普及させた革命と全く同様に、あらゆる形式と慣習のこの転覆をも喚起した動因は、審美的な改革熱でも、気まぐれな改革熱でもない。流行やセンセーションを望む改革熱でもない。それを惹き起こしたのは、歴史と政治と地理学と、社会、経済、そして新たな必然と化す新たな知識なのである。魂は、だが精神に決定された魂である。感情は、だが体験し尽くした感情である。衝動は、それでも深く潜んだ衝動である。バロック庭園と同様に、それは何よりも、種蒔く人の、それゆえある民族全体の庭である。バロック庭園をはるかに越え出て、それは花の絶対的な勝利を意味している。中国でも日本でもペルシアでも、花が征服できなかったもの、つまり庭全体を、花はついに征服した。花がこの勝利に到達しえたとき、これに関与した人間的要因は、アジアの心ではありえなかった。相矛盾しているが逆にきわめて親縁な、内なる声によるこのドラマは、西欧諸国民の自由な精神の、深く豊かな歴史的発展における以外に、実現できはしなかった――いや、もしかすると、大陸のさまざまな矛盾を上陸以前にまず島の空気で相殺しておかねばならなかった、自由な諸国民の精神においてのみ、と言うべきかもしれない。たしかにその精神しかありえなかった。その精神の、今や四百年に及ぶ、不断の、活動的な、神秘的な、技術的な、花への沈潜を通して、形成し創造する諸々の力が国民と社会の共有財産となったのだ――公然としかもほとんど環境と化したのである――これらの力は、今やヨーロッパに益あるものとなった。有益となった――だが、なんという状況で！

『情熱の庭師』R・ボルヒャルト　小竹澄栄訳

いつまでヴェネツィアを訪れるということは、私にとって、かなり興味深く、興奮させられる経験であり続けるだろうか？

ローマを離陸してから三十分ほどして、飛行機が夕日に輝く雲海に潜り、下降していくと、すでにアドリア海は暗い照りを、油膜のように浮かべはじめていた。私は舌打ちをしながら、それでも水路で大運河に入っていく、あの眺望を心中に思い浮かべ、カナレットが何度も摘出した黄金、紅、緑、青の色彩が展開する建築物の饗宴を何度もまのあたりにしたように思いながら、実際には体験したことのないパノラマを期待していたが、夜はかなり近くまで迫っていた。

着陸態勢に入ると、窓からラグーナを走る河の一筋、一筋が見分けられるようになり、バレーナと呼ばれる湿原や大規模な養魚場が現れ、トルチェッロやブラーノ島もはっきりと視認されてその輪郭に濃い暗さが溶け込んでいるのを悟りながらも、なお私は、明るさのなかで、ヴェネツィアに到着するというイメージと、諦めきれないというのでもなく否応のない行きがかりで決別することができないままでいた。

晴れるにちがいないというよりほかのことは考えなかった。現にこれまで彼がヴェニスを訪れた時はいつも晴天だったからである。けれども空も海も濁って、鉛のようで、それに時々霧雨も降ってきた。彼は、水路を採ってヴェニスに近づくときは、陸路を通って訪れるときとはちがったヴェニスを見ることになるのだと観念した。彼は陸地を期待しながら、前橋のそばに立って遠方を見ていた。そしてかつて、この潮路の中から夢に見た円屋根や鐘楼の浮び上がってくるのを眺めた憂鬱で熱狂的な詩人を想った。彼はまたあの当時均整のとれた歌となった畏怖と幸福と悲哀の若干を心の中で繰返し、そして早くも形成された感覚にたやすく心を動かされながら、新しい感激と混乱が、感情の遅まきの冒険が、己《おれ》という旅行くなまけ者におそらくはまだありうるであろうかと、自分の厳粛で疲れた心臓を吟味した。

（『ヴェニスに死す』トース・マン　高橋義孝訳）

ヴェネツィアという都市が、無益な、いやむしろ多少とも想念や言葉に真剣に関わりたいと願っている者にとってきわめて有害な先入見や既視感を蔓延らせるにもかかわらず、そうと熟知した者たちを引き寄せるのは、徹底的な俗悪が最も繊細な神経を誘惑するのとも異なった、自ら月並みを自認せざるをえない想念との葛藤と諦めをフリーズのように巻いては展きながら、楽しむことが出来るからだろうか。だがかような遊戯は、認識の倦怠、疲弊、もしくは自意識の擦れからくる目眩にしか期待を出来なくなった者の、絶望の先送りでしかないのかもしれない。

ヴェネツィアが、耽溺と、退廃と、そして何よりも死と深く結びついているのは、バイロン、サンド、シャトーブリアン、ラスキン、バレス、リルケといった名前とその作品のためでもあるだろうが、それ以上にかような紋切り型の、云い方を変えれば繰り返される永遠の図式の、あまりにも見事に作り上げられているがゆえに、そこから出ようとする努力が鋭敏な才能にとってこそ無意味に思われてしまい、むしろ進んで類型に身を任せるという誘惑に身を任せてしまい、かような身振りには、意識するとせざるとを問わず必然的に死が潜んでいるのではないか。類型の反復の中に現れるヴェニスと死の近親については、トーマス・マンに先んじて既にモーリス・バレスが『ヴェニスの死』の中で語っている。「夜の闇が、海原を渡り、自ら砕ける波は、生に耽溺しすぎたばかりに、永遠に繰り返されるテーマ、死を奏でる」

古びている上に乱脈をきわめた空港の到着ロビーを抜けて、波止場に向かった。緯度の違いからすれば当然と云えば当然なのだが、同じ三月であるのにローマの生温さとは異った冷たい空気が、苔の匂いとともに迫ってきた。

ポーターの案内するままに、チーク張りの小さい、モトスカフェと呼ばれるモーターボートに乗り込む。すでに陽は落ちきっていた。

深く、冷えた闇の中を、モーターボートで運ばれていく。それは、まさしく受動的な感覚で、例えば見知らぬ土地を、ただ紙片に示した所書きだけを頼りにタクシーで運ばれていき、見込みと違う方向や、存外にさびれた街路などを過ぎていく時に感じる受け身とは違う、一層抗い難く逃れ難い受動の強制を味わう。

窓の建てつけがよくないらしく、モーターボートの船室には、冷気が不断に流れ込んできた。ドライバーがかけているハウス・ミュージックの模糊とした低音までが侵入してくる。私はローマで購った薄い絹のコートの前を、自分でもぎこちないと思う手つきでしっかりと合わせた。

不格好な丸太の杭を合わせて作られた、ヴェネツィア方言でブリコラと呼ばれる水路の標べの白く塗られた尖端が、闇の中に、ぽつり、ぽつりと現れては消える。

前方に光が見えたかと思うと、顕現のように、電光に象られたバポレット（水上バス）が現れる。すれちがって行く、輝く舟を背後に見送る心持ちは、何かかけがえのない恩寵を素通りさせてしまったような不安を帯びている。

すれ違って一瞬という程の時間が経った後、バポレットが曳いていったドレスの裾のような波が、船底を叩いたかと思うと、舟は波に跳ねるように乗り上げ、すぐさま落ちた。私は、馬にも、オートバイにも乗らないが、この上下の衝動はそうした乗り物の味わいに似ているのだろうか。移動するということは、跳躍と落下の繰り返し、つまりは飛躍と拘束の間隙を縫うことだと。しかし、乗馬にはあるはずの、乗りこなすという積極的な感覚はモトスカフェには寸分もなく、跳ねるにしろ、落ちるにしろ、一方的に強いられているので、弄ばれているという不本意さは、寒さと冷気の中では不吉にすら思われ、いずれにしろ自分は、目指す処には着けず、というより本来として目指す場所など持ってはおらず、何の見積もりもないままに移送されていくのだ、という諦めと諦めの底にある投げやりな甘えが広がってゆくのを、放置してしまう。

如何に訳知りな顔をしていても、結局は拵えという程のものもない見込みと期待を抱えては、目論みを失い、当座当座にその狼狽を糊塗してきただけで、感興だの、観照だのというのは、糊塗と糊塗のあいまの自得にすぎないのではないか。実際自分がなしていることは、国際的とか何とか云う会合を渡り歩くために飛行機を乗り継いでは、仕事ともつかず遊山ともつかず、右往左往しては宛がはずれているだけだ。その途上で渋面を作って見せることこそが、一番嫌っている文化的なナルシシズムの身振りにほかならないのではないか。

バイロン卿は、『ベッポォ』において

ゴンドラは滑りぬ
黒き水面を
舟上では
丸木舟に幽われた
柩の如く
語る事
為す事
総て輪郭を持たぬ

と歌ったが、船上での所在のなさが、覚醒したら既に柩に閉じ込められてしまっている、忘れられた生還者の味わう無力と絶望の感覚に昂進していく不可逆の力は、むしろ大馬力のエンジンで動かされるモーターボートの方が激しいように思われる。

光の顕現と逃散、上昇と落下を幾度か味わって、舟は減速した。水路を抜けた舟は、荒れ果てた古い運河に入って行く。

国立造船所の裏手の煉瓦造の両岸には、雑草が生え、錆びた錨やスクリュー、鉄材などが放置されている。さびれた運河の曲がり角には、水面に板作りの小さい桟橋の上に、薄板で屋根を作った水上バスの停留所が見えて、布製の買い物袋を一杯に膨らませた老女が一人立っていた。再び湾に出ると薄い霧が立ち込めていて、朧げにいくつもの鐘楼の輪郭が現れては消えていく。

突然、闇の中の、ほのかに明るい場所が浮かび、目を凝らすとパラツォ・ドゥカーレの、細く織細な柱廊に持ち上げられた不安定なシルエットが仄かに現れる。「サンマルコ広場」と、思わず呪文めいた、独り言が口をついて、やり切れない恥かしさを覚えてしまう。だが、認めなければなるまい、そう、私は輝くような広場の威容に迎えられることを、期待していたのだ。夜目にも、この広場だけは、多くの人が出て、盛っている、その様子が伺えるかと思っていたのに、水上から総督宮と大鐘楼の合間から覗いた広場は、やけに閑散としているように見えた。


こうして彼はふたたびあの最も驚嘆すべき船着場を眺めることとなった。近寄る航海者の敬虔な視線に共和国が示しうる、あの幻想的建築物の華麗な構図を眺めることとなった。宮殿の軽快な美観、溜息橋、岸辺に沿った獅子と聖者との円柱、童話風の殿堂のはなやかに突き出ている側面、門道と大時計とを見通す景観、そういうものを眼に入れながら、陸路を経てヴェニス停車場に到着したのでは宮殿に入るのにわざわざ裏口を選ぶも同然であって、この世にも奇蹟的な都を訪れる者は現在の自分のごとく船で、大海を越えてやってこなければならぬのだと悟った。

(『ヴェニスに死す』トーマス・マン　高橋義孝訳)

大運河に面した、ホテルの船着き場には既に紺色に金モールを這わせた大仰な制服のベルボーイが立って、荷物をとろうと待ちあぐねていた。

荷物が、波に現れて斜めに摩耗した上に薄く苔がついた、微妙に足場の悪い桟橋に降ろされるのを見ながら、私は何ともいえぬ、満たされようのない不満とも、不安ともつかないものが、喉元にまで迫り上がってくるというイメージに囚われて振り切る事が出来ない。

＊

翌朝は、晴れていた。

友人が手配してくれた部屋は、大運河に面していて、大仰な窓をかなり力を入れて開けると、空気こそやや肌寒いものの、ジョヴァンニ・バティスタ・ティエポロの大画面の運河図を思わせるような、薄く青く澄んだ空が、眼前のサンタ・マリア・デラ・サルーテ教会の怒張した乳房のように張りきったドームの彼方に広がっている。

前夜部屋に届けられた果物が、腐敗臭をごくかすかに放っていた。くすんだ銀の小さい盆の上に、招聘元と、スポンサーの財団からのメッセージが置いてあり、ファクシミリの、その部屋の調度にはふさわしくない化学的な感触に軽く戸惑いながら、その日に何の予定もないことを確かめる。

ホテルはヴェネツィアの盛期を彩るさまざまな陰謀や悪巧みの挿話の中でも、比較的高名な謀反劇の主人公が建てたといわれるパラツォを改装したもので、最先端の水準から云ってきわめて快適とはいえないまでも、天井は高く、窓は広く、内装は煩くない程度に豪奢であった。

パラッツォー・レポレルリは飾りつけをした極彩色の厳めしい偶像のように、いまだにその大きな膝の上に過去の歴史を抱いていた。この宮殿で絵画や骨董品に取りかこまれ、崇拝され奉仕されているのは、豪華なヴェニスの消し去ることのできない過去だった。それを思えば、私たちが先ほど述べた真実が理解されるだろう――この朝宮殿の中をゆっくりと逍遥する彼女の気持は、ぎこちない新参者とは言え、いままでになく礼拝中の女祭司のそれだった。たしかにそれは、久しぶりに手に入れ、しばしの間大切に味わっている孤独の甘美な味わいから生まれてきた気持だった。その上彼女は、芸術作品が心に深く語りかける時、いつも孤独を必要とした。

(『鳩の翼』ヘンリー・ジェイムズ　青木次生訳)

なぜ自分は贅沢な宿にしか泊まれないのだろう。無論スノビズムや見栄もあるけれど、またこういう部屋が一番落ち着くというのも事実なのだ。落ち着くといったって、生来このような環境で育ってきたわけではないので、その落ち着きというのは、身にそなわったものではないのだが、しかしまた東京にいる時も、月の三分の一はホテルにいるような暮らしで、それはそれで馴染んでいるのだが、しかし別にどこに行くのにも、相応の格式が要求される身分でもなく、また懐具合ともはなはだ不釣り合いであるのに、こういう部屋を泊まり歩く必要もないだろうと思われ、そう考えれば考えるほど必要とか実用といった水準に馴染むことが出来ず、かといって贅沢好みといいながら、この追い立てられたような心持ちと、いつも不充足であるばかりでなく、身に沿ってはいない、余裕のない暮らしぶりのなかで、確信があるのではなく、ただもうどうしようもなく、大仰なものにだけ、何とかつきあえる空虚さを、つまりは何の根拠も欠いた「ねばならない」を見いだしてしまうからだろうか。だが、もしもそれが、何者かへの敬虔さの身振り、祭司のそれであるとすれば、すべては肯定されるかもしれない。たとえ、虚栄や逸脱の祭司であるとしても、私のような人間にとって過去とは、ヨーロッパの歴史とは、虚栄と逸脱を通して感得できるものの総称ではないか。

いつもながら着いた当初にはどうしても勘がつかめない、理不尽な小道の錯綜に悩まされて、苛立つ寸前に、サン・マルコ広場へと通じる小道に出た。いくつか名の知れた店があるけれど、ローマ、ミラノと異なって、わが同胞がたかっていないのが、情けないがなんとも快い。

回廊を潜り、サン・マルコ広場に出る。

矩形の敷石がしきつめられた長方形の広がりの中に、観光客や鳩の群れ、昼の支度にテーブルと椅子を、のんびりと広げ出したカフェ・クァードゥリの給仕たちが一望に見える。

再びまみえた　サン・マルコの鳩たち
広場は静まり返り　朝は浅く微睡んでいる
心地よい空気の冷たさ　何げなく私は歌いだす
鳩の群れたちの如く　碧空に昇っては、また降りてくる
新しき詩句よ　鳩の翼とともに駆けよ
私の幸福よ！　幸福よ！
穏やかに広がる天の屋根は　絹のように優美に　澄みきって
極彩色の教会を　宮殿を　人知れず守るのみ

だが何たる事だろう、愛と恐れと妬みが　彼らをそこなうのだ！

（『ヴェネツィア』Ｆ・ニーチェ）

視線を少し上にあげると、正面に、サン・マルコ寺院が立ち、多年の勤勉な掠奪の成果で飾られたあまりにもピトレスクな黄金の前面が、煉瓦造りの大鐘楼の、見るからに不安定な姿によって遮られ、総督宮の壁面が、かすかに見える。

どう見たって絵になってしまう、絵葉書じみた光景にいささかの反発と何とも云えない恥かしさを覚えながらも、晴れた空の下、澄んだ陽光が注ぐ中で、サン・マルコ寺院に対していると、何とも言えない快さが、心浮き立つ感じが、沸き上がってくるのを抑えられなかった。

この気分は、一体何なのだろう。それが即自的なものである、とは到底言えまい。この軽い興奮は、当然のことながら、認識にかかわるものだろう、と私は、リアルト橋に向かう、これまた込み入った小路に入り、ごく狭い踊り場で人とすれ違い、また小さい広場に突然出ては驚き、壁の間のごく限定された視界と、どこを歩いているのか、どこに向かっているのか分からない迷子の不安の中で、しかしまた足の裏からはヴェニスを歩くというどこにもない実感を感じながら、考えていた。

認識の興奮とは、震えとは、如何なるものか。その震えが、視界を切り取った構図と、その光と色彩の配合、対比に由来すると考えてしまう事自体はけして誤りではあるまい。だが、かような構成の快感は何処から来るのか。黄金律といった数字的な魔術を読み取ることは出来るだろうが、しかしまた極東に育ち、生きてきた人間としてかような生理が自分にあるのか、という疑問もあり、こうした疑いを抱くことはそのまま認識の歴史性、伝統性に思いを致す事になる。認識の歴史性といった時にそれは、無論さまざまな絵画の構図や色彩、つまりは私自身が見てきた画画の積層がそれをなしてきたとも思えるし、さらに言えば絵画だけでなく、いやむしろ絵葉書や、写真、映画といった事物による経験の方が何倍も多いに違いない。だが自分の経験という一方の極を建ててしまえば、経験の中の歴史性のようなもの、つまりは私にかような認識を強い、あるいは可能にした歴史的文脈というものと、おそらくそのような文脈のあり方と相呼応したものとしてしかありえないのだが、そうなると経験自体が底流としてもっている文脈といったものを考えざるをえなくなる。

生地屋や楽器店、観光客目当ての演劇小物売りなどが並ぶ小路から、聖サルヴァトー教会、聖バルトロメオ教会前の広場が構成する不規則な屈曲を抜けると、大運河沿いにリアルト橋を望見する桟橋に出る。

ヴェネツィア方言では河岸をファンダメンタと云う。余りにも安易ではあるが、だからこそファンダメンタルという言い回しを想起せざるを得ない。「根本的な事」と、みるからに不安な、実際冬ともなれば、増水によって水没することもあれば、いずれにしろ半醒半睡の旅行者にとっては、いつ河の中に自分を滑り落としてしまうかもしれない河岸が繋がるのが面白い。そう、根本的とは滑り易く、沈み易いということなのだ。

そしてリアルト橋。ダヌンツィオの、「豊饒の角」という形容は大仰にすぎるとしても、魚市場とワイン河岸を控え、今では使われていないとはいえ、かつて商業の中心であったドイツ商館とトルコ商館と間近に接するリアルト橋は、殷賑の名残とともに、一種の威容を感じとってしまう、このように小さく、さしたる美的特徴もない橋に。

この威容の感覚はどこから来るのか。問いを蒸し返せば、私の視覚的経験の堆積、その文脈がこの小さな橋を威風堂々と見せているのか。

ではまた、だが、ヴェネツィアはどこにあるのか。どこにあるのか、というのは、認識の文脈の話だが、もしもかような文脈の層を前提としてしまった場合には、サン・マルコ広場という対象は、あたかも捕虫網の中に飛来してくる揚羽蝶のように、あらかじめ設けられた感応の地点にあて嵌まっただけにすぎない、ということになるのだろうか。

まったく逆に、このようにも考えられるだろう、いやヴェネツィアこそが、かような認識の文脈を作ってきたのだと。ヴェネツィアこそが、様々な、文学的、美術的名前をもった者たちをゆり動かし、かような感覚を造りだしたのだと。確かにヴェネツィアが、ロマン主義文学の揺籃であった事は確かである。だが、ヴェネツィアは一体何を育てたのか。それは死へと連なる紋切り型の量産ではなかったのか。

踵を返して、サン・マルコ広場に戻り、回廊の大仰な階段を昇ってコレール美術館に行く。いつもの事だけれど、ほとんどの作品を素通りして、目当てのいくつかだけを眺める。ヤコポ、ジョヴァンニ、ジェンティーレのベリーニ一族、特にジョヴァンニの絵画に現れる聖者の、薄い紅の衣。

カルパッチョの《二人の貴婦人》は、ラスキンによって、娼婦の画とみなされた。二人の、正装した女性が、所在なげに座り、何もない画面左側を凝視している様子を、ラスキンは、倦怠と退廃と受け取り、彼女たちを娼婦と断じたのだ。現在、ポールゲティ美術館が収蔵する狩猟場面を描いたパネルが、この絵の左側であることが検証されて、ラスキンの解釈は、笑い話として葬られることになったが、しかしまた、今、この絵画だけを見てみれば、ラスキンがそう思った事、そしてその解釈が一時広く支持されたことも無理がないと思う。無論、倦怠と、理解しがたい集中の様子を、娼婦として受け取ってしまうことは月並みだが、そのような図式が私たちの内に、前の云い方を借りれば、ヴェネツィアによってはぐくまれた私たちの感性として、未だに生きていることは疑いえない。

どんな時代にも相応の偏見があり、私たちはそこから逃れられない、というのは余りにも当然で何も云っていないに等しいが、その偏見に浸っていることを一際理解していたラスキンが、ヴェネツィアの、あまりにも装飾的なサン・マルコ寺院を前にして、ゴシックの素朴さを語った事は、不誠実を通り越して痛々しいし、だがまた反復の果ての死を受け入れることは、鼻持ちならない。むしろ、決められた身振りを、振りつけられたように踊り続けるべきなのか、その疲労の果てに死んでゆくことを選ぶべきか。

ハリーズ・バーに赴き、給仕頭に多めに金をやって二階の、大運河が見える席に案内させた。だが、ヴェネツィアでの昼食と夜食は、ハリーズ・バー以外選択の余地がないのだ。ハリーズ・バー。グッゲンハイム美術館と並んでヴェネツィアのアメリカ支配を象徴しているリストランテで、どうということのないスパゲッティで九千円もとる癖に、「バー」を名乗っている店。ここにも、ヘミングウェイをはじめとする、気恥かしい意匠がたくさんはりついている。しかし、接客の華やかさ、客の多様さという点では、このような店はヨーロッパ大陸にはない。つまりは食事していて、面白いし、気持ちがいいのだ。

シャンパンと、海老のサンドイッチを頼むが、サンドイッチは出来ない、と云われて、海老のオリーブ・オイル妙めを肴に、重く厚い舌触りのシャンパンを呑んだ。だんだん酔いが回り、窓からは大運河が、強い陽光の下で、青く、青く輝いているのが見え、ジュデッカ島の鐘楼やドームが、空に映えている。何とはない心持ちの躍動が、瞬時にとめどないユーフォリアの中になだれ込んでいく。もしも、このまま死ぬのであれば、それはやはり何とも鼻持ちならない死であろうなと、ニーチェの「私の幸福よ！　幸福よ！」というルフランを思い返しながら、それだけは明晰に考えていた。

若きヨーロッパ人――魂と身振り（中）

トーマス・マンは、十年の歳月をかけて執筆した『魔の山』が成功を収め、その文学者としての名声がいよいよ世界的になりつつあった一九二六年六月、リューベックの市政七百年記念祭に際しての講演に臨んだ。その中で、作家は故郷リューベックとヴェネツィアの類縁・類似を指摘している。マンは、文壇などでリューベック出身であることを揶揄される時に、リューベックの銘菓であるマルツィパン焼き――アーモンドの粉と香料と砂糖を練り合わせて作る菓子で人形や動物などを象ることが多く、その素材から推察されるようにやや甘く、しつこい味であり、外見も野暮ったいところから、田舎くさい、子供っぽいといった印象がある。日本では通常マジパンと呼ばれる――が引き合いにだされる、と語った上でマルツィパンが侮辱になるとは思わない、マルツィパンとは、マルクスのパン、つまり聖マルクスのパンなのだ、とやや牽強付会気味の考証を披露する。

マンの、考証的想像力は駆けてゆく。聖マルクス、つまりサンマルコは、云うまでもなくヴェネツィアの守護聖人である。この「巴旦杏と薔薇水と砂糖との混合物」には、どこかしら東洋的な趣きがあり、おそらくハーレムの菓子だったのではないか。とするならば、マルツィパンは、オリエントから、ヴェネツィア商人の手をへて、リューベックにもたらされたのではないか……

ヴェネツィアとリューベックといえば、あなた方の幾人かは、私がある短編小説、すなわち、『ヴェニスに死す』を書いていることを思い出されるでしょうが、このなかで私は、この誘惑的に死と結びあっている都市、とりわけロマン的な都市で、幾分わが家にいるような寛ぎ方を見せています――そして、私は「わが家にいる」という言葉を、その全く完全な本来の意味で、すなわち、他の詩、半ばたわむれに六脚韻を暗示し、私には生都が二様にあるということを言っている牧歌的な詩に示した意味で使うのです、すなわち、一つは、港にひろがるゴシック風な、灰色のバルト海、もう一つは、入江の潟に、ムーア様式の尖塔迫持《せりもち》を、まるで東方の国の奇蹟のように、魅力的にみせる夢みるような風景として――さんざん親しんでこびりついた幼き日の遺産ですが、しかし、

どこか伝説のように異質な、常軌を逸した夢。――おお、青年の戦慄よ、
あの厳粛なゴンドラ舟が、安らかにたゆたいながら、ヴェネツィアの大運河にそって
比類なき連なりをみせる宮殿の数々を通過し、初めて青年を運んでいったとき、
まさしく初めて、青年のおずおずした足が、あの夢枕にあたためてきた、金色《こんじき》の色も綾な、
豪華な宮庭の舗石をふんだとき、そしてまた、海の潮風を一杯に呼吸する
青い青い絹のような穹窿の下で、尖ったアーチや柱や小塔や円屋根の
無数にゆたかにそびえたつビザンティン風の寺院！
彼は何かしら故郷に帰ったように気のおけない潮の香をかぎながら、取引所の開かれている

市庁舎のアーケードや、それからまた、ずんぐり低い柱廊玄関の上に、
美しい行廊をなして一段と軽やかな柱廊玄関の浮んでいる総督邸の、
かたえに群れている、自由市の乙に気どった市民たちの姿を見出しはしなかったか？
いや、私に向って否定は無用、貿易港同士、都市共和国同士の、
いや、わが故郷（リューベック）と童話、東方の夢とのあいだには
神秘にみちた繋がりがあることを！

（「精神的生活様式としてのリューベック」佐藤晃一訳）

水路に囲まれた商都であること、自治の精神が非常に発達し、商人による政治支配が都市貴族と呼ぶべき階層を生みだしたこと、片やアドリア海の覇著、片やハンザ同盟の盟主として海運の発展を通じて海上覇権を達成したこと、などの歴史的な要素を並べれば一見両者は似ているように見えるが、一歩でも足を踏み入れれば、バルト海に面した商都リューベックはいかなる意味でもヴェネツィアに類似していないことは明白である。七つのゴシック様式の塔をもつこの小都市が、牛の血液を入れて作るという黒い煉瓦の町並が、大理石の華やかさの対極にあるばかりではない。そこには富のもたらす堅実な繁栄と、多少の奢侈以外のいかなる悦楽もないのだ。故に、詩もなく、陰謀もなく、流血もなく、偉大なものは何一つない。

今のリューベックは、それが島であることにもなかなか気づけないように緊密に道路によって陸地と結びあわされ、バスやタクシーが不景気に古い街並みを走り回る、盛りはとうにすぎたけれど、店じまいをするわけにもいかないので困惑している地方の街にすぎない。もしも、一人の作家がそこか

ら生まれなければ、そこで隆盛を極め、没落した一家の年代記を小説として残さなければ今日けして話題にのぼらないような街にすぎない。鉄道でサンタ・ルチア駅を降り、改札口を抜けて大運河を目にした途端、そこが世界中のどこにもない都市だと気づかされるヴェネツィアとは、まったく違っている。

にもかかわらず、ここでマンが、ヴェネツィアとリューベックを重ねた理由は何だったのか。

この日のスピーチが、マンにとってきわめて晴れがましいものであったことは、想像にかたくない。いや、それは晴れがましいという言葉で表現するべき事態を遥かに超えた事態、勝利の宣言であった。それも真の勝利、復讐の悦楽が迸る勝利である。

トーマス・マンは、代々市の参事官や領事を輩出した由緒あるマン商会の後嗣として生まれながら、実家を衰勢から救うどころか、この実直なプロテスタントの街の価値観からすれば許しがたいことに家業を嫌って享楽的な南へと移り住んだ、笑うべき敗北者だった。生地が彼に押した烙印にたいして、彼がいかに敏感であり、あるいは苦しんでいたかは、『ブデンブローク家の人々』を読めば判然としている。作家は、一家の断絶を跡継ぎの死亡によって結論づけているが、実際には彼らが見限られたのであった。父親は、数度にわたって書き直された遺書のなかで、彼の死去とともに商会を廃絶することを、誤解しようのない明晰さで命令していた。「父は敗血症のために比較的若い歳で死んだ。私が十五歳のときのことである。彼は、聡明で押出しが立派なために、市中でも非常な名望家として勢力もあり評判もよかったのだが、家業の成行きには数年前からもう思わしいこともあまりなくなっていて、儀式の華麗なことや参列者の多数なことにかけては近来稀なものであった葬式が済んだあと、百年以上も続いた穀物商会は廃業になった。祖母が住んでいた昔からの家を売りはらったのはずっと前のことであったが、こんどは市内の邸も売却されたので、私たちは、守備隊の将校連中が都市貴族の令嬢たちに言い寄る場所になっていた、床を寄木細工張りにした舞踏室のある宏壮な邸宅から、つづまやかな郊外の庭に囲まれた一戸建ちの家へと居所を移したのである。しかし、間もなく母はこのリューベック市にすっかり見きりをつけることになった」(『略伝』佐藤晃一訳)。

だが、若きトーマス・マンは、リューベックに残され、高校を中退すると火災保険会社に入社させられた。兄のハインリヒは奔放な生活を送っていて、実業には不適格だと父に判断されていたが、トーマスにたいしては実務的な仕事に就くように希望をしていたのだ。しかし、彼もまた、後見人の弁護士をうまく丸め込み、会社をやめて遊学の路を選んだ。

家業の衰退と没落、一族の移転、実業からの離脱とその上に母親の不品行までが、狭く因習的な街で、いかに語られているか。そのような想念が常に作家を苛み、故にこそ彼は、『ブデンブローク家の人々』を書かなければならなかったのである。市民と芸術家という二項をめぐり青春との和解とその苦さを記した『トニオ・クレーゲル』にも、その緊張は激しく波打っている。彼が自ら選んだ「文学者」という烙印は、むしろ、その無能力によってあらかじめ象られていたのではないか、と思われる程に。クレーゲルは、故郷近くのリゾートで幼き日の偶像二人と再会した後、自室に戻り述懐する。「彼は着物を脱ぎ、身を横たえて、灯を消した。彼は二つの名前を枕の中に囁いた。彼にとっては本来の根本的な愛と苦悩と幸福との本質を、生命を、単純で切実な情念を、故郷を意味する、あの清らかな北方の幾綴りかを囁いた。彼はあの当時から今日の日までのあいだに流れ過ぎた幾年かを顧みた。自分が生きぬいてきた官能と神経と思想のすさんだ冒険を回想した。そして、皮肉と精神とに食い尽され、認識に荒らされ痺らされ、創造の熱と悪寒とにもう半ばすりへらされ、極端な二つの世界のあいだを、神聖と激情のあいだを良心の苦悩にさいなまれながら翻弄され、狡猾になり、貧しくなり、冷たい人工的に作りあげられた興奮状態に精根を使い果し、混迷しすさみきって悩まされ病みほうけた自分の姿を見た。――そして、悔恨と郷愁にすすり泣いた。／あたりは静かで暗かった。けれども下からは、楽しく心をゆするような生の甘い陳腐な三拍子がかすかに耳元へ響いてきた」（高橋義孝訳）

ある一族の一代記が、長編小説として成立し、文学史を記しづける傑作としてみなされる（実際、どれほど多くの類作が書かれたことだろう）ためには、いかなる条件が必要だったたか。マン自身は、ゴンクール兄弟とデンマークなどの家庭小説を念頭において書いているうちに、長大になってしまったと語っている。たしかに、この作品のなかに、ゾラのルーゴン・マッカール叢書において、もっとも明確にあらわれているような、数世代に渡って一族を描くという自然主義小説の問題意識を認めることは間違いではあるまい。しかしマンには、ゾラを動かしていた、遺伝という要素によって一社会全体を、その生成と発展のメカニズムを描き尽くそう、などという意図はまったくなかった。彼が関心を向けたのは自己自身であり、しかもその自己は、遺伝とか無意識といった領域で照射される自己ではなくて、都市貴族の一員としての、古い聖書の余白にその歴史が書き連ねてあるような、一族の末としての自分にほかならなかった。「私の祖先はドイツが世界の隅々へ、そして極東にまで「ドイツは都市の国である」証拠に送りだしたあの種のニュルンベルクの職人ではなかったか？　彼らはメクレンベルク州で参事会員の地位を占めていた、彼らは「ローマ帝国の商人」であった、彼らはリューベックへ移ってきた、――そして私は、彼らの家の歴史を、すなわち発展して自然主義的小説になったひとつの都市年代記を書くことによって、つまりかつての市民時代の著作物ともども書架に並べられるような一冊のドイツ的な書物を書くことによって私が自分で何となく考えていたほどの変化を示してい

ないことを証明したのである」(『非政治的人間の考察』青木順三訳)

その証明とは、一家の没落を、リューベックの殷賑そのものの、現代的なもの、実務的なものによる破壊と重ねて描く、郷愁の甘やかさの、そのイロニーの勝利にほかならなかった。反時代的なものの、敗北における凱歌であった。ドイツが国民国家として統合され、鉄道が全面的に配備されていく過程で、リューベック式の商売が産業資本と金融資本と手を携えた商社によって敗北したのであるのだとすれば、一家の没落は、けして汚名ではなく、むしろ優れた者たちの受ける宿命ではないか。この実用的な時代に、適応できなかったことが恥と云えるのだろうか。「「実践的な理想か……いかん、そうなるとわしには賛成でけん!」老は腹立ちのあまり訛りが出てしまった。「そんなことじゃから、職業学校だ、技術学校だ、商業学校だ、などといったものが次々にお目見えして、ギムナージウムや古典的な教養はにわかに馬鹿げたものになってしまう。鉱山や……工業や……金儲けのことしか世間の頭の中にはない……結構じゃ、どれもこれもな、たいへん結構! だがな、別の面から、長い目で見ると、少し阿呆らしい——どうだ? なぜわしがそういうものを侮辱と感じるのか、わしにもわからん……」」(『ブデンブローク家の人々 ある家族の没落』森川俊夫訳)

彼がけして裏切り者ではないことを、むしろ正統的な後継者であることを闡明すること。それはしかし喪失の、没落の代償では無かった。代償として書かれたのではなく、そのようにしか発見されないものだった。保険会社や商事会社で、数字に取り組むことでは、けしてそれは発見され得ないのだ、故に彼は正しく、彼は勝利したのだった。

殷賑をきわめるリューベックは、もはや作品の中にしか存在しないという事をこの講壇でトーマス・マンは通告したのだった、『アエネーイス』においてウェルギリウスがローマ帝国の興隆を描いて、叙事詩のなかにトロイの末裔の栄光を永遠ならしめたのとは逆に、その滅亡を描くことで、その栄光を永遠ならしめようとした。だが、ブロッホもそう信じたように、ウェルギリウスは、『アエネーイス』の草稿を焼こうと試みたのであった。マンはその郷愁のなかで、復讐を果たした。街を彼自身のものとする、という復讐を。作品の中で、運命と時代から手酷く扱われ、一家の没落を底まで見届けることになる女性の、娘時代の視線の下に作家は懐かしく、親しく、リューベックの町並を描く。しかし娘が強い一体感を街にたいして持つのは、彼女が一家への責任感、ひいては都市が奉じる価値観に忠実であるために、恋を断念したがためなのだ。

やがて渡船場につき、イスラエルスドルフ並木道、イェールザレムベルク、ブルクフェルトを過ぎた。車は、右隣に刑務所の高い塀がそそり立つブルク門をくぐり抜け、ブルク通り沿いに走ってコーベルクの広場にさしかかった……トーニは灰色の破風屋根の家並、街路の上に吊してある石油ランプ、聖霊病院と、その前に並んでいる、すでにほとんど葉が散ってしまった菩提樹などを眺めた……まぁ、何もかも、以前のとおりちっとも変っていないわ！　古い、忘れてもいい夢ででもあるかのように思い浮べていたものが、少しの変化もなく厳然とここに立っていたというわけね！　これらの灰色の破風屋根は古いもの、なじみのもの、伝来のものの象徴であり、トーニは再びこれを受け入れ、今や再びこれの中で生きていくことになったのだ。もはや涙は流していなかった。物珍しげにあたりを見回した。これらの街路を目にし、そこに歩いている昔なじみの顔を見かけるうちに、あの別れの悲しみはほとんど感じなくなってしまった。その瞬間――馬車はブライテ通りをがらがら音を立てながら走っていった――運搬夫のマティーゼンが通りかかり、うやうやしくそのけば立ったシルクハットを脱いだ――その荒っぽい職業向きの顔を見ると、まるで、わしゃ確かにつまらない男というところだなあ、とでも考えているようだった……！

馬車はメング通りに折れ、ブデンブローク邸の前でふとった栗毛どもは大きな鼻息を立て足踏みしながらとまった。トムが慎重に妹の下車を助けているうちに、アントーンとリーネがかけ寄ってきて、紐をほどいてトランクを降ろした。しかし家の中に入るのは待たなければならなかった。丁度三台の大きな輸送馬車が並んでそろそろと表口から入って行くところだったのだ。三台とも、はち切れそうな穀物袋を高々と積んでいたが、袋には太い文字で黒々と『ヨーハン・ブデンブローク』商会と記してあった。三台はぎしぎし音を立てながら広い石畳の上を通り、平たい段を超えて中庭へ降りて行った。穀物の一部は裏の別棟に積まれ、残りは『鯨』か『獅子』か『柏』のいずれかの倉庫に移されるのだろう……

（同前）

にもかかわらず、ここで解消しえない問いとして残るのは、この席において、なぜマンが、リューベックをヴェネツィアとの類比、あるいは関係の内に語らねばならなかったのか、という事である。それはリューベックもまた、ヴェネツィアのように、かつての商業都市から、観光の、文化の、詩の都市に変容したという意味であろうか。リューベックが産業、商業によって殷賑を極めることはもはやない、という事、そのような生命の炎がもはやかき消されたという事は事実だろう。だがリューベックに詩の一片もないこと、あるとすればこの作家自身の筆のなかにしかないことも明白なのだ。リューベックにとっての没落とは、せいぜいハンブルクの影に隠れるようになったという位のことであって、ヨーロッパの命運とその文芸全体を左右するような事態ではありえない。

それでは、なぜヴェネツィアが言及されたのだろうか。

それは故郷を保存しつつ、自らの祖先とあり様を明らかにしつつ、何物かのために流離させてしまうに等しい行為ではないのか。

そこにはむしろ価値の流竄を見るべきなのか。

明らかなのは、この折り返しによって、ある種の表象が、つまりは自分を自分として演じる、あの身振りが、ある紋切り型のなかに自分を納めることで自得して見せる、鼻持ちならなさが、瘆いているということだろう。

ならばこの問いはこのようにも切り返せるものだろう、なぜ『ブデンブローク家の人々』のような作品が可能であったのか、と。そこには一つの文明の死にいたるまでの成熟と、存外に子供じみた単純なイロニーの、腑分けしがたい屈託がある。

*

M・フーコーは主著『言葉と物』において、重商主義における貨幣の価値のあり方について、十六世紀までは貨幣の価値の源泉をそれが貴金属であることのみにおかれていたのに対して、十七世紀になり重商主義が台頭すると、希少性は退ぞき、交換における価値が、「富」の表象能力が貨幣の価値の本質として理解され、論じられるようになった、として以下のように書いている。

金《きん》が貴重なのはそれが貨幣だからで、その逆ではない。このことによって、十六世紀においてかくも厳密に定められていた関係は転倒され、貨幣は（そしてその材料となる金属も）その純然たる記号《シーニュ》としての機能からその価値を受けとることとなる。このことから必然的に二つの帰結がもたらされる。まず、物の価値が金属に由来するものではなくなることだ。物の価値は、貨幣に依拠することなく、有用性、楽しみ、稀少性という規準にもとづいて独自に決定される。さまざまな物が価値をもつのは、それらの相互関係によるのであって、金属はたんにこの価値を表象することを可能にするのにすぎない。それはちょうど、名が、心像や観念を表象しはするが、それを構成するわけではないのとおなじである。「金《きん》は物の価値を実際に運用するための記号《シーニュ》であり、そのために常用される道具にすぎない。価値のまことの評価は、人間の判断力と、評価力と呼ばれるあの能力とにもとづいているのだ。」われわれの観念が、それらをわれわれが表象するゆえにこそ観念であるように、富はそれをわれわれが評価するゆえにこそ富なのである。貨幣という記号《シーニュ》や言語記号《シーニュ・ヴェルバル》は、そのうえに補足的に付加されるものにすぎない。

だがしかし、それ自体としてはほとんど富といえない金銀が、なぜこのような記号《シニフィエ》となる能力を受けとり、あるいは獲得したのだろうか？　何かべつの商品を、「たとえそれがいかに無価値で卑しむべきものであろうとも」、この目的のために利用することができるはずである。おおくの国で安価な物質という状態にとどまっている銅が、特定の国では貴重なものとされるが、それは銅が貨幣に変形されるからにほかならない。けれども一般には、それらの包蔵する「固有の完全性」ゆえに金銀が用いられる。ところでこの完全性は、値打の次元に属するのではなく、金銀のもつ無限の表象能力からくるのである。金銀は、硬く、永続性があり、変質しないうえ、微小な粒に分けることができ、重量が増してもかさばらず、運ぶのも穴をあけるのも容易である。こうしたことすべてが、金銀を、他のあらゆる富を表象し、分析によってそれらを厳密に比較するための、特権的な道具とするのだ。こうして貨幣と富との関係が規定されるだろう。
（『言葉と物』渡辺一民・佐々木明訳）

フーコーは、重商主義にいたって、貨幣が富それ自体ではなく、富の表象、記号に没落したことを示し、同時に金銀といった希少金属が、その神秘的な尊さによってではなく、記号としての適性、可塑性や永続性によって貨幣に用いられるようになったと解釈されるように結論づける。

フーコーは、『言葉と物』の他の個所で、ラブレーやセルヴァンテスの作品を、その当時の記号とその表象能力の問題とからめながら論じているが、重商主義時代を代表する文学については、ラシーヌなどの名前を挙げながらも立ち入って分析をしていない。フーコーに代わってという訳ではないが、もしもこうした重商主義の理解を、ラシーヌの古典主義悲劇に適用すればどうなるだろうか。

ラシーヌの古典悲劇を、エウリピデスなどのギリシャ悲劇と比較した場合、もっとも顕著であるのは、その固有名に対する態度、劇中人物の視線だろう。

ギリシャ悲劇において、あくまで登場人物は、その者自身としての運命を生き、その運命と疑う隙もないほどしっかりと結びついている。観客は彼らの宿命の苛烈さ、彼らに襲いかかる転変を、戦慄しながら眺める。ギリシャ悲劇の登場人物は、アガメムノンはアガメムノンであるがゆえに、エレクトラはエレクトラであるがゆえに、舞台に上がり、彼ら自身のものである運命を提示して見せるのだ。

一方、ラシーヌの悲劇にも、同様にアレクサンドロスやティトゥスといった歴史的な人物があらわれる。古代ギリシャ劇と同じ登場人物も数多い。しかし彼らは、観客たちとたいして変わらない感情や判断をもっている人物として現れる。彼らの悲劇は、圧倒的な宿命によるものではなく、自身のなかに燃え盛る情念と、その情念が導く行動によって引き起こされるものであり、その衝動がもたらす破綻を何とか防ごうと、登場人物たちは理性を極限まで働かせるのだが、しかし彼らの意志は互いに通じず、齟齬が齟齬を生み、大きな破局を迎えざるをえない。

ラシーヌの悲劇においては、観客は彼らの心中をくまなく理解することが出来、理解できるからこそ、彼らの意志に反して事態がいよいよ緊迫していく、そう仕向けてしまう人間の感情と理性、そしてそれを伝え、理解する能力の不足に絶望感を抱く。

つまり、ギリシャ悲劇において、登場人物は、誰でもないその固有の存在として登場しているのに対して、ラシーヌの作品において登場人物は、観客の感情移入の対象なのである。たしかに高名な諸人物が、その高名な運命を知られている通りに生きるのだが、大事なのはその破綻への道筋が、不可思議な宿命としてでなく、感情と理性の力学の上で了解される事である。

こうした対比から、ラシーヌと重商主義を関係づけると、このような図式が現れるのではないか。重商主義において金銀にあたるものを、ラシーヌにおける固有名におきかえて考えてみよう。固有名が固有名であるがゆえに、劇が成立するというギリシャ的演劇観を、金が金であるから貴重であり、価値の尺度たりうるとした従来の経済学に類比すれば、ラシーヌは固有名を、観客の感情と判断の表象の媒体として使っている。彼らの存在と行動は、さまざまな感情や欲望――恋、嫉妬、憎悪、怒り、悲嘆、絶望など――の記号なのであり、その記号を通して、彼らに感情移入をすることで、観客はみずからの感情と感覚を全面的に体験する、そのような表現と出会うことになるのだ。

つまりは重商主義においては、交換価値として示されたものが、ラシーヌにおいては感情移入としてあらわれている。金が、表象能力によって記号として用いられているように、ラシーヌにおいて歴史的人物は、感情移入のし易さによって用いられているにすぎない。

　金の記号としての表象能力は、紙幣というそれ自体まったく価値がないゆえに無限の柔軟性と、量的自由を備えた、正真の記号、数字それ自体に最も近いものによってとって代わられる。同様に、文芸においてもラシーヌにおいて一般人の感情移入の対象だった歴史的人物は、その後、まったくの無名人、任意の誰でもありうる一般人にとってかわられる。

　かような一般人の像を提示し、その一般性ゆえに、全ヨーロッパの若者たちの過剰な感情移入、自己同一化をまきおこしたのが、ゲーテであることは云うまでもないが、しかしまたゲーテは、自らが紙幣であることに潔しとしなかった。その感覚を、『イタリア紀行』はよく伝えている。云うなれば、イタリアは、特にヴェネツィアは、黄金の術、金貨で出来た人工島であった。果して、マンのリューベックは、どうだったのか。紙幣の、数字の都市にすぎなかったのか。

若きヨーロッパ人——魂と身振り（下の一）

M・フーコーの『言葉と物』における重商主義の分析を材料にして、ラシーヌの古典悲劇について前回論じた。その折に問題としたのは、ラシーヌにおける固有名と観客の感情移入の可能性の拡大の併立という作劇上の構造の問題が、重商主義における貨幣の、金という材質自体の価値と、流通価値の尊重の並立と通底しているのではないか、という問いをなげかけたのである。

だが問題は、歴史と装飾、名前と金襴に纏われた、余りに纏われたためについにトーマス・マンに『ヴェニスに死す』のような戯画を描かせた街、ヴェネツィアである。

ヴェネツィアに数日間いると、〈ハリーズ・バー〉の好ましさが変わってくる。あるいは深化していく、と云うのはたかがリストランテにたいしては大仰すぎるだろうか。いずれにしろおそらくイタリアでもっとも高価かつ上客を集めるリストランテでありながら、そっけなく「バー」を名乗り、内装も簡素であり、何ということのないカルボナーラに十万リラ近い価格が設定されているのかが理解できるようになってくる。ヴェネツィアにおいては、この簡素さが、つまり贅沢でありながらシンプルであると云うことが、この上なく貴重なのである。

かような素朴な贅沢さを、〈ハリーズ・バー〉を支持し、育てたアメリカ人たちの、バイロンからラスキンに及ぶイギリス人たちのピトレスクな壮大好み、厳粛好みへの批判と受け取ることも出来るだろう。もっとも現在の〈ハリーズ・バー〉に喜々として集うプレッピィ崩れのアメリカ人たちが、かような趣味や文脈をふまえているとは思えないが。

だが、〈ハリーズ・バー〉の感覚がアメリカ的なものから遥かに離れていると思わされるのは、その数あるオリジナル・メニューの体裁によっている。例えば世界で最も高名なシャンパン・カクテルである、熟しきった桃のネクターをシャンパンで割り、背の低いタンブラーで供される、この仄かに紅がかった桃色のカクテルはベリーニと呼ばれる。ジョヴァンニ・ベリーニの絵画で、聖母マリアの上衣などにあらわれる紅を連想してのことらしい。

あるいは生の牛肉を薄く削ぎ、マヨネーズのソースを滴らせた、これもまた世界中のイタリア料理店のみならずフランス料理からファミリー・レストランでまで供される料理は、ヴィットーレ・カルパッチョの淡く、しかし大胆な画面構成に依拠する形でカルパッチョと呼ばれる。

私がやや感心するのは、ベリーニ、カルパッチョという名前の選択の感覚である。それはやはり絶対的に、ティツィアーノやティントレットではならない、彼らのようなヴェネツィアを代表する、ピトレスクな画家であってはならないのである。

それはまた〈ハリーズ・バー〉という世界一高名なリストランテの、その素朴さが放つ光芒が、ヴェネツィアという世界で一番複雑に悪く凝った街の反照にすぎない、という事を示しているのかもしれないが。

＊

故にヴェネツィアで絵画を見て、訪ねて歩くことは、この世界で最もピトレスクな市街に対抗している、もっとも絵画的な絵画を巡っていくことにほかならない。故にそれは、かなりの緊張と、あらかじめ約束された辟易の吐息を食道に抑えながらの挑戦にならざるをえない。

その朝、リアルト橋を越えてサン・ポーロ地区に足を踏み入れる決心をした。

朝方、リアルト橋を渡ることは、かなり愉快な経験ではある。橋の両側の貴金属店や土産物屋はまだしまっており、昼間は観光客がひしめく通りに、向岸に猫車を押す男たちが溢れている姿が橋の上から望見できる。野菜や魚を積んだ平たい舟が浅橋で押し合いをし、魚市場を中心に肉、野菜、香料を扱う小店が肩を並べ、どの店もぶっきらぼうな男たちの怒号に包まれている。生活感のない、ヴェネツィアという舞台で、ここだけが生々しい生き食べる勢いが現れている。といってもそれは生活者のためではなく、街中のリストランテ、トラットリアに集う客たちに供されるものなのだが。

ハムやソーセージといった肉類を扱う店が集まった角を曲がると、バーカリと呼ばれる居酒屋が密集している。いずれも市場に集う料理人や仲買人相手の店で、朝から盛況だ。ワインをグラスで売り、つまみを小皿で売る、カウンターだけの立ち飲み。友人に教えてもらっていた店を捜し当てると、一杯五十円位の安酒から、五千円位の超高級酒までをグラス売りしている。

ヴェネツィア方言では、バーカリで呑む一杯のワインを「オンブラを呑む」という。オンブラとはイタリア語で影のことだ。フランスの出版社から出ているガイドブックでは、暑さから逃れて日陰で冷えた白ワインを呑んで、一息いれることから転じたともっともらしいことが書いてあった。だが、この辺りはもともと建物が密集していて、陰には不自由をしないのだ。それにしても「影を呑む」とは、不思議に本質的な云い回しではないか。大柄な仲買人たちのヴェネート訛りの会話を聞きながら、やや蜜の香りのする白ワインを嘗めていると、まったくこれまでにどれほどの影を呑んでしまったのだろう、とシャーミッソーの登場人物のような気分になってくる。鼻孔の奥で、小火の後のような、くすんだ匂いがする。

バーカリの連なる路地から、見通しのきかない小路に入り、地図と勘を頼りにいくつもの複雑な角を曲がると、突然に開けた広場に出る。サン・ポーロ広場は、散歩者に迷路を抜けたという安心感と充実感を与えるが、それには仮初めの虚偽で、ここは何の到達点でもない。広場にはせいぜいロレンツォ・デ・メディチ――イル・マニフィーコではない――の暗殺という記憶と、物好きにもカサノヴァを養子に迎えた貴族の居館が立っている位だ。広場の名前の由来となったサン・ポーロ教会は、あまりにも頻繁に改築をしすぎたので、さまざまな様式が入り交じり、よほど根性の枉った好事家が各部の時代想定をするのに使うのでもなければ、意味のない建物だ。

教会の脇を抜けて、またいくつもの路地をくぐり抜け、小橋を渡るとフラーリ教会のファサードを目前にする。フラーリ教会はサン・ポーロ教会とは対照的に十五世紀の建設以来ほとんど改修を経ていない。その白大理石をふんだんに使った外装はもとより、マルコ・コッツィやアントニオ・カノーヴァ、ドナテッロなどの手になるカソリック美術の粋を集めた内部は、辟易しつつも感嘆せざるをえないものだ。

もっとも高名なのが、中央の後陣奥一杯に描かれたティツィアーノの《聖母被昇天図》だろう。深紅のガウンを纏った聖母が、セシル・B・デミルの映画のヒロインのように、両手を広げて空を見上げる姿は、余りに思い入れがたっぷりに溢れるとともに劇的でありすぎるが、しかし画面だけで劇的すぎるなどと云っているようでは、この画面と対決しきれない。画面の前から、名総督フランチェスコ・フォスカリの墓碑銘あたりにまで退くと、その演出の全貌が明らかになる。その教会ドーム全体の迫力は勿論として、マルコ・コッツィの手になる、複雑かつ華麗な彫刻が施された聖歌隊席が、まず手前に厳粛な前景を形作り、さらにその後ろに金色の主祭壇のアーチが架けられたその真ん中を断ち割るようにして、ティツィアーノの聖母は、天に向かっていくのだ。思わせ振りなどという水準をこえた徹底した演出の、豪華や華麗といった言葉の顔色をなからしめる、徹底が展開されている。サン・マルコ広場のような、どうしたって絵になってしまう光景を前にしながら、「絵」を描くということへの覚悟の壮絶が集約されている。

フラーリ教会を出ると、すぐにスクオーラ・サン・ロッコに着く。スクオーラは、ヴェネツィア独特の信徒組合で、聖職者を介在せず、平信徒が宗教行事を行う集団であり、学者によっては後のピューリタンの信徒集団と比較する者もいるらしいが、実際には市民貴族に政治的実権を独占されていた平民たちの相互扶助のための団結組織の色合いが濃かったようだ。しかもスクオーラは、職能団体のような職業ごとの枠もなかった。スクオーラ・サン・ロッコは、スクオーラのなかでも有力なスクオーラ・グランデの一つで、十五世紀末のペスト流行に際して、患者救済に積極的な役割をはたしたところから、政府から広い土地を提供され、その土地にバルトロメオ・ボンら高名な建築家の手になる会館を立てた。

今日ではスクオーラ・サン・ロッコの名前は、会館の内装を担当するとともにスクオーラ自体の会員でもあったティントレットと切り離すことが出来ない。コンペに完成品を持参し、さらには全館の内装を無償で引き受けるという手管で、会館の内部を自身の作品で埋めることに成功したティントレットは、《受胎告知》をはじめとする作品で、その画家としての資質、つまりはコントラストの激しい色彩と光線の横溢、きわめて劇的な場面横成、派手な人物の身振りと表情を好き放題に展開している。闇はあくまで暗く、光りは常に燦然とし、人物は誰もが派手な色の服を着て、手をふりかざし、首をねじ曲げ、目を見開いている。

一枚の絵でも腹一杯になりそうな、余りにもピトレスクな絵画が、思わせ振りな肢体が、約五十枚分も、この会館にはつまっているのだ。

＊

このように改めて問うことは、冒瀆以外の何物でもないのだろうが、こうしたヴェネツィア派の派手な画面の前に立つ時、私はこれは芸術なのか、と自問することを抑えられない。そして、矢張りこれは芸術なのだ、と考える。

だが、なぜこれらの、余りにも劇的な、云い方を変えれば余りにも俗っぽい表現の横溢した作品は、芸術と呼ばれるのだろうか。

それが見事な線で、筆使いで、色彩で、構成で描かれているからか。それがまぎれもなく西欧絵画の歴史の一齣として銘記されるべき、意味と文脈を帯びているからだろうか。

私は、このような感慨をルーベンスの作品を前にした時にも、しばしば持つ。あの弛んだ、あふれ出るような肉塊の迫力は別として、工房で量産された代わり映えのしない構図と色彩の群れ。大根役者と罵りたくなるような、人物たちのわざとらしい見得の共演。にもかかわらず、やはりルーベンスは芸術なのだ。その芸術たる所以、芸術が非芸術の岸辺で止まる所以はどこにあるのだろうか。

この問いを鮮明に問うために、非芸術の側でぎりぎり芸術に近いものを挙げて考えてみるのならば、彼を非芸術と呼ぶことに多くの異論があるだろうし、私もまた非芸術としてもその存在の大きさを認めないではないカスパー・フリードリヒについて考ざるを得ない。一七七四年に生まれたフリードリヒは、今日ドイツのロマン主義絵画の祖として、一部に熱狂的な信奉者をもっている。先年ミュンヘンの古書店で資料を集めた時に、予想を数倍する画集や伝記、研究書が流通しているのを知って驚いたほどだ。過って弟を死なせた経験からきわめて陰鬱な性格になり、自然景観のデッサンから初めて独自の画風を築いていった。ゲーテを強く尊敬し、特に『ウェルテル』には心酔していたらしいが、ゲーテは全く評価していなかった。二人は一八一一年に一度だけまみえているが、この機会はフリードリヒにとってはきわめて心外なものでおわったようだ。トーマス・マンは、『ワイマールのロッテ』においで言及し、ゲーテの取り巻きの若い娘の口から、ゲーテのフリードリヒへの拒否感(「こんなものが出てくるなんて許せない」)を表明させている。

ゲーテの反応は、多少とも道理があるものだと思う。それは、ゲーテがもっとも嫌うような形での、ロマン主義の受容の型を示していると同時に、『ウェルテル』に熱狂した、ゲーテの崇拝者、理解者と自任する文学的大衆たちがいかにも好みそうな形象にほかならなかったからである。

フリードリヒの作品と云えば、高い山上に、十字架が一本立っている構図とか、あるいは氷河の割れ目を、繊細な神経を使って彩り鮮やかに描いたものなどがあるが、私がもっとも鮮やかに記憶しているのは、ガリマール社の10/18双書に収録されたA・ゴビノーの『ラ・プレイヤード』のカバーに使用されていた、湖水の辺りで泣き崩れる三人の若い男女を描いたものである。

フリードリヒの存在が、ある意味で大きいと先ほど記したが、それは彼においてこそ、今日の大衆芸術マス・カルチャー、サブ・カルチャーの源流が迸り出ていると思われるからだ。フリードリヒは、ゲーテが一度開きあわてて閉じた泉の水路を、何のためらいもなく開いたのである。

孤独感、自己劇化、ナルシシズムを甘みたっぷりに放出し、大衆に自己陶酔を注ぎこむメディアとしての大衆芸術のあり様を、この不幸な画家は見事に描きだした。彼はそのままワイエスからラッセンなどに及ぶカレンダーに好適な大衆画家の祖であるばかりではない。孤独や一方的情感といった近代大衆の心理を、劇的な構図の記号的な組み合わせで表現するという地平を開いたという意味でも、画期的だった。

翻って考えれば、ティントレットにしても、ルーベンスにしても、思い入れたっぷりの派手やかな演技を展開していたのではなかったか。だとすれば、なぜティントレットは芸術であり、フリードリヒは、非芸術、マス・カルチャーでしかないのか。

この問いについて、ひとまずの答えを出すのならば、そこに固有名詞が介在するか、否かという線引きが想定できるのではないか。

ティントレットや、ルーベンスの画面は、いかな大根役者然とした人物たちが乱舞しているとしても、彼らは歴史上、あるいは神話の人物たちを演じている。つまりは思わせぶりな、臭い演技を展開して客の同情や共感、興奮、さらには劣情に訴えようとも、彼らは固有名を名乗っている。彼らの背後には、歴史が、歴史が構成する文脈が、未だに残っているのだ。

だがフリードリヒの描くのは、任意の、無名の人物であり、想像上の場所である。ゆえにそれは純粋に彼の心象から創りあげられた場面であり、純粋に彼の孤独感や絶望の表現として提出され、そしてさらに大事なのは固有名詞をまとっていないが故に見る者は媒介なしに、そこに自分の心性の投影を見ることが出来るのだ。ゆえにフリードリヒの作品はウェルテル的熱狂の受け皿として、十全の条件を備えていることになる。

このティントレットとフリードリヒの対比を、前述したフーコーの重商主義分析と重ねあわせるとどうだろう。前回ラシーヌにおける固有名の性格を、重商主義の貨幣観における金に類推をした。ラシーヌにおいてはすでに、劇中の固有名詞をもった人物たちは、自身がネロであったりティティウスであったりすることで、劇的であることは出来ない。彼らは、観客の感情的了解の水準まで降りて、彼らの共感と投影をうけなければならない。

こうしたラシーヌの作劇術と、歴史や聖書の場面を描きながら、過度に劇的な構図をとらざるをえなかった、ティントレットらの位置は、ほぼ重なると考えていいのではないだろうか。

とするならば、フリードリヒは、完全に固有名詞という黄金と縁をきった、貨幣としての流通の機構のみに依存をする、つまりその純粋な価値の表象機能に依拠をする紙幣の立場に身を置いているということになる。フリードリヒは、紙幣であるからこそ、あらゆる任意の人々の精神の表象となりえたのである。だがまたそれが非芸術であるしかないのは、あらゆる任意の人々が抱く想念というのは、けして個性的でも多彩でもなく、むしろ悲痛なほど画一的で、紋切り型であるということだ。そこでは、固有名詞と歴史によって限定されることで、辛うじて保持されていた、解釈のための文脈が断ち切られており、見る者は記号的な反射においてしか画面を見ることができない。かような解釈の理解の失調において、やはりフリードリヒの作品は、マス・カルチャーの鼻祖とみなさざるをえないのである。

数本の針葉樹が立ち並ぶなか、切り立った岩山の上に立てられた十字架の上に、何者かが裸身のまま磔刑にされている——しかもその十字架は、正面を見ているのではなく、後ろ斜めを向いており、朝日が来迎図のような具合に山の彼方から射してきている——といった《山上の十字架》（一八〇七）や、前回言及した湖水の辺りで絶望した男が泣き崩れ、女がその姿を冷ややかに眺める《リューゲン島の白亜の断崖》（一八一八）といった、安易にドラマチックな画題のみで、フリードリヒを判断してしまうのは、いかにも早計と云うべきだろう。

確かにこうしたポーズ、特に山頂に架けられた十字架を、その元で泣く女性といったディテールを加えながら何度もフリードリヒは描いている（《バルト海の十字架》一八一五、《リーゼンビルゲの朝》一八一二など）。さらに《オーク林の僧院》（一八〇九）のように、茨じみた枯れ枝を四方に張り出している冬の樹林に、破壊されてただ内陣のごく一部とガラスがまったくなくなったステンドグラスの枠だけが残った聖堂の遺構が侍立している風景や、あるいは《海辺の僧》（一八一〇）のように、画面の上からほぼ八割を水平線上の暗い空が占め、限りなく黒い海に狭く張り出した不毛の丘の上に、ごく小さく海原に向かって祈る僧侶の姿が描かれている、といったロマン派詩人のもっとも凡庸なイメージを、そのまま図にしたような画題が少なくない。

これらの画題において共通しているのは、孤独、崇高、死、恐怖といったロマンティックな感情の基本を、きわめて直接的に現しているということだろう。無論、同時代的には、こうしたイメージがある程度斬新であり、ヘヴィ・メタル・バンドのジャケットのように見えてしまうことが避けられない今日の感覚からはある程度離れて考える必要がある。にもかかわらずかような画題が、ゲーテが語ったように疑似芸術的、大衆芸術的であるとするならば、画像自体のイメージ、特に山頂の十字架磔刑といった非現実的な設定を臆面もなく採用しているところから齎される、いかなる解釈の努力も必要としない、画像が意味と直接的にくっついた有り様故である。

先程、フリードリヒの画題について、凡庸なロマン派詩人のそれと云ったけれども、しかし詩においてかようなイメージの想起は、かなり安易なものでも、なお個々人の解釈に委ねられている。だが絵画において、直接的にこのようなイメージが、実現された場合、それは挿絵的なものになってしまう。だがフリードリヒの場合に問題なのは挿絵的なものを本体としての作品として提示したことではない。そうした提示のあり様は、同時代の歴史画にも見られたことであった。むしろ問題は、フリードリヒにおいては挿絵ですらないこと、漠然としたロマン的イメージを自らの手で、「独創的」に作りあげてしまったということである。

つまり、フリードリヒにおいてはただ表現だけが問題になってしまう。フリードリヒには解釈がない、歴史なり、聖書なり、文学作品なりのテキストを解釈した上で、表現をする、あるいは表現が解釈にフィードバックされるというような過程が徹底的に欠落している。そしてかような解釈の表現からの脱落は、固有名の画面からの脱落という事態と正確に呼応している。

解釈の脱落という事態からフリードリヒを考察した時に、ゲーテが彼に向けた嫌悪が推測できるように思われる。ゲーテは、フリードリヒの作品のイメージが、あまりにも安易にロマンティックなものだったから忌避したのではないだろう。ゲーテは、フリードリヒの作品のなかに、まさしく自分の作品、『ウェルテル』を襲った大衆的興奮の結晶を見てしまったのではないか。

前章で、『ウェルテル』の引き起こした熱狂がどのようなブームを巻き起こしたかについては詳述した。ヨーロッパ中の都市に、ウェルテルを気取った、黄色のジャケットを羽織った青年たちが闊歩し、チョコレートの箱や香水の瓶のラベルに、この永遠の恋人たちの画像がはりついている。こうして大衆化してしまったイメージが一度、作品に張り付き、そのためにさらに作品が流布される過程の中で、作品自体のイメージが固着し、解釈の可能性が、チョコレートの箱絵に乗っ取られてしまったのである。

この苦い経験が、ゲーテに古典への、教養への転換を促したのだが、カスパー・フリードリヒの作品は、そして彼の作品が一部のロマン主義者にもたらした熱狂は、『ウェルテル』が生起させた大衆的な愚行の波が、ついに「芸術」の衣をまとって現れたかに見えたのであろう。

だが前述したように、かような画題のみが、フリードリヒを非芸術としているのではない。むしろ画題は捉えやすい問題ではあるが、しかしイメージだけならば、フリードリヒをこうも問い返すべき「非芸術」とはしなかっただろう。つまりフリードリヒは、芸術の閾い、その大衆化が描き出す芸術の淵において、芸術と非芸術の端境として見せているものは何なのか。

フリードリヒは、これまで挙げたようなロマンティックな画題をもたない、純粋な風景画をたくさん描いている。というよりも、むしろその画家としてのキャリアのはじまりから一貫してフリードリヒは、風景画、特に山野と樹木といったものを、簡単なスケッチから大画面の作品にいたるまで最も多く描いており、その点からすれば《山上の十字架》のような画題をもった作品は異例なのである。

では、そうした風景画においては、フリードリヒはロマンティックなイメージと一線を画しているのか、というとそうではない。むしろ逆と云ってもいい。風景画においてこそ、フリードリヒの、大衆的な、ロマンティシズムの本質が現れているといってもいいほどである。

例えば《大狩猟場》（一八三二）という作品を見てみよう。沼地の点在する草原に、解りにくく白い狩猟旗が立っている。意味ありげなのはその旗一本であり、何よりも印象的なのは、夕暮れに、やや橙がかった黄金の残照の輝きであり、その残照のなかに、すでに夜の暗さが紫色の雲を筋のように投じ、さらに地表の沼地にその輝きが照りあっている様は、なかなか見事であるが、しかしまたその空の色、光と闇の交ざり方が、ある種の感情の表現にほかならないこと、そのためにきわめて細心でありながら、また大胆でもある色調から山野のプロポーションまでが「創造」されていることは、きわめて明瞭である。

あるいは《朝日の中の村の風景》（一八二二）を見てみよう。この作品でも、空の夜明けのニュアンスが、きわめて印象的に描かれている。空の下の山は、爽やかな葡萄色で染め上げられ、その山影の手前には明るい陽ざしがすでに降り注ぎ、そして画面のもっとも手前に位置する老いた樹木は、まだ暗がりの中にいる。

フリードリヒの風景画を、ロマンティックな十字架などの作品よりも問題にしなければならないのは、「風景」という対象を、きわめて克明に描きながらなおかように主観的かつ感情的に扱った画家は、それまでいなかったからである。

周知の通り、近代絵画において風景画は、歴史や神話を題材とした絵画が陥ってしまった表現主義的な隘路を突き破るジャンルであった。画家たちは、モデルや衣装、装置などを駆使して、眼前に歴史的「場面」を構成するという形でのデッサン――現実への参照を、画家自身の創意ではまったく左右できない、自然の事物と対面することで、より本質的で深い現実との相関へと踏みだしたのである。云うなれば風景画は、絵画におけるリアリズムの門口であった。そこでは風景は、画家にたいして、自然への敬虔さと、そこからフォルムと色価を把みとるべき、大いなる他者として存在している。無論、視点なり、あるいは描線や彩色は、その他者にたいする画家の解釈と表現の裁量に任されているのだが、それでも風景画が風景という他者にたいする敬虔さをその本質としてもっていることには変りない。

ところがフリードリヒの風景画においては、風景は、つまりは現実は、画家にたいして他者性をもってはいないし、画家はいかなる意味での謙虚さももっていないのである。

と同時にここが難しいところなのだが、その遺稿などからも推察できるようにフリードリヒはかなり勤勉に、戸外で素描を行っていた。残された風景の素描は膨大なものである。素描から得た、発想や細部は、作品自体に生かされていたことはほぼ間違いないだろう。だがそれはあくまでも、フリードリヒの内的な感覚、ロマンティックな気分を表象するための道具であり、素材として用いられたにすぎず、現実の木々や、山影のニュアンスとして尊重されることはなかったのである。

フリードリヒの風景画は、ゲーテが『ウェルテル』で展開した自然描写と似ている。『ウェルテル』において、主人公の独白や手紙の中で語られる、田舎町の風情や、ピクニックでの田園風景、夜の森などは、これもまた他者性を欠いた主人公の一人よがりな恋愛感情に強く染めぬかれている。しかし、これこそゲーテに熱狂した大衆によって看過されている点なのだが、ゲーテにおいてそれらの気分と一体になったロマンティックな風景は、あくまでウェルテルという若者の視点において、つまり小説全体の話法からすれば、間接的なものとして提示されているのであって、それは自然をゲーテが叙述しているのではなく、むしろゲーテは、主人公の気分を表現するために、自然描写を用いているのである。

フリードリヒもまた、風景に自分の感覚を忍び込ませたのではなく、自分の気分を表現するために、このような風景画を描いたのだと主張することはできるだろう。だがゲーテにおいては、主人公の気分は、けして直接的なものとして示されてはいない。フリードリヒが正面から、みずからの気分の図像を示すのとは、まったく異なっているのである。

その最も大きな差異は、『ウェルテル』においては、自然と精神は相呼応しており、心情は自然の刺戟を受けて発展していくのに、フリードリヒにおいては常に気分は一定のままで、その不動の感情の表現のために、自然が利用されているにすぎない。

＊

重要なのは、フリードリヒにおける現実と精神との関係である。フードリヒはけして現実と完全に手をきっている訳ではない。彼は実際に山野を詳しく観察し、その表情をきわめて注意深く眺め、また素描していた。

しかしまた同時に、彼が精神的なもの、気分を主体として制作をしていたということも動かせない事実なのである。

そのように考えた時にフリードリヒの作品とは、まさしく現実を精神的なもので染め上げ一致させようとしたロマン主義的世界そのものではないか、と云うことも出来るだろう。それは正しくもあり、正しくもない。

フリードリヒの作品を他のロマン主義者からへだてるのは、そのイメージが安易なヒロイズムに憑かれているからではない。いや、その安易さの意味は本質的なのだが、その安易さと結びついた精神を自然にそのまま投射させる手つきと、それは符合するものなのだ。

確かにロマン主義においても、自然は精神的な世界へと包含されることで内面化されてしまっている。その点ではフリードリヒと変わらないかもしれない。しかしフリードリヒは克明に風景を描くことで、自然と対してもいるのである。無論そこには他者性はなく、あくまで自らの利用のための素材として自然は放り出されている。この自然との対し方において、フリードリヒは、ロマン主義とも一線を画しているように思われる。

私には、むしろフリードリヒの自然に対する姿勢は、技術的なものに、テクノロジー的なもののように映る。それはルソーから、シャトーブリアンにいたるロマン主義著たちが、自然との対話の中で、自己の感情、感覚を発展させたのとは異質なようだ。フリードリヒは、自らの気分を表現するために、直接的に自然に向かう。確かに彼はロマン主義者たちのような大雑把な認識はしていない。空気や湿気、光から、草の葉の表情までを細心にデッサンしている。だが、それは彼があらかじめ抱いた気分の表現のためであって、作品が制作される過程で、気分自体は発展することがない。

レヴィ＝ストロースは高名なテクノロジーの定義のなかで、開発の目的をあらかじめ決めて、そのための手段を開発することだとした。これはテクノロジーに対比される器用仕事（ブリコラージュ）が、手持ちの手段によって目的が決定されてしまうのと、丁度逆になっている。「手段」としての自然から感情を吹き入れられるのがロマン主義であるとするならば、自然が気分の表現という目的の「手段」でしかないフリードリヒは、その点でテクノロジー的といえるのではないか。

さらには、この点からフリードリヒのモチーフの凡庸さの本質も明かになるだろう。つまりフリードリヒにおいては、ゲーテなり何なりから仕入れた、きわめて大衆的なロマン主義の感覚が、自然なり何なり対象と接することによって、変化したり、発展したりすることがないのだ。それゆえに、それらのモチーフは、抽象的かつ紋切り型に固着してしまう。

故にここで、三つの現実、あるいは自然にたいする姿勢を措定することが出来るだろう。一つは、自然を内面化させせながらも、自然との対話のなかで自らの気分、精神を発展させていくロマン主義的なもの。第二には、現実を主観にたいして無縁な他者と見る姿勢。これはリアリズムと呼ぶべきであろう。そして第三に、主観を固着させせながら、その表現の素材を現実に求める態度、つまりはフリードリヒ的な姿勢があると考えられないか。

ただ付言しておくべきなのは第三に来るものは、前二者と水準が違うということである。前二者には、それが精神やあるいは現実に主眼が置かれるとしても、認識の営為自体にたいする問いが腹蔵されているが、第三のそれには認識への問いが欠けており、それはまた認識自体が欠けている、限定されているということである。

認識が限定されているというのは、第三の立場においては、外界へのまなざしが、もともとの目的の達成に向けてあらかじめ限定されているということである。そこでは、目的への効果のみが問題になっている。この効果という言葉を実用性と云い換えてもよい。

『ブデンブローク家の人々』の冒頭における、「壁布のブルーの地から白い神々がまるで彫像のように浮き出ている」新しい屋敷での宴、つまりはブデンブローク家の繁栄の頂点において、家長たる老ブデンブロークは、息子とフランスの七月王政への評価を話題にして、息子がルイ・フィリップをその「実践的理想」故に称賛すると以下のように述べる。

「実践的な理想か……まあ、な……」ブデンブローク老は、ひとしきり顎を休めて金の煙草入れをいじくりまわした。

「実践的な理想か……いかん、そうなるとわしには賛成でけん！」老は腹立ちのあまり訛りが出てしまった。「そんなことじゃから、職業学校だ、技術学校だ、商業学校だ、などといったものが次々にお目見えして、ギムナージウムや古典的な教養はにわかに馬鹿げたものになってしまう。鉱山や……工業や……金儲けのことしか世間の頭の中にはない……結構じゃ、どれもこれもな、たいへん結構！　だがな、別の面から、長い目で見ると、少し阿呆らしい――どうだ？　なぜわしがそういうものを侮辱と感じるのか、わしにもわからん」（森川俊夫訳）

教養にたいして、実践的なもの、実用的なものが迫り上がってきたことに、「阿呆」らしく、「侮辱」的な感覚をあじわっていた曾祖父の時代から半世紀近くがたって、小説の末尾、最後のブデンブロークたるハノーが、ギムナジウムに進むころには、実用性は教養の内奥までをも食い荒らしている。そのあり様は校長の横顔に象徴されていた。

このヴーリケ校長は恐ろしい男だった。ヴーリケ校長の先任は陽気で誰にもやさしい老人で、その指導のもとにハノーの父親や叔父が勉強したものだったが、この人は七一年が過ぎてほどなく亡くなった。そこでプロイセンのあるギムナージウムの教授だったヴーリケ博士が招かれて来たのだが、博士とともに別の精神、新しい精神がこのアルテ学園に入り込んだ。かつては古典的教養が明るい自己目的としてみられ、落着いたゆとりある態度、喜ばしい理想主義によって追求されていたのが、今や権威、義務、権力、奉仕、出世などの概念が最高位にまつりあげられ、「われらの哲学者カントの定言的命令」は、どんな記念講演の折りにもヴーリケ校長がおどし文句のようにひらめかす旗印であった。学校は国家の中の国家となり、プロイセン的な厳格な奉公精神が圧倒的に支配したので、教師のみならず生徒たちまでが、ひたすら昇進を思い、主権者の覚えめでたかろうと汲々としている官吏のような気になるのだった。（同前）

卑俗であるとは、精神的なもの、教養的なものが、実用的な事物にとって代わられることではない。精神的なものが、効率的で実際的な手段において実現されるとなった時に、つまりは精神が実用性のなかで、自らに向ける問いを忘却し、自己肯定を繰り返すとともに、実践的な取り組みが、現実のなかに実用性しか、つまり効率や、儲けや、出世といったものしか見ずに現実の多様とけして内面化できない広がりを見失うことで、つまりは限定された概念と習わしのなかで、精神と現実が双方ともに忘却されつつ忘却それ自体のなかに包み込まれるということ、つまりは身振りにすぎないものが魂と一体化してその裂け目がわからなくなってしまうという事なのである。

第四章　ワーグナー的人間（上）

もっとも、従来の諸価値の支配力の動揺に面して、なおもうひとつのことを試みることができる。すなわち、キリスト教的な神という意味での神が超感性的世界におけるその座から姿を消してしまっても、その座そのものは空位になったままで依然として保存されている。超感性的なるものと理想的世界との空位になった位階領域は、まだそれとして護持されることができる。それどころか、空位になった座は、それを新たに充たし、そこから消え失せた神を別のもので補うように促すのである。いくつかの新しい理想が掲げ出される。それはニーチェの表象（『力への意志』断片一〇二一。一八八七年成立）によれば、世界幸福化の諸教理によって、また社会主義によって、おなじくワーグナーの音楽によって行われるのであり、すなわち「独断的キリスト教」が「破産した」いたるところで行われるのである。こうして「不完全なニヒリズム」がやってくる。ニーチェはそれについて言っている（『力への意志』断片二八。一八八七年成立）。「不完全なニヒリズム、その諸形式、すなわちわれわれがそのただ中に生きているところのもの。従来の諸価値を顛倒することなしに、ニヒリズムから逃れようとする試み。これらはその意図と反対の結果を生み出し、問題を激化する。」

「ニーチェの言葉「神は死せり」」

マルティン・ハイデッガー　細谷貞雄訳

「そんな事ばかり云ってると、マキシムのテーブルが埋まっちまうぞ！」と云って、鼻から白い水を垂らしながら笑った。「そんな安酒を食らって、澱臭いゲップをしている内に、マキシムのテーブルが埋まっちまうぞ！」勿論、マキシムなんて行きやしない。ジョゼフ得意の冗談だ。嘲りの言葉だ。ジョゼフはマキシムに行くことはもちろん、前を通ることすら一生ないだろう。といってジョゼフが貧しい訳ではない。下手をすると私よりも小遣いを沢山貰い、私と同じ位見境いなく遣っていた。ただ、自分より若い、しかも日本人である僕が、美食だの、酒だのに興味と知識があることが気にくわない。僕もマキシムになど行きたいとは思っていない。ミシュランの星をなくす前からもう駄目だと誰もが云っていた。そう話すといよいよ、ジョゼフは苛立つ。「おいチビの日本人」と僕よりも身長の低いジョゼフが云う。僕も彼を「馬鹿でアル中のアイルランド人」と呼ばなければならない。ジョゼフはセリーヌを研究しているから、卑語を使いたがる。けれども悪態はまったくセリーヌに似ておらず、アイルランド人の酔っ払いにしか見えない。勿論セリーヌなんかを好きで研究しているのは、あまり誉められたことではなく、だからコラボを研究している僕と友達になった。セリーヌに比べれば、私が取り組んでいる作家はマイナーだとジョゼフは云うが、あまり苛めたことにはならない。セリーヌが偉大なのは、あのクソッタレのヒューマニズムを踏みにじったからだ、とジョゼフは云う。それは僕の対独協力作家も同じことだ、と僕が云う。いや、違う、セリーヌはただのナチ野郎じゃない、端倪すべからざる言葉と文体が作り出すアクロバットが、あの偉大な作家をして、中庸から踏み外すことを余儀なくさせたのだ。

それはクリステヴァの理屈の真似じゃないか。テルケルかぶれの酔いどれのアメリカ生まれのIRA野郎め。それなら、パウンドだって、ブラジャックだって同じことだ、と云い返す。彼らの政治的選択と、その詩的言語のあり様は、霍乱の共鳴のようにして誘い合ったのであるから。そんなこんなで、議論が煮詰まると彼は、プレイヤード双書にセリーヌは入っているぜ、と云う。おまえはなんて絶望的な権威主義者なんだ、聖体拝受を受け損なった尻垂れの教権主義者のアイルランド人め。プレイヤードなんて、おまえの大嫌いなサルトルだの、モーリアックだの、ジィドだのも入っているんだぞ、そんなもののどこが有り難いんだ。

いくら悪態をついてもパリはパリで、つまり私たちにたいしてこの街はまったく無関心で、その無関心の冷たさだけが昔と変わらないように思われた。私たちは、貧寒さのなかで唄うべき革命の夢も、詩の魂もなく、シニシズムに陥った芸術ですらとうにこの街から逃げ出していて、ただ昔の栄華と屍体解剖だけが横行していた。街頭で見られるのは、十九世紀の、あるいは十八、十七世紀の伝説から来る倨傲と、現在の立ち遅れについての捻こびた劣等感だけだった。

亡霊たちはいた。芸術、文芸の記憶に基づく、劣悪な脂と煙草の灰が染み付いた亡霊たちが、そこここの通り、路地、小道に佇んでいて常に私たちを不意打ちした。不景気な公園の枯れ葉たまりから湿った曇り空を仰ぐ時に、小雨の囁きがカフェの鉛板に染み込んで不吉な匂いが立ち上る時に、たまの晴れ間に黄金の陽光が恩寵のように犬の糞がこびりついている舗石に長い影を作る時に、亡霊たちは私たちではなく寧ろ彼らの方が生きているのだ、と信じさせようとする。それが信じられたら！けれども、亡霊たちの現存を信じるには私たちは余りにも敬虔ではなく、亡霊たちも生身のフランス人たち以上に狷介で、しかも体臭が強かった。こんな幽霊たちと付き合うよりは、まだ生きているフランス人たちを相手にした方がましなように思われた。

いずれにしろ会館に住むほかのすべての学生は私たちを嫌っていた。嫌っていたように思われる。それをジョゼフは、私たちの専攻のためだと考えたがっていたが、どうだろうか。嫌われていたのは、私たちが大酒呑みだったからかもしれないし、不味い食堂で夕食を摂らなかったからかもしれないし、門番に金をつかませて門限を自由にしていたからかもしれない。あるいは、学生たちが好んで行くサンジェルマンやラスパイユの方面にはいかず、バスチーユやモンパルナッスの裏通りで、娼婦とも何ともつかない女たちと遊んでいたからかもしれない。いずれにしろ、この街は愉快な街ではない。生命の照り返しなどはどこにもない。ただ、より洗練された手痛い手口で人を見下す術を磨き、傷つけられた虚栄心のための、より致命的な復讐を見つけだす事に誰もが汲々としていた。だが、もしかしたら、生命の本質は見下し合うことであり、虚栄心の復讐ほど愉快なことはないのかもしれない。

子供の頃に抱えていた憂鬱症が蘇った。死を恐れる、何と云うこともできない恐怖が、日夜を問わず突然胸に湧き上がってしまう。だが今ではアルコールという味方がある。近くのカフェに飛び込んで、緑色のパスティスに水を注いで白濁させ、厚いガラスのコップに口をつければいいだけだ。

ジョゼフが紹介してくれた、リシャール・ルノワール通りのアパートの四階にある、貧相な女の貧相な部屋で、褪せた壁紙や、なぜかそれだけは景気のいいビデの音を聞きながら、けれども自分は、この街のように、ボロ布のようになって死ぬこともないだろうと思った。私の屍体は生ゴミでしかありえない。炎天下の路上に放置された、轢死した野良犬のように、腐臭を放ち、誰も手を触れたがらないだろう。

私たちは貧しくすらなかった。ただ茫洋とした、生暖かい不毛に包まれていた。私たちは、汚れてすらいなかった。私たちは無垢ではなかったが、罪も汚辱も知らなかったので、斑らに様々な染みがついたので元の色がわからなくなった安食堂のテーブルクロスが洗いざらされたように、私たちは清潔だったのである。

私たちが、慄然とすることがない訳ではなかった。私たちは恍惚をすら知っていた。しかしまた同時に、その強い印象が、最早私たちを何処にも連れていかないということを、失望するよりも早く嚙み締めてしまっていた。

＊

彼が巨匠と出会ったその日、彼はまだ若かった。彼はいまだに、自分の学識の高さを信じ、学識が自身の未来を切り開くことを信じ、さらに学問自体を信じていた。彼は、自らの感激を信じ、その無垢な感激に跨がって進む道程が神聖なるものに行き着くことも信じ、野心と稚気と如才なさすらも備えていた。後年の彼を悩ます病の悲惨は、その兆候すら訪れていなかった。文献としてギリシアの、ラテンの、哲人や文人の言葉に触れることに、彼はまだ冒瀆とは無縁な歓びを見いだし得た。その若い煥発さから迸る言葉や調べを、詩であり楽曲であると信じて友と称え合うことができた。未だに確たる展望がないがゆえに、控えめな全能感によって育まれている幸福が、二十三歳の青年を包んでいた。それはかつては何時の時代、何処の国の若人も体験した若さの香しさであったとも云い得るし、教養時代のドイツ特有の輝きかもしれない。

後年、といっても殆ど彼がその若さの無垢を失わないまま、二十六歳にしてバーゼル大学の古典文献学教授となった時に、彼は自分が置かれていた爽やかな恍惚感を回想している。ライン河の辺、ボン大学での一年を振り返る。それは「一切の計画や目的がお留守であったために、あらゆる将来の意図から解き放たれていて、今の私の感じから言えば、ほとんど夢のような趣きが具わっている一年」であった。そこでは、周囲との摩擦などとして感じる抵抗でさえ、ふざけ合いのような、あるいは「ひとが夢の中で体験するさまざまな妨害、例えば、ひとが飛ぶことができると思い込んでいるのに、何か説明のできない邪魔物によって自分が引き戻されてゆくのを感ずるときのような、ああした妨害に類似したような性格を、もっている」のであった。

　自ら同類と信じる朋輩たちと若者らしい企画を立てた彼らは、さんざめきながら自分たちに与えられたはずの祝福を享受するために短い旅を試み、罪のない宴を企て、そしてもっともらしい会を結成する。「われわれは、そのとき、芸術および文学におけるわれわれの生産的傾向を生かすために、一つの確固とした義務づけをもった組織を見いだそうとする意図を以て、少数の仲間から成る小さな会合を作ろうと決議したのであった。つまり、もっと簡単に言えば、われわれ各々は、詩文であれ、論文であれ、建築の設計であれ、音楽作品であれ、ともかく自分の創作物を、毎日一つ寄稿する義務を負わねばならず、その創作物について、他の人々のうちの誰もが、友情の籠った批判の限りない公明さで以て、審判する」という会であり、この微笑ましい組織は、「われわれの教養への衝動」を刺激しあうとともに制御することを第一の目的としていたのである。暫く会合を続けてみて、予想された如くにその目的が完全に達せられたかに思われた。

　若い文人たちは、かような幸運への感謝と、むしろかくも鮮やかに証明された使命に対する厳粛な感覚を表現するために、毎年晩夏に、ライン川のある寂しい場所を訪ねるという盟約を結ぶ。その誓いは厳密に守られはしないのだが、しかしその怠惰さによってこそ、ますます若さは華やぎ、郷愁を先取りして現在に揺蕩わせるのであった。

それは、少なくともわれわれの風土では、ちょうどこの晩夏の季節だけしか産み出せない、あの完全無欠な日の一つであった。蒼穹と大地は、諧調をなして安らかに並び合って流れ出、陽光の暖かさと秋の爽やかさと紺碧の無限とが、不可思議に渾融し合っていた一日であった。われわれは、あたりの服装がみんな陰気臭いのに引き換え、ひとり学生のみが興ずるのを許されている色とりどりの風変わりな衣裳を身につけて、われわれに敬意を表してお祭りらしくも長旗をひらめかせた蒸気船に乗り込んで、その甲板の上にわれらの団体旗を立てかけたのであった。ラインの両岸からは、時折、一発の号砲が鳴り響いた、それは、われわれのかねてからの指図によって、ライン河畔の住民や、また特にはローランツェックのわれらの宿の主人に、われわれの到来を知らせる合図なのであった。船着き場から始まって、好奇心に湧き返っている土地の中を、騒々しく練り歩いて行ったあの乗り込みのことも、またわれわれがお互いに交わし合った誰にでも分かるとは言えないいろいろなはしゃぎ廻りやふざけ合いのことも、私は、今、語らないでおこう。

（『われわれの教養施設の未来について』渡辺二郎訳）

たしかにそこには、ある疑念が強く色さしていた、いやこのような甘やかな回想自体がある種の喪失感によってしかなされないのかもしれない。にもかかわらず、この講演のなかで示される率直な懐疑は、来だに思索なり言葉なり、何よりも自らの誠実について、疑うことがない故に可能なものだったことを見過ごしてはならないだろう。「私は、教養のできる限りの拡大と流布とを求める叫びが、どの方面から最も明瞭に響いて来るかを、認め得たように思うのです。この拡大ということは、現代の人気のある国民経済学的な教養の下に属しているのです。できるだけ多くの認識と教養――そこからできるだけ多くの生産と需要――そこからできるだけ多くの幸福。――大体その公式はこんなふうになります。ここでは私たちは、教養の目標や目的として、利益ということを、もっと正確に言えば利得を、できるだけ大きな金儲けということを、もっているのです。（中略）ここでは、ひとを孤独にさせ、金や利得を超えて目標を立て、多くの時間を浪費させるような一切の教養は、憎悪されています」（同前）。若き文献学教授の危機意識はきわめて深いものだったが、しかしこの時点で彼が危機の克服を、まったく以て無邪気に、かの巨匠の内に見いだしていたのであり、かような信託の無垢をはっきりと抱いていた。

「教養ある人間ということが、学識者のこととして、しかもただ学識者のことだけとして理解されるのが自明であったような諸世紀は、過ぎ去ってしまった」という彼が、「文献学者たちに関してはどんな事情になっているかということは、ヴァーグナーの出現の際における彼らの無関心さがこれを示している。彼らは、ゲーテによるよりももっと多くのものを学び取ることができたはずであろうに」と記していることからも、彼が普仏戦争への従軍体験（「ドイツの勝利につきまして、私はなにひとつ申したくありません。それは壁にかかった危険信号であらゆる民族にとって自明なことです」ワーグナー宛　一八七〇年九月十一日）から得た、教養への危機感と表裏一体となったドイツ国家とその企業家的体質への批判がそのまま、つまりは無邪気に巨匠への期待と敬意に転化しえていたのである。

かような若さにおいて、彼は巨匠と出会った。

*

何とも愉快な長い一日であった。

前日の晩に、はじめて学会の研究会で講演（「僕は自由自在に喋ってやった、しかもヴァロの諷刺詩とキニク学派のメニッポスについてね」）をした若い学徒は、帰宅して友人からのメモが届いているのを見つける。「リヒァルト・ヴァーグナーに会いたければ、三時四十五分にカフェー・テアトルに来たまえ」

カフェーで落ち合った友人が事情を説明してくれる。ライプチヒ大学のインド学教授ヘルマン・ブロクハウスの夫人はワーグナーの姉であり、巨匠は数日来姉のもとに居留している。ニーチェの恩師にして、文献学の泰斗フリードリヒ・リチュルは、夫人とともにブロクハウス邸に招かれて、ワーグナーが自作をピアノで演奏するのを聞き、その曲は家に出入りしている学生が良く弾いている曲だ、と叫ぶ。《マイスタージンガー》である。リチェルは二十六歳でバーゼル大学の教授職に押し込むことになる愛弟子の美質を説き、かくして彼はワーグナーの招きを受けることになったのである。

ワーグナーが自分を招く以上、「大がかりな祝宴」に違いないと彼は想像する。しかし何という幸運だろう。かねて注文していた夜会服が、明日届くことになっていたのだ。当日は朝から酷い雨降りだったが、彼の高揚は変わらない。友人と古典の話をしながら、服の到着を待つがなかなか届かないので、痺れをきらせて催促に行くと、あと四十五分で届ける、と云う。しばらくして仕立て屋の店員が服を届けてくる。試着してみるとまったく具合がいい。「なんと経しげな雲行きだ！　奴は勘定書をみせるんだ。僕は丁重にいただいといた。ところが原品と引き替えに払ってほしいというのだよ」さんざん抵抗して立ち回りまでも演じたのだが、結局、ニーチェが支払えなかったために、夜会服は持ち去られてしまう。
ブロクハウス邸に着くと集まりはごくこぢんまりとしたもので、家族以外の客は彼とその友だけだった。だがかような思惑はずれも彼の感興を損ないはしなかった。ワーグナーはきわめて気さくに、彼にどうして自分の作品とそこまで親しんだのかを訊ね、彼が見た公演の一つ一つを、手厳しく物まねを交えてこき下ろした。

食事の前後にヴァーグナーはピアノを弾いてくれた、しかも『職匠歌人』の主要パートばかりをね。弾きながら彼はどんな声部も真似て歌い、たいへんなはしゃぎようだったよ。つまり彼は、ひどく早口で、しゃれもうまくて、こうした私的な社交をほんとうに陽気にしてしまう実に快活な、性急な人物なのだね。そうしているうちに僕は彼とショーペンハウアーについてかなりながく語りあった。ほんとうにさ、どんなに僕が喜んだか、君ならわかってくれるね、――彼はね、なんともいえぬ熱のいれようでショーペンハウアーの話をしたんだ、――自分はショーペンハウアーのお蔭をこうむっているのだとか、音楽の本質を認識している唯一の哲学者はショーペンハウアーだとかね。（中略）
いよいよ僕たち二人が辞去する段になると、彼は僕の手を温かく握りしめ、音楽と哲学の話をしにまた訪ねてきてくれと、愛想よく僕を誘ってくれた。
（エルヴィーン・ローデ宛　一八六八年十一月九日　塚越敏訳）

ニーチェもまた、一人ひそかに無名哲学者ショーペンハウアーを発見し、友人間にその熱狂を分ちあっていた。その興奮はいかばかりだったろう。かくも鮮明な甘やかさの内に、近代ヨーロッパ精神史上屈指の対決の端緒が芽生えたのだということを、私たちは銘記するとともに、その由縁を訝り続けねばなるまい。

ワーグナー的人間（二）

ワーグナーとは何者なのか。

この、未だに誰も明確に答えていない、にもかかわらず誰もがその答えを知悉している問い。

むしろ、かように付け加えるべきかもしれない。二十世紀は、この問いを最も神秘的かつ見え透いた問いとして要求しつづけたのだと。つまりは史上かつてない総合的芸術家であり、天才であり、人の形をした美神の魂であると同時に処世への計算だけが詰まった空き缶のような存在、狡猾なだけの詐欺師、裏切り者であり、その作品は大袈裟なだけのこけ脅しの塊にすぎないと語るための、問いとして。

ワーグナーとは何者か。

問いが多彩な答えを用意し、万華鏡のようにさまざまな形相を見せれば見せるほど、人は彼について問うことを止めない。まさしく、かような問いを引き寄せ、人々をしてその聞くべき声を、時に岩面の苔の襞までが震えるような轟きをもって、氷柱の尖端のような辛辣さで、また時には拍子抜けのするような空しさで答えて見せる洞窟としてこそ、彼はある。それは彼自身がいかなる存在であったかということとはひとまず関わりなく、むしろ限りなく深く、兀々としてはいるもののやはり洞穴でしかないものとして、つまりはいかに屈曲に満ち、長い行程を歩むことを余儀なくされるとしても、結局はどこにも辿りつけない、人がその洞に足を踏み入れようと決意した径路にしか人を連れていかない存在として。

リヒャルト・ワーグナーとは、何者か。

ナポレオン戦争の下で、早世した演劇愛好家の息子。ふしだらな母のために、ユダヤ人の継父を、実の父ではないかと疑い続けなければならなかった子供――この疑念のあり様は、A・ゴビノーのそれと似ている。正規の教育を受けず、文学書や思想書ばかりを読み耽り、何らかの形で世に迎えられる事だけを望みながら、結局舞台にしか可能性を見出せなかった男。彼は音楽家が芸人渡世の匂いを色濃く残していた時代の最後の世代に属していた。お定まりのパリでの窮乏生活と、その中での反骨心の醸成。自作の上演の成功によりドレスデン宮廷歌劇場の指揮者の地位を得て、ベートーベン、特にそれまで演奏にたえないとされてきた第九交響曲の指揮によって定評を獲得する。

パリに端を発し、メッテルニッヒを放逐してウィーン体制を突き崩した一八四八年の革命の余波がドレスデンに及ぶと、扇動家の列に連なり、革命が鎮圧されると国外に亡命した。パリでの《タンホイザー》初演のために、バレー音楽を書かされ、フランスに再度煮え湯を呑まされることになる。

追放解除とともに、バイエルンのルドウィッヒ二世の招きによりミュンヘンへ。狂気の人だったかどうかは置くとして、その造城趣味が明確に示しているように、あきらかに偏執的な傾向をもっていた王の崇拝と傾倒は、ワーグナーにとってはその音楽上の理想の実現と同じ位、浪費癖によって破産の危機に瀕していた家計にとっても貴重なものだった。ミュンヘンにおける、矢継早の作品の上演と巨匠としての名声。その上演のほとんどを指揮したH・ビューローの妻にしてF・リストの娘コージマとの結婚。

自ら理想の劇場と称したバイロイト劇場の落成と、《ニーベルングの指輪》の上演は新生ドイツの国家的事業となった。《パルジファル》の上演後に、ヴェネツィアで芝居じみた死を迎える……

ワーグナーとは何者か。

私生児、ボヘミアン、名指揮者、扇動家、巨匠、間男、芸術の革命家、ドイツ第二帝国の精神的支柱。

一連の通り名に、後世はさらに多くの異名を与えた。反ユダヤ主義者の精神的支柱。映画からテーマパークにいたる総合芸術の創始者にして完成者。ナチズムの真の源泉。西洋古典音楽の集約点であり、現代音楽の出発点。大衆文化のアルファにしてオメガ。

だが、前述したように、かような問いのいずれかを、つまりは崇敬と軽蔑、鍾愛と憎悪を選ばせられる事自体が、詐術であり、罠であることに留意しなければならない。まさしく、かようなコントラストの裡にいずれかを選ぶことを強いることこそが、「ワーグナー的」たることの中心的なプロブレマティックなのだ。

ゆえに私たちは、以下のようにこそ、問わなければならない。

何をもって、ワーグナーの両義性は構成されているのか、と。いかにして、この二つの名前から常に逃れ去る相貌は形作られたのか、と。

一九一一年、三十六歳の、第一次世界大戦もナチズムも知らない時点で、トーマス・マンはワーグナーについて、以下のように書いている。

「長い間、バイロイトの名前は私のすべての芸術的思索や行為の上に蔽いかぶさっていた。長い間、すべての芸術的な憧れや欲求がこの権威ある名前との結びつきに帰着するように私には思われた。だがどんなときでも、私がミュンヘンの宮廷劇場の『トリスタン』上演に欠かさず出かけたときでもワーグナーについての私の告白は、もともとワーグナーへの告白ではなかったであろう。彼の精神、彼の性格には納得のいかない点があるように私には思われたが、芸術家としての彼は非の打ちどころがないようにみえた。彼の与える効果が高尚か、純粋か、健全かという問題になるとこれはひどく疑問に思われるが。私の青春は、偉大な詩人や文筆家——ワーグナーが《文芸詩人》に触れるときのようにほとんど同情的に話題にしてもよいと信じたかの精神——を愛惜したが、そのときの信頼にみちた帰依の心をもって彼に接したことは一度もなかった。私の彼に対する愛は信頼の念の欠けた愛情であった」（「リヒャルト・ワーグナーとの対決」小塚敏夫訳）

トーマス・マンは、ワーグナーに対して、「信頼にみちた帰依の心」を抱いたことは一度もなく、その愛情は信頼の念を欠いていたという。《トリスタン》の上演に欠かさず通いつつ、さらにあらゆる芸術的な憧憬や欲望を集約するような、燦然たる象徴にして偶像のように見えながらも、なお信頼できなかったのは何故だろうか。若きマン、つまり『ブデンブローグ家の人々』の作家ではあったが、しかしいまだに『非政治的人間の考察』や『魔の山』の著者でもなかったマンは、ワーグナーの精神、もしくは性格について「納得のいかない」ところがあったと云う。その、得心のいかない点、つまりは芸術的な高さに感服しつつも、「信頼」を抱くことを彼に許さなかった、不信感は何処に由来するのだろうか。すでにドイツ第二帝政の文化的な偶像であるばかりでなく、世紀末芸術の巨星であるばかりでなく、ある種の救世主とすらみなされ——そのことについてマン自身も半ば以上同意をして、ニーチェの口真似をしつつ、古代ギリシャと同様に劇場を寺院にしたのだ、と語っている。「リヒャルト・ワーグナーの司祭的天才は、劇場を、特定の劇場を、清祓の場所に、すべての一般的な演劇的規制を超えて高められた秘祭の館に、することに成功したのである」(「演劇試論」)――ていた、ワーグナーにたいして、信頼の念を持つことを阻んでいたのは、一体何なのか。ワーグナーが生涯戦わなければならなかった、山師、詐欺師、悖徳漢という非難の謗を、トーマス・マンは聞き分けていたのだろうか。

マンは後年、第一次世界大戦のさなか、ワーグナーの芸術と存在の本質に内包している市民性、ブルジョワ性について、注意を喚起している。ショーペンハウアーの、商人的、資本家的実直さについて分析した一節の後にかく語っている。

「しかし、ワーグナーについてはどうかと言えば、彼の人間的芸術的個性のなかにはただ市民的な血ばかりでなく、まさにブルジョワ的成金的な血が混入さえしている。――潤沢、〈繻子〉、贅沢、裕福、市民的華美などの愛好――最初は私生活の特徴となっているが、それが深く精神的・芸術的なもののなかへ食い入るのである。次の論評は私自身のものかどうか定かではないが、ワーグナーの芸術とマーカルト花束(くじゃくの羽毛をつけた)とは、時代的にも審美的にも同一の根源から発している。しかし、ワーグナーが少しばかりブルジョワであったにしても、高度のドイツ的な意味において市民でもあった。ドイツの〈巨匠〉として自己演出したり、扮装をこらしたのも、それなりに充分内面的な、当然の根拠があってのことであった」(『非政治的人間の考察』)

ワーグナーが、市民的な芸術家であるということ、それ自体が「実現されたパラドクス」であり、「二重性」、「分裂」をその裡に生起せざるをえない。その分裂とはほかでもないニーチェが、「二重光学」と呼んだ、「芸術的光学」と「市民的光学」の並存、つまりは自らの芸術的なモティーフの徹底的な追求と、世俗的な征服を同時に行おうとする、そうした二重性を強いるのだ。「ワーグナーの欲望、世界愛欲のなかに、ニーチェが二重光学と名づけたもの、すなわち、繊細な神経の持主ばかりでなく——それは当然のことではあるが——素朴な一般大衆をも捉え魅了するという、欲求に根ざした能力の基盤根源を私が見いだしてもなんら不思議はないだろう」（同前）

ワーグナーは、二重の欲求にして責務であるものを実現した。実現したからこそ、かくも盛大な名声をワーグナーは得た。つまりワーグナーは「成功」を収めたのではあるが、同時にこの「成功」により一種の、深刻な堕落を公衆にもたらしたのである。「困った、しかも罪深い方法で人々がワーグナーから学んだあの二重光学の結果としての〈成功〉は、不安定で物騒な棲家であり、生命の危殆と復讐の女神を自己のうちに秘めており、そしてこうした成功をかち得た者は、結局は双方の側、市民性とも急進主義とも仲たがいすることになるのを覚悟していなければならない」（同前）

二重性のもたらす堕落と退廃の性格について、ニーチェは一層的確かつ辛辣に、かく指摘している。ニーチェはバイロイトに参集する観客の奇怪なあり様、「自分に関する説明並びに正当化」を自らとその立つ場所と無縁な何処かに求める、故郷喪失ぶりを指摘した後、ワーグナーとその信奉者である「教養人」の関係はまさしく一幕のパロディであると云う。

「「教養人」は完全にまさに現代の果実である限り、ヴァーグナーの為し考える一切にただ戯詩（パロディー）を通して近づきうるのみであること、——実際、すべてのものがどれもこれも戯詩化されてしまったようである——、そしてバイロイトの出来事もわれらの駄洒落を言う新聞記者の甚だ非魔術的なランタンによってのみ照らさせようとしていること、これらのことが私にはますますはっきりとしてきた。それが戯詩に止まるならば幸いだ！」（『反時代的考察』小倉志祥訳）

俗物性から脱しようとすればするほど、俗物たらざるをえないという大衆社会の、知的、精神的な虚栄が不可避的に惹き出す、宿命的な逆説の姿がワーグナーとその信奉者が見せる戯画的な有様に集約されている。かような逆説は、大衆の、脱大衆欲とともにまた、産業的、技術的な社会と人間の関係としても、現われる。

つまるところ、ワーグナーが提議したのは、全体という事になるだろう。全体という事。この云い廻しが意を満足に通じないものであるのは承知している。だが、ここから既に議論になって了うのだが、ワーグナーにおいて「全体」は、観念でもないし、作品のあり様でもなく、あるいはその生き方にかかわる価値観でもない、つまりは物でもなければ精神でもないのであって、漠然かつ茫洋とはしているものの、今日から開かれる視角から見れば、一つの繭をなすように、ある否み様のない現象が様々な要素から織り成されていった、出来事としてそこにある、そのある事自体を「事」としか私には今の処は云い様がない。無論、そこで為されている繭のあり様を解きほぐすのが、私の仕事であるし、さらに進めて云えば、それが繭のように見えるという事自体を問うまでに至らなければ、何も考えたことにはならないのだが、同時にここで示しておかなければならないのは、物でもなく、観念でもないものとしてしかワーグナーを捕らえられないということだ。少なくとも、私はここに至って、そう考えている。そう考える以外に路はない。観念でも、作品でもなく、事柄なのだと云ってしまうのも、ごく下らない、気をきかしたつもりの遊戯に堕しかねないだろう。その危険を承知でと云うほどの客気はないが、詰まらない構図をあらかじめ避けて通るだけの賢さもない。とにかくここで、論じきってしまわなければならない。

「全体」は古い概念であるし、近代、それも三色旗や一般徴兵がもたらした騒々しい近代を起点に考えてみても、ヘーゲルなりフーリエなりが提議した哲学、思想として森羅万象や人類社会を巻き添えにするような形での運動や秩序に関わるヴィジョンとしての「全体」が提示された。彼らのヴィジョンが、つまりは全体という概念、発想なりが一つの世界観としての輪郭を備える時のモチーフは完結性である。ヘーゲルの世界史は弁証法という荒馬に跨り、フーリエの四運動が産業資本のマリオネットだとすれば、その全体を取り回す水車は一向に滑らかには回転しておらず、齟齬の凹凸を経巡っていくかに見えるが、バロックの聖堂を揮わせた《調和の幻想》は、ロココ的なフリーメーソンの夢を経て、あっけなくかつ暴力的に旧秩序が破壊された革命の時代にこそ、確固たる現実として予告されたのだ。完結性という言葉を整合性と云い直してもよい。宇宙の本質が人類の悟性と努力と相互的に対応、感応をして、まったき善が完遂されるという不敵なヴィジョンが説得力をもち、あるいは目的としての吸引力を備えたのは、それが一つの完結であったからである。完結とは、そこで総てが終わるというだけではない。完結はまた完成であり、完全な秩序である。あらゆる声音を壮大な和音として響かせる対位法の発明であり、汎神論とコスモロジーが完璧な融和を達成する。許しがたい悪とみなされたものも善なる目的に吸収され、あらゆる卑俗な事態が聖別をされる。現在がそのまま未来の先取りとなる、彼方なき世界である。

完結としての調和ある全体。それは地獄なき世界だ。中世人たるダンテ・アリギエリは、礼拝堂の窓の一つ一つに割り振られた騙し絵のようにして、死後の世界を細分化し、区別し、遣り切れないほど長い呪詛と断罪のリストと、余りに釣り合いの取れない程短い救済の可能性を数え上げた。分裂し、破綻に満ちた神と天使と悪魔と死者たちからなる分裂した天地を一枚のヴェールの内に包んで見せたのが、近代における全体の思想であった。世界が一つであり、恐れるべき地獄がないとは、何という幸福だろう。フーリエが示したように、完結した世界は愛の支配する楽園でありえたが、鋭敏な知性がその愛は虚無にほかならないと看破するのに、さほど時間はかからなかった。

地獄がないという事は、断罪もないが救済もないという事ではないのか。地獄の不在は、そのまま天界の不在である。救済の不可能という疑義に震撼するために、ドストエフスキーはシベリア徒刑を経験した。徒刑囚の只中に投げ出されてドストエフスキーがフーリエ流の楽観主義を捨てたというのは、便利すぎる説明にすぎないだろう。むしろフーリエが予言した完結した世界の本質に巡りあったのだ。蒸気と湯気の中で垢にまみれた囚人たちが風呂のなかで傷つき苛まれた身体をこすりあわせる『死の家の記録』の高名な情景は、ダンテやヒエロニムス・ボッシュは勿論、福音書の作者たちでさえ考えつかなかった世界、地獄という言葉が安っぽくなるような、完璧に閉ざされて出口もなく彼方もない世界の本質が露にされている。泥と悪臭にまみれ、意味もない咆哮が無限に反響し、耐えがたい熱気が、凍てついた身体を強張らせながら弛緩させる。絶望だけが希望であり、明日を忘れることだけが、明日までの生存を保証する。徒刑囚の入浴場面は、汚水に浸りながら健康に飲食をする末人たちという、『ツァラトゥストラはかく語りき』の現代観とも一致する。

『白痴』において、ロゴージンの家でホルバインの《死せるキリスト》を見たムイシュキン公爵は、死の勝利のまったき明白さを見取る。死の勝利は、そのまま信仰の喪失にほかならない。ホルバインが十字架から下ろされたキリストの遺体を、一人の死者として描きだしているのを眼前にした時に、ムイシュキンやイポリートは、キリストですら死から逃れられないのだと考える。だが死の遍在という現実は無神論というよりも、むしろ彼方なき世界の結論にほかならない。死によって世界は覆われている。死の彼方に、誰も踏み出す事ができない。天国もなく、地獄もないとしたら、一体善も悪もあり得るのか。ここにニヒリズムの世界がその饒舌な口を開く。ニヒリズムは、端的な虚無でもなければ、暗黒でもない。地下生活者の云う、「べた雪」のような、灰色の靄のかかった閉ざされた世界である。

『白痴』の登場人物たちは、ロゴージン以下、すべてが金銭の魔力に魅入られている。閉ざされた全体としての世界の中で、金銭が帯びる魔力は、ドストエフスキーに先駆けて、ディケンズやバルザック、スタンダールといった作家たちがすでに喝破をしていた。金銭が万能であるのは、閉ざされた世界の中で、指標となる唯一のものが金銭であるからだ。唯一のもの、というのは適当ではないかもしれない。善と悪、天国と地獄、永遠の生命と魂の死という絶対の指標が消滅した世界の中では、金銭の多寡に象徴される、数字的還元だけが、指標となり、生きる証となる。資本の追求は「厳粛な精神」によってこそ尊ばれると、『白痴』のイポリートは云う。相対的な善や、幸福、充実、洗練などに目を奪われる者は、救いの不在というこの世界の本質に目を背けている。今や守銭奴こそがもっとも敬虔な存在なのだ。金銭を尊重すること、金銭の流通にこそ世界の神秘はあり、金銭獲得のためには何事にも（殺人をすら）してはばからないロゴージン的唯物主義者、つまりはあらゆるものに値札を貼り、すべてを売り払い、どんな間隙にも利鞘を見出し、他者の不幸も幸福も等しなみにして買い叩き、売りつける果敢な貪欲の修行僧となる事が、閉ざされた世界における唯一無二の英雄的行為となる。

大方の人間には、唯物的な神秘は耐え難い。たとえ、キリストは死したとしても、キリスト自体は存在したのではないか。そこにある死体こそが、キリストの存在証明なのだ。実証主義が人間主義の欺瞞と手を結ぶ。天国と地獄は存在しないとしても、善や悪は存在しているのではないか、いいや存在していることにしよう、でなければ到底耐えられないではないか。考えつめないこと、目を閉ざす事が、全体の世界の誘惑となる。『悪霊』において、ツルゲーネフに擬された西欧主義者が、演説の最後で唱える「メルシー、メルシー、メルシー」という呪文のような気楽な祝福が、ニヒリズムの靄の上に砂糖でまぶされた虹を架け、工業の発展、社会福祉の充実、選挙権の拡大、未開な土地の文明化が、《死の勝利》を縁取るレース飾りとなって、ガス燈の灯がアブサンの蒸留装置を照り返している間は、その表題が《人類の進歩》と読み取れるのだ。健康と幸福と向上が、閉ざされた世界に充満する。進歩の陶酔の中で、資本は労働と和解し、賃労働は人間性と折り合いをつける。ドストエフスキーは、『悪霊』のためのノートの中で、信仰がありえないならば、むしろネチャーエフが主張したように、すべてを焼払うべきではないか、と記した。

不安に慄くのは、考えつめる者たちではない。むしろ、考えを留めている者たちこそが、徹底的に考える事を止めて、世俗的な善への信頼に止まっている者たちこそが、漠然とではあっても、その結論に怯えている。地表のすべてを鉄とコンクリートと蒸気機関と電信柱が蓋う。爆発的な工業力と金融の成長は、人類に多くの破壊と残虐の手段を提供するだろう。その惨劇は、幾度も繰り返され、その度に荘厳めかした泣き言と悔恨の言葉が唱えられるが、この閉じられた世界には、始めがないのと同様に、終わりもないのだ。黙示録的な懲罰もない代わりに、全面的な救済もない。というよりも、現在、現状、現実そのものが、懲罰であり、救済なのだ。繰り返される建設と破壊、栄光と屈辱、行進と葬送の繰り返しは、取り払われては作られる舞台装置のようなもので、生きることには何の意味も、意義もなく、あらゆる価値の問い直しは、蜂鳥の羽搏きのようなものにすぎない。問わない事、問いつめない事が、茫漠とした不安として心身に滲みを作り、一方では闇雲な積極性へと人を駆り立て、他方では厭世的無力感を作りだす。滲みは、思惟の抑圧の徴にすぎないのに、選ばれた者たちの桂冠の様相を帯びる。だがそれは、「べた雪」が、硬くもなければ、白くもなく、生温かいがじきに底冷えをもたらす汚れた融雪が、監学官たちのフロックコートの裾につけた汚れにすぎないのだ。

ニーチェは、ワーグナーを見損ねたのではなかった。ニーチェもまた、滲みの桂冠を戴いた若者だったのである。実証主義と人間主義、教養主義と功利主義の醜悪な習合に抗議をした『悲劇の誕生』の著者は、ワーグナーの中に音楽や非芸術を卑俗化していく趨勢にたいする、英雄的な闘士を見出していた。見誤ってはならないのは、ニーチェがワーグナーについて立場を変換したのは、ワーグナーの中に崇高な意志と対立する卑俗極まる関心を見出したからではなく、むしろ閉ざされた世界において崇高を求めることこそが、何よりも卑俗であるという事実に辿りついたためだということだ。「永劫回帰」の宣言が、始まりもなく終わりもない、目的もなければ意味もない閉ざされた世界にたいする是認であり、この是認こそが、人間にとってのもっとも強靭な意志の発露であり、挑戦だとしたならば、ワーグナーの営為は、か弱き、滲みのついた精神が作り出し、己自身に迎合する詐術であり、欺瞞にほかならなかったのである。あらゆる価値の転倒とは、閉ざされた世界の不毛を喜ぶべき現実として受け入れる勇気にほかならなかった。

だが、ワーグナーの営みの卓抜さにこそ今は、驚くべきだろう。ゲーテが、古典的秩序の仮構によって対抗しようとした、閉ざされた世界の無秩序に対して、ワーグナーは今一つの「全体」を対置したのである。そこでは、まず芸術の概念が全体化される。細分化された表現のカテゴリーが一挙に押し流されて、一人の特異な才能の中に集約される。天才の意義は変わり、時代精神の卓越した表現から人間的普遍を獲得するイカロスとしての天才から、一身でありとあらゆる作業をこなす全能のヘラクレスになって、音楽、文芸、演劇、建築、衣装のすべてを一人で担い、全作業を切り回してみせる。「全体芸術」としての「楽劇」は、ただきまざまな種類の表現を加算し、綜合したものではない。むしろそれは、「全体」である事によって、表現の、芸術の意味を変化させてしまう、その閾を踏み出した途端に、これまでの表現が絶滅させられ、主体性を失い、隷属化されるとともに、中核的な魂を譲渡する、そのような圏域を、「全体芸術」は作りだしたのである。「全体芸術」は、表現の容赦ない囲い込みであり、その囲い込みの後に一つ、一つの表現は独立した価値を剝奪された。以降表現は、芸術ではなく、むしろ技術に、つまりは「全体」を実現し、仮構するための、技術となったのである。

「全体芸術」が表現でもなく、作品でもないとしたら、何を実現しようとするのか。バイロイトでワーグナーは、それを「今一つの世界」として具現して見せた。バロック式の装飾で飾られた前面の印象を裏切り、劇場の構造は完全に革新的なものだった。芸術鑑賞の場としてよりもむしろ社交の場として機能してきたオペラ・ハウスの伝統を完全に断ち切って、フォワイエの面積はほぼ全面的に削りとられた。平土間は廃止され、舞台に正面する作りつけの椅子が隙間なく並べられた。私たちはワーグナーの圏内に住んでいるので、この異様さは分からないが、当時において、無理やり観客を舞台に向かせる、狭い椅子は、まさしく拘束椅子のようなものだった。スタンダールの回想記を読めば、彼と同時代の音楽愛好家の鑑賞形式が、如何に自由気儘であったかがわかる。スタンダールたちは歌劇の上演中ずっとフォワイエで仲間たちと談笑をし、お目当ての歌姫がアリアを歌うとなれば、それとばかりに平土間に突撃して喝采を送り、だれる場面では平気で不平をとばして、飽きればまたフォワイエに戻っていく、一つのプログラムをはじめから終わりまで、落ち着いて聴くなどという事自体が異様であり、野次や歓声は勿論の事、舞台の所作での品定め、妍を競う貴婦人たちの衣装、容色、新しい男関係などが、常に口にされていて、もちろんあらゆる私語を止まらせる入神の演奏が存在するとしても、それはけしてあらかじめ拝跪させられてのものではなかった。

当初、バイロイトの椅子席には、端に仕切りがつけられていて、客が上演中に立ち歩いたりできないように仕組まれていた。楽団は、舞台下にしつけられた小部屋に閉じ込められて、オーケストラの存在は隠蔽され、座席にしばりつけられた観客には、ただ音楽だけが、演奏者の存在抜きにとどけられる。考え抜かれた音響効果により、圧倒的な音量で音楽は観客を襲う。フォワイエを廃止した代わりに、たっぷりととられた舞台裏では、当時の最先端技術を駆使した舞台装置が、幻灯や機械仕掛けを借りて幻想的な舞台を繰り広げる。上演される作品は、中世の騎士物語や、北方伝承、聖者伝説といった、ありとあらゆる過去の物語の断片を張り合わせ、繋ぎ合わせて作りあげた、闘争と確執の長大な連鎖とを示し、偉大なる終焉を実現する。至上の価値を求めての闘争も、世界が燃え上がって終焉することも、現実の閉じられた世界では起こり得ない。その有り得ない宿命と崇高の臨在を、毎日四時間あまりも椅子にしばりつけられ、強制的に舞台を注視させられ、旋律を追う間もなく音響を耳に注がれつつ、観客たちは硬直し、汗ばみながら、囚人たちの夢として見る。その夢はあまりに強烈であり、現実的なので、むしろこちらの方が真の世界なのだ、と取り違える者がいるほどだ。いや実際そうではないか、このもう一つの閉ざされた世界、今一つの「全体」こそが、真の世界であって、何が悪いのか。むしろ、この汗ばんだ世界での夢精こそが、真なる人生ではないのか。

正面にだけ華美な装飾を施し、側面や背後はレンガ積みをそのまま露出しているバイロイト劇場の建物は、建築家たちから、「工場のようだ」と批判された。この批判は宿命的なまでに正鵠を射ている。

まさしくバイロイトは劇場ではなく、工場なのだ。そこでは、あらゆる表現が、つまりは技術に変質した芸術が動員をされて、今一つの世界が、「全体」が生産される。もう一つの現実の工場としてのバイロイト。「現実」自体を生産し、観客の意識に注ぎ込む、という「世界」自体を工業生産することこそが、ワーグナーの発明した「全体」という現象なのである。「世界」を生産する工場という画期的なアイデアを、より小規模ではあるが、徹底的に普及をし、さらに効率的な製品の、反復生産を可能にしたのが映画館である事は云うまでもない。幾世代をも駆け抜けて、人類の全体史を壮大なセットと長大な上映時間で作りあげた「映画の父」D・グリフィスの『イントレランス』は、まぎれもなく《ニーベルンゲンの指輪》の嗣子であったし、さらには自らの工房を〈夢の工場〉と呼んだウォルト・ディズニーは、「現実」の生産にかかわる技術的な自在度をアニメーションによって飛躍的に進歩させた。今日、コンピューター・グラフィクスによって「もう一つの世界」は、実在の現実性を遥かに上回る「現実性」を手中にし、まさしくワーグナーの試みは、ニンテンドウによって完遂されたのである。

実証主義と人間主義の婚姻に異を唱えた「崇高」を求める者たちは、芸術を技術へと転換することによって、もう一つの「全体」を作りあげた。爾後、芸術はこの「全体」の部分となり、部品となり、あるいはその装飾か、反響の如きものになる。ワーグナー的人間は、全能の存在としてあらゆる技術を統合し、駆使して、みずからを全体の生産者として位置づける。だが、その全能の夢は、バイロイトの椅子に縛りつけられた囚人の夢と相互補完的に同一である。ここでは、誰もが支配者であるがために、誰もが奴隷なのだ。天国であると同時に地獄であるこの全体的世界に住む人間が、抱える「もう一つの世界」において、万人が、全能であり、不能である。

ここで、ワーグナー的人間は、ヘーゲルの奴隷と主人の弁証法をこれ以上ない位徹底的に、かつ下卑た形で克服する。いやむしろ継承をする。一方の現実においては、福祉と健康に汲々として、生命に執着する「奴隷」でありつつ、もう一つの技術によって全体化された世界において、自他の生命を省みず、死の恐怖をのり越えた主人である。ワーグナー的人間の登場によって、普遍的人間の尊厳の保護と、組織的かつ技術的な大量死が、完全に同一となる。

アドルフ・ヒトラーとハイデガー哲学

序　テクネーとテクノロジィ

テオドール・アドルノは、『啓蒙の弁証法』と題された主著に含まれるはずだった断章を、ある知的サークルのエピソードからはじめている。

一九二〇年代の初めのことであった。哲学、社会学、おまけに神学にも手を出していた何人かの人間が、一つの集会を計画した。彼らのほとんどは、信条から信条へとくら替えした経験があった。彼らに共通していたのは、〈新たに獲得された宗教〉を強調することだったが、かといって何か特定の宗教そのものを共有していたわけではなかった。彼らは昔、当時大学を支配していた観念論に不満を抱いていた。彼らが既にキルケゴールにおいて見られるような肯定的神学を——自由かつ自律的に——選んだ原因は哲学だったのである。だが、彼らにとって問題は、啓示の真理内容や特定の教義というよりも、心的態度であった。当時このサークルに惹きつけられていたある友人がいたが、集会には招待されずいささか腹を立てていた。彼は、〈君はまだ《本来的(eigentlich)》になり切っていないからなんだよ〉、とそれとなく言い渡されたのだった。というのも、彼は、キルケゴール的な飛躍(Sprung)をためらったからである。(1)

アドルノはきわめて巧妙かつ手際よく、「本来的」という言葉が当時もっていたイデオロギィ的なニュアンス(「結束した者たちは、反知性的な知識人であった」)と、その排他的な自己同一化の機能(「彼らは、自分たちと同じ仕方で信条告白しない人間を締め出すことで、自分たちのより《高い》合意の正しさを確認し合ったのであった」)を描きだすことで、一九二〇年代ドイツの、知的社会の雰囲気を描出して見せる。

特に、「彼らは自分たちが精神的に擁護しようとする対象を、同時に自分たちの性格とみなしたのだった」という記述は、なかなか含蓄が深い。「本来的」なるものは、確かに神学的な模糊に取り巻かれていた(「この言語には当時エリートだと思いあがっていた者たちの範囲をはるかに越えた、あの時代の神学的耽溺が染みこんでいた」)が、その内実は断じて宗教的、キリスト教的なものではない。「本来性」の圏域には神がいない。神が不在であり、神として個々の人間に超越する、超越するべき存在が措定され、要請され、崇拝されてはいないのである(「だがにもかかわらず、《本来的な》者たちの言語において聖別されているものは、キリスト教的礼拝よりも、《本来性》の崇拝である」)。

「本来的」なるものは、此処において欠如し、探求されながらも、同時に求める者の中に既に育まれ、再発見されるのを待っているような何物かなのだ。求められる対象としての本来的なるものは、つねに求める者それ自身であり、自己の裡に戻り返り見いだされる事で、対象の対象としての成り立ちを損って、超越を内在に回収する(その点からすれば、かつて松尾啓吉がeigentlichを「自己本来的」と訳したのは的確であったと言えるかもしれない)(2)。

云うまでもなく、アドルノがこのような知的グループのスケッチを試みたのは、一九二七年に『存在と時間』によってハイデガーが登場する背景を描くためだった。

このサークルを、異端者たちは、《本来的な人々》と恭しく命名した。当時は、『存在と時間』が世に現れるはるか前であった。この作品でハイデガーが、《本来性》そのものを彼の《実存論的存在論》の哲学的述語として導入したことが示すように、彼は、《本来的な人々》が理論的にはさほど熱を込めて言い立てなかったものを、精力的に哲学のなかに注ぎ込んだのである。こうすることで彼は、《本来的な人々》に漠然と呼応していた人間全員を獲得することとなった。信仰告白の強要は、彼のおかげでまさに不要になったのである。彼のこの書物は、一九三三年以前のインテリの漠たる衝動が志向していたことこそが見識あることなのだと記述し、強い説得力をもって提示して見せたがゆえに、後光を放つこととなったわけである。(3)

たしかにハイデガーは、『存在と時間』において、「本来性」を現存在のもっとも基本的なカテゴリィとして導入し、あるべき存在の構えやあり様を物語り、指し示す言葉として使用しているだけではなく、みずから一つの術語として、精確に選び抜いたものであることを言明している。

本来性と非本来性という二つの存在の様相――これらの表現は、厳密な語義において術語とし

(1)『本来性という隠語　ドイツ的なイデオロギーについて』テオドール・W・アドルノ、笠原賢介訳、未來社、一九九二年、七頁。
(2)『存在と時間』上下、マルティン・ハイデガー、松尾啓吉訳、勁草書房、一九六〇、一九六六年。
(3)アドルノ、前掲書、九頁。

て選ばれたもの——は、現存在が一般に、各自性によって規定されていることに、基づいています。しかし現存在の非本来性は、「より少ない」存在とか、「より低い」存在の程度とかいう意味ではありません。むしろ非本来性は、現存在の多忙、興奮、熱狂、興味、享楽という点で、その最も充実した具体性を追って、規定することができるのです。(4)

ハイデガーは、本来的な存在よりも、むしろ非本来的な存在の方が、様々な様相において豊かであり、刺激的である事を述べる。「非本来性」が、抽象的であるというよりも、むしろ「具体的」な事物にとりまかれ、その旺盛な享受と応答において、ある種の充実と恍惚に満たされている事を示す。それに対して「本来性」は、むしろ具体化できないような、「〜ではない」という無いこと(Nichitigkeit)としての死を抱き締めている。

覚悟を決めることによって現存在は、本来的にその実存において、現存在が自分の無いこと(Nichitigkeit)の無いという根拠(Nichitiger Grund)で在る、ということを引き受けます。わたしたちは死を、実存論的に、実存の不可能性という特性づけられた可能性として、すなわち現存在が全く無いことと解しています。死は現存在に対して、その「終り」につけ加えられるのではなくて、関心として、現存在はその死の投げられた(すなわち無的な)根拠なのです。現存在の存在を根源的に貫いて支配している無いこと性は、現存在自身に対して、死への本来的存在のうちに現れています。(5)

アドルノは必ずしも、『存在と時間』が現存在分析において「本来性」を前面におしだした背景を描写することによって、本来性と死との緊密な関係において顕著にあらわれているような、ハイデガーの哲学がもっていた時代的な輿望や、知的流行にとどまらない、より大きな政治的・歴史的流れに棹さす計算をあぶりだそうとしていたわけではない。

ハイデガーの「本来性」にかかわる議論と、「本来的な人々」の能天気な言動を区別しながら、アドルノは慎重に、ハイデガーの思索が書き言葉として表されたときに捕らわれる陥穽について述べている。

ハイデガーは《本来性》を《世人(Man)》と《空談(Gerede)》に対置した。だが彼は、《実存範疇(Existentialien)》として論じた、対置されたこれらの二つのタイプの間にはいかなる完全な飛躍も存在しない――否、それらは、それら固有の動力学によって、相互に移行し合いもする――という点について、見誤ることはなかった。だが、彼が予期しなかったのは、彼が《本来性》と名づけたものが、ひとたび言葉となるや、『存在と時間』が反抗しようとしたのと同じ商品交換社会の匿名性の手に落ちるという点であった。(6)

「本来性」という言葉、あるいはすぐれて本来的なるものにかかわるとされている一連の云い回し

(4)『存在と時間』上、マルティン・ハイデガー、桑木務訳、岩波書店、一九六〇年、八六頁。
(5)『存在と時間』下、マルティン・ハイデガー、桑木務訳、岩波書店、一九六三年、一六頁。
(6)アドルノ、前掲書、二五頁。

／ハイデガー的語彙（「実存」「決意」「絆」「委託」「責めぐ」「根源」「顧慮」）が、「本来」ならばハイデガーがもっとも強く非難しているはずの「空談」「おしゃべり」の中で消費される記号的な言葉になってしまうという逆説を、アドルノは指摘し、このような逆説を宿命的かつ構造的に、ハイデガー哲学が備えていることを述べている。

アドルノは、ハイデガー哲学のボキャブラリィが、ハイデガー自身が対抗し、貶めているはずの「非本来性」の特性である「多忙、興奮、熱狂、興味、享楽」の道具として使われてしまう事態を、当時の通俗的パンフレットや演説を分析しながら、新鮮であるはずの言葉を不断に企画商品へと変えてしまう言語状況にたいするハイデガーの無頓着を指摘している。「それは人間的に深く心を打たれているという自負から溢れ出る言葉でありながら、自分が公式には否定している世間（die Welt）と同様に規格化されている」(7)。

だが、アドルノにとってより問題なのは、そのような状況（「少なくともゲオルク・ジンメル以来記述され、既にボードレールが感知していた高度に資本主義的な大都市と散漫との関係」）(8)において、「本来的」な言葉を求めてしまうハイデガーの志向そのものにある種の傾きとイカサマなのだ。

最早ありえない、精選され、卓越した言葉を求めることによって、ハイデガーは「隠語」を弄んでいる、と。

希有な言葉に宿っていた今はなき魔力が、まるで行政処置のように、言葉に統制経済的に再調達されるわけである。個々の言葉の超越性は、工場で仕上げて配達されたセカンドハンドのものなのである。――失われた超越と引き替えに悪魔が置いていった蛭子に他ならない。経験的言語

の構成要棄が、その硬直性のままに、あたかも真実の啓示された言語のそれであるかのように、操作される。(9)

アドルノは、ハイデガーと、E・アンリヒら宣伝家たちの言葉の質的差異、ハイデガーの文脈の周到さを認めながらも、「本来的」な何ものかへと赴こうとする思索が要請している言葉の用い方が、もっとも深遠かつ本質的な思索を試みると称しながら、実は思考を停止し、それだけではなく損なっていると語る。

その毀損は、哲学的、思想的な欺瞞ではなく、政治的、思想的なある種の共同性、共犯性こそを生み出すために機能しているのではないか。

痛い目にあって賢くなった彼らには、啓示を引き合いに出すことは怖くてできない。にもかかわらず彼らは、ひたすら権威を求めて、言葉の昇天の祭儀（Himmelfahrt）を執行し、事実的なもの、制約されたもの、異議申し立て可能なものの領域を超えていく。言葉そのもののなかに天からの祝福が無媒介にしつらえてあるかのように、言葉を発声することによってである。活字においてまたしかりである。思考さるべきであろうけれどもそれに抵抗する——そのような最上のものを隠語はそこねてしまう。隠語が、最上のものを——隠語風に言えば《そのつど既に（je schon）》

(7) アドルノ、前掲書、一〇頁。
(8) アドルノ、前掲書、八七頁。
(9) アドルノ、前掲書、一二頁。

——所有しているかのように振る舞うことによってである。(10)

ハイデガーの「本来的」な思索が、索漠とした消費世界にほうり出され流通する時に果たす役割を、アドルノは、ハイデガーは意図していなかった、としている。

無論このような認識は、アドルノがハイデガーを擁護している事を意味するわけではないし、また文中たびたび見せているハイデガーにかかわる保留——宣伝家たちとは一線を画してしかるべきその観念操作に対する評価——のなせるものではないだろう。

ハイデガーの「犯意」を否定する背景には、「本来性」の磁力をハイデガーとナチズム領域に限定せずに、ヤスパースやボルノーといった「反ナチ」をも包含する「ドイツ的イデオロギー」として考察するためだった。アドルノが「痛い目にあって賢くなった彼ら」という言い回しで示しているのは、第二帝国の落日を経験して、その権威的な進歩主義と斬新主義への失意を味わった一九二〇年代の、知的エリートの小心だけではない。むしろ、総統の怒号を聞いた事もないような表情を浮かべながら「奇跡の復興」を謳歌していた、一九六〇年代——つまり同時代——の西ドイツのインテリが、用心深く纏っていた罪障感のヴェールについてではないか。

いずれにしろ、アドルノがハイデガーに施した「減刑」の背景には、「本来性」にかかわる思考を、帝国的権威なき後のドイツ思想全般の問題として捕らえようとする枠組みが存在していた。

だが、はたして「本来性」にかかわる問いは、すぐれてドイツ的な、または第二、第三帝国の興隆と滅亡というドイツ近代史的な事象においてのみ考えればすむのだろうか。

むしろ、より大きな、思索や言葉にかかわる、ある歴史的な必然の中での出来事と結びついているのではないか。
その出来事は当然ながら、アドルノが、ハイデガーに欠如しているとした、「高度に資本主義的な大都市と散漫との関係」にたいしての洞察とも深く結びついている。つまり、ハイデガーには「犯意」があったのか、なかったのか。もしも「犯意」があったのだとするならば、その「動機」は何だったのか。
アドルノは、「本来性」の隠語としての成り立ちを語る上で、その排他的な自同律としての性格とともに、言葉の意味への無根拠な超越をあげている。

何が隠語であり、隠語でないかを決定するのは、その単語がそれ固有の意味に対抗して超越的に自己定立するような口調で書かれているかどうか──個々の単語が、文や判断や思考内容を犠牲にしてエネルギーを負荷されているかどうかにある。(11)

この文意自体はきわめて明確なものだろう。だが、ハイデガーの側から見たならば、アドルノの提議は、何も語っていないに等しい。ハイデガーの思索における試みは、言葉が、「それ固有の意味」といったものを亡くしてしまい、意味や文脈はかりそめのものでしかなく、用語は諸刃の剣として思考自体を損ない、了解や伝達の不可能さを証し立てるようにしか、動きえない場所である。

(10) アドルノ、前掲書、一七頁。
(11) アドルノ、前掲書、一三頁。

このような言葉のあり方として、ハイデガーが述べている、ニーチェにおけるニヒリズムという言葉の用法の両義性を挙げることが出来るだろう。

ニーチェはニヒリズムというとき、在来の最高の諸価値の価値喪失のことを考えている。しかしニーチェは同時に「在来の諸価値すべての価値転換」という意味でのニヒリズムに対しては、肯定的に振舞っている。ニヒリズムという名称はそれ故に多義的に留まっているが、この名称が一方では、在来の最高の諸価値の単なる価値喪失を表し、しかし他方では同時に価値喪失に対する無条件の反対運動を意味している以上、この両極端に目を配るなら、差し当り常に両様に解しうるものに留まる。(12)

ハイデガーは、ニーチェの思考のきわめて中心的なモチーフである、ニヒリズムという言葉が、ニーチェにおいて付加されている意味を説きながら、その振幅、あるいは二重性が解消しえず、ゆえに解釈は「差し当り常に」決定不可能であることを述べている。

このような「多義」性は、ニーチェが、言葉の用い方や文脈において非論理的であることから齎されたのであろうか。あるいはまた、「固有の意味」にたいして無頓着であるから起きたのであろうか。まったく逆に、ある事態を、その事態のただ中において徹底的に考えるという試みが、否応なく言葉を「固有の意味に対抗」することを余儀なくし、既存の、一般的な了解として共有されている地平を逸脱した「エネルギーを負荷」されることになったのではないか。

その事態をニーチェは「神の死」と呼んでいる。

「神」が死ぬとはいかなる事態か。それはだんじて、一神教の神に代表される、超越的で絶対的な存在の支配から人間たちが解き放たれたというようなことではない。「神」とよばれているのは、キリスト教の神だけではなく、むしろプラトン以降の西欧思想が伝統的に依拠してきた理念、あるいはその理念が構成する超感性的世界であり、それらの理念を根拠とする道徳律や、それらの感性的世界での働きをつかさどる理性や、あるいはそこから生まれるさまざまな正義といったものであり、それらのものが根こそぎ死んでしまうということであるとハイデガーは云う。

> 超感性的なものは、感性的なものの、永続しない所産のひとつとなる。ところがこの感性的なものは、己と反対のものをそのように下落させることによって、自分自身の本質を否定してしまう。超感性的なものの罷免は、感性的なもの（アイステートン *αἰσθητόν* 感覚サレタモノ）と非感性的なもの（ノエートン *νοητόν* 思惟サレタモノ）との区分ということに関して、そのいずれでもないという状態で行き止まりとなる。この罷免の先は、あらゆる意味が無意味になる。にもかかわらず、ただの意味付与によるだけで無意味なものから逃れようとする目の眩んだ諸々の試みにたいして、熟慮されたことのない、克服されることのない前提にこの罷免はなっている。(13)

超感性的なもの、感性的な現実にたいして超越的に存在しているものが死ぬということは、あらゆ

(12)「ニーチェの言葉「神は死せり」」、『杣径』、〈ハイデッガー全集〉第五巻、茅野良男、H・ブロッカルト訳、創文社、一九八八年、二五〇頁。
(13) 同前、二三五頁。

る理念的、観念的な覆いが消滅して、ただひたすら物質的な世界があらわれるという事ではない。「物」もまた死ぬのである。神が死ぬのと同時に、その通夜の告知と共に、すぐれて物質的な世界もまた消滅する。

後に残るのは、物も理念も、思考されたものも実在しているものも、想像されたことも起こったことも、すべて等価である、そこに絶対的な境界はなく、ある種の程度――迫力とか、快感とか、実効性とか、利潤といった強度――の差異しか存在しない。

あらゆる現実的なものの超感性的な根拠でありまた目標でもある神が死んでいるならば、すなわち諸々の理念の超感性的な世界がその拘束力を、とりわけその呼び起こし立て直す力を喪失したのであるならば、人間にとって拠り所となり目安となり得るものは最早何一つとして残ってはいない。(中略)「神は死せり」という言葉は、この無が蔓延しているという認識を含んでいる。無とはここでは、拘束力のある超感性的世界の不在という意味である。「ニヒリズム」、すなわち「あらゆる客人の中で最も不気味な客人が、戸口に立っているのである」。(14)

「超感性的な根拠」がなくなったということは、理念と実在を照応する表象も消滅したということであり、あらゆる始まりや終わり、発展や衰退を告示する指標も区切りもなくなったということである。そこで、同じもの(分別されえぬもの)の無限循環としての「等しきものの永劫回帰」が宣告される。このような永劫回帰を、ボードリヤールは、今日のメディア・消費の趨勢にあわせて、シミュレーションと名づけた。「シミュレーションの時代には、自分のものだと見わける神もなければ、偽物を本物と区別したり、実在をその人為的復活から区分する最後の審判も存在しない。なぜならすべては、すでに死に絶え前もって蘇っているからだ。

実在がかつてあった実在でなくなる時、ノスタルジーがあらゆる意味を獲得する。起源神話と現実の記号が競い合い、真実、客観性、本物らしさが競い合う。真実や体験や具体的な物の形の復活などがエスカレートする。気違いじみた物質生産と並行し、それを上回って実在が狂ったように生産される」(15)。

ハイデガーが、「拠り所となり目安となり得るものは最早何一つとして残って」いないという場所、シミュレーションのただ中で思考を試みているとすれば、アドルノの語るような「固有の意味」によって導かれる「判断や思考内容」などは、きわめて素朴なノスタルジィにすぎない。

無論、「本来性」もまた、濃厚かついかがわしいノスタルジィによって幾重にも覆われている。だがハイデガーは、アドルノのように「固有」な領域が素朴になりたちうる、思考や出来事や判断が成立しうるとは考えていない。

そのノスタルジィのまったき不審さにおいて、ハイデガーの「本来」的な思考は、故郷でもなく、黒く深い森の中でもなく、むしろ人いきれが充満し、ありとあらゆる商品が溢れかえり、徳目も教養も情報として売り買いされ、誰もが他人とことなる自分を主張しながら、他者からの承認を求めている「高度に資本主義的な大都市と散漫」のただ中にあると言えるのではないか。

(14) 同前、二四四頁。
(15)『シミュラクルとシミュレーション』J・ボードリヤール、宇波彰訳、法政大学出版局、一九八八年、一六七頁。

ヘーゲルは哲学の故郷を口にすることが出来た。

ところで、ギリシア人が我々に懐かしく感ぜられるのは、彼らが自分の世界を自分の故郷とした点にある。郷土性という共通の精神が我々を結びつけるのである。（中略）ギリシア人が、自分自身の処を故郷としたように、哲学はまさに自分自身の処を故郷とするのである。人間は自分の精神を故郷とするものであり、自分自身を故郷とするものである。普通、ギリシア人は我々の故郷とせられるが、そうだとすれば彼らの哲学こそ我々の故郷でなければならない。しかし我々は徒らに彼らの処に留まってはならない。というのは哲学こそ、まさに自分自身の処を故郷とするものであり、我々にとっては思想こそ、即ち最も我々に固有なもの、つまりあらゆる特殊性から自由なものこそ問題でなければならないからである。(16)

だが、ハイデガーには最早、人間が精神を故郷としうるような確信もないし、また自らに、「最も我々に固有なもの」が把持されているという実感もない。それゆえに、闊達にギリシアの哲学者たちに遡り、そして別れ、あるいは自らの故郷からさえも旅立つ晴れやかな意志ももつことはできない。ハイデガーにとってギリシアとの対話は、西欧哲学の源泉を問い、あるいはその意味をオランピア・ヴィスタから探ることではありえない。「西洋的思索の元初へのわれわれの省察は、「哲学」がいつどこにおいて源を発したのかを決定しようと思い上がるものではない」。

はじまりもなく、終わりもない、この永劫回帰において私たちは、歴史のもたらす見晴らしや遠近法を、いかなる意味でも利用することはできない。遡行は不可能であり、ただ「回帰」の中での追体験が、シミュレートだけが対話の課題となる。「われわれは「哲学」の、すなわち形而上学の「起源」という根底を、遠方からではあれなにがしかの範囲内で経験するという試みで満足する」(17)。だが、いかにして哲学の「元初」を、「起源」を、人は追体験することが出来るのか。それは云うまでもなく、対話としての読むことの中で起こらなければならない。

われわれは根源的語彙に頼る。単語や語の語根の意味を解明して進むこの道は、これから先のあらゆる場合のためにここに言っておきたいが、危険に満ちたものである。この道を歩むためには、その言葉の使用を単にマスターするだけであったり、辞典を利用するだけでは足りない。そのためにはさらにその上に何がもっとも必要とされるのかは、ここで広範にわたって究明されるわけにはいかない。だが、注意深く共に思索に従う者は次のことに気づき、いつの日にかは認識するであろう、つまりわれわれはここで単なる単語から任意の意味を汲み取って、そこから一つの哲学を組み合わせ、そのようにしてその語によって言われている事柄への洞察は汲み尽くされ充分なものだと見做しているのではない、ということである。一つの語が、それの名づけるもの、その内で言葉にもたらされるところのもの、そうしたものとの関聯を欠くならば、語とは一体何であるか。一切の虚ろで偶然的な語源解釈から手を放つべきである。語の内で名づけられるべきものが長い着実な道の上で予めすでに思索され、絶えず繰り返し熟慮され、その語の本質におい

(16)『改訳 哲学史』上、〈ヘーゲル全集〉11、武市健人訳、岩波書店、一九七四年、二〇八頁。
(17)『ヘラクレイトス 西洋的思索の元初』、〈ハイデッガー全集〉第五五巻、辻村誠三、岡田道程、A・グッツォーニ訳、創文社、一九九〇年、六頁。

て験され、絶えず繰り返し吟味されるのでなければ、語源解釈は遊戯に堕する。(18)

アドルノならば、典型的な「隠語」の文章であると指摘するような——たしかにこの文では、ハイデガーの思わせぶりな自負以外には何一つ明らかになってはおらず、くだくだしい断言、もったいぶった前置きが並べられながら、解釈のために必要であるはずのあらゆる手立ての検討は、「ここで広範にわたって究明されるわけにはいかない」と回避される始末だ——一節だが、にもかかわらず、ここで展開されているのは、共犯への誘いや陰謀ではない。ある一つの技術、つまり「元初」の思考の追体験のための、あるいはもはや「拠り所となり目安となり得るもの」もない、理念と表象をめぐる思考が不可能になった後に、思考をシミュレートする技術が、展開されているのだ。

アドルノは、「ハイデガーは分かりにくくはない。むしろ彼は、どんな理解にせよ、彼を理解すればただちに誤解になるというタブーを周囲にはりめぐらす」(19)と書いたが、ハイデガーが読むことの回りに設置したのはタブーではなく、解釈の根拠が不在であり、あらゆる読みが正しく同時に誤っているような場において、読むことに思考のスリルを演出するためのアトラクションなのだ。ジェットコースターの急勾配や捩りのような。

ハイデガー的な、考えに考え抜かれた手管としての「哲学」が、ここに存在している。もしも、ヘーゲル的な思考を「哲学」と呼ぶのならば、ハイデガーのそれは「哲学」とはまったく異質なものだ。だが、にもかかわらず、あらゆる地上的なるものと天上的なるものが境界をなくして入り交じり、等しいものとして立ち去り、立ち戻る空虚の中では、思考を偽造する技術だけが、「哲学」の名前に値するかもしれないのだ。

ハイデガーは、技術なるもの、テクノロジィに、深い嫌悪を再三表明している。

近世的学問は現代技術の不可避的完遂形態の一つである、というわれわれの主張は、ひとをしていぶかしい思いをさせずにはおかない。このいぶかしさは、たとえわれわれが直ちに、現代技術の本質が何処にあるかをきっぱりと言うことができたとしても解消しない。（中略）ただ次の一事は少しく覚めて熟慮してみるならば認識されよう、すなわち、生命のない自然と生命のある自然の諸学問も歴史と歴史的作品についての学問もますます一義的につぎのような流儀のものに形成されつつあることである。その流儀とは近代の人間が自然と歴史と「世界」と「大地」全般とを説明によって支配するやり方のことであり、この説明された圏域を近世人は計画的にかつその都度需要に応じて、秩序づけという仕方で世界全体の主であろうとする意志を確保することに役立てようとする。(20)

このような「現代技術」による世界支配という認識が、様々な意味で正当に思われるとしても、むしろこれらの言明において本質的なのは、技術としての「思考」を有効に機能させるための装いなのだ。

ハイデガーは「現代技術」に、テクネーを対置する。

(18) 同前、二二四頁。
(19) アドルノ、前掲書、一一二頁。
(20)『ヘラクレイトス』、二二一頁。

真なるものの内に立ち続けることをここで全く広く豊かに解された場合の「知」という語で呼ぶとすれば、テクネー〈τέχνη〉は明るくする、「明り」をつけるという広義における一種の「知」である。(21)

ただ大地を収奪するだけではなく、自然と歴史をも支配しているテクノロジィ、非覆蔵された存在の場にもっとも精通していることとしてのテクネー。

それは一見対置の如く見え、またハイデガー自身がその違いを強調しているかに見える。その対置から、ハイデガーは、「現代技術」の地球支配を批判していくのだから。

つまりテクネーは、やはりある種の「現代技術」なのだ。本来性を喚起する手管としてのテクネー。それは現代社会においてあまねく存在している。技術社会のもたらす、さまざまな弊害を解釈し、毀損を癒すと称するさまざまなテクネー。それはハイデガーの哲学それ自体であり、あるいは人間と自然の絆を再び回復すると称するテクネーも隆盛をきわめている。詩句を再び詩人にもたらすテクネー、社会や共同体を活性化するというテクネー、テロリズムのテクネー、人工都市のテクネー、メディアのテクネー、祭礼のテクネー、セックスのテクネー……。反テクノロジィのための技術としてのテクネーにわれわれは、完全に取り巻かれている。それを「支配」と云うべきかどうかは分からないが。

テクノロジィに抗するという宣言とともにあらわれながら、「本来性」にかかわる気分や納得、恍惚、興奮の強度を産出し操作するもう一つのテクノロジィを、ここではテクネーと呼ぶことにしよう。テクネーとは、実在ならざる実在と理念ならざる理念を無限に生産し、真理ではなく本来性のくぐもった輝きを反復させる技術にほかならない。

そしてハイデガーが、その本質においてイデオローグとしての役割をになったナチズム、ファシズムは、はじめて顕在的かつ複合的におこなわれた——その点において現在にたいして先駆的な——テクネーによる政治にほかならないのである。

たしかに、ある意味でテクネーは技術ではない。なぜならばそれは、つねにあるはずのもの、はじめの一撃が岩盤に加えられる前に、すでに発見され、あるいはあてにされているものしか掘り出さないからである。

幾世紀も前から称揚されてきた理性が、思索の最も執拗な敵対者であるということをわれわれが経験してしまったとき、そのとき初めて思索が始まるのである。(22)

このようなスローガンが、ファシズム、ナチズム、あるいはありとあらゆる軍国主義や専制主義や政治的汚物のために利用されてきたことは改めて云うまでもないだろう。

だが、にもかかわらず明らかであるのは、わたしたちがその「思索」に挑まなければならないということだ。もっとも忌まわしいその過去の中核を通りながら。

(21) 同前、二三三頁。
(22) 「ニーチェの言葉「神は死せり」」、二九六頁。

だが、テクノロジィとテクネーの差異の強調自体が、ある種の方法、「根源的語彙」による「本来的」な領域への接近、あるいは「元初」的な思考のシミュレートなのだとすれば、ここでテクネーとさし示されている「知」もまたある種の情報であり、情報に関る技術なのではないか。「理性」などもはやどこにもないのだから。隠語としても。

注記　引用に当っては適宜翻訳を変更させて戴いた箇所があります。

すべてが技術である。

特に、言葉を用いて記述し、観念を操作し、イメージを展開し、認識を形作り、思考を生起させる技術について、私たちは意識的でいなければならない。

その意識だけが、この、もう一つの技術を巡る問いの連なりを動かしていく事が出来るだろう。

本来性なるものが、あるいは、本来性にかかわる技術なるものが何時、如何なる状況において、何の様にして現れたのかを記述することはさして難しい事ではない。

それは如何様にも記述し得るだろう。長々としたバロック的な叙述の後に、亡霊の如く登場させる事も可能であるし、あるいは読む者と知識認識を共有しているという殊更な仕草とともに書き出し易い地点を選んで、再認識として固有名詞と共に始めることも出来るだろう。

いずれにしてもそれもまた、技術の問題にほかならない。

ファシズムを、そしてナチズムを、西欧の文化、政治の必然的かつ正統的な帰結であり、未だ完結されていない一段階として「評価」することを目指す小論は、臆面もなく教科書的な体系性、包括性を装う事にしよう。

時は一八三七年七月のなかばごろ、パリ市内の広場広場に新しく往き来するようになったあの《ミロール》と呼ばれる馬車の一台が、国民軍大尉の制服を着た、中背のふとった男を乗せて、ユニヴェルシテ街を走っていた。

パリっ子といえばもともと、才知にたけすぎていることが非難されるものだが、その数あるなかにやはり、平服でいるより軍服を着ているほうが無限に立派に見えると考え、女性たちのうちにずいぶんと退廃的な好みを想定して、彼女たちもきっと、けばだった国民軍の軍帽と軍隊装具一式を見れば、好意的な印象を持つにちがいないと想像する人間がいるものである。

第二軍団に所属するこの大尉の風貌は自己満足を表し、それが彼の赤みがかった肌の色と、かなり頬のふくらんだ顔を光りかがやかせていた。商取引によって得られた富が、隠退した商人の額に生じさせるこの後光を見ると、おのずからパリの選良の一人、すくなくとも彼の住んでいる区の助役であることが察しられるはずだった。だからもちろん、プロシャ風に勇ましく張り出した胸の上に、レジョン・ドヌール勲章の略綬が欠けていなかったことは信じていただきたい。馬車の片隅に誇らしげに陣取って、勲章をつけたこの男は、通行人の上に視線をさまよわせていたが、パリではこうして、通行人たちがしばしば、放心した美しい瞳にむけられた気持ちのいい微笑を受けとめることがある。(1)

高名な作家の、高名な書き出し。時間の明確な設定と場所の限定。人物の風貌と装いから、社会的階層を画然と描き出し、その女性に対する意識、虚栄の在り方を馬車の移動と踵を合わせるように抉っていく。

このような記述において、部分は、つまり「描写」として描き出される情報の一つ一つの断片は、書かれている対象を「まるで眼前にあるように」彷彿とさせるように並べられ、関係づけられている。無論かように情景なり人物なりを構成している関係や事柄が「眼前」に浮ぶのは、読む側と書く側の間の、数世代に及ぶ解釈の訓練の蓄積に拠っている。その点からすれば、このような記述は、一連の蓄積が作り出した、ある典型だとも考えられるだろう。そして、その蓄積を技術と考えることは、誤りではあるまい。

小説におけるテクノロジィ。

そのテクノロジィは、未だに有効性を失っていない。それは無論、小説と呼ばれる記述のなかで、このような技術を使用した作品が、未だに多くの生産者や消費者をもっているからでもあるが、この技術はさらに、活字による書籍という枠組みを超えた領域にまで援用されて生き続け、そのバリエーションを増やしている。

小さな荷馬車の間近で銃が発射されても、酒保の女が力いっぱい鞭をふるって馬を速足で走らせても彼はいっこうに眼をさまさなかった。連隊は終日勝ち戦だと思いこんでいたのに、ふいに雲霞のようなプロシア騎兵に襲われ、退却しはじめた。というよりも、フランスに向けて一散に逃げ出した。

（1）『従妹ベット』上、バルザック、平岡篤頼訳、新潮文庫、一九六八年、一一頁。

マコンにかわった連隊長は、酒落者の美少年だったが、かわるとすぐに斬り殺された。かわって白髪の老大隊長が指揮をとり、連隊に停止を命じた。「腰ぬけ!」と彼は兵士たちをどなりつけた。「いまプロシア兵のおかそうとしているのは祖国の土だぞ!」

小さな馬車は止まり、ファブリスは目を覚ました。陽はもうとっくに沈んでいた。あたりが暗くなっているのに彼は驚いた。兵士が雑然と右往左往していて、それがまたひどくわが主人公を驚かせた。みんな当惑した様子であった。(2)

前に引用した記述と対比される、これもまたきわめて高名な作者の作品の、またきわめて高名な場面である。

しかもその場面は、世界史的にも名高い戦闘の現場、一情景として語られている。

確かに、その情報のあり方は最前ときわめて異なった流儀によって関係づけられているように思われる。その関係の傾向は、先に引用した記述が、読者の了解を安定した情報の支えによって構築していくが如くに進められているのに対して、むしろその了解が構築されず、崩れ、骨格を備えないように構成されている。

それが構成であるのは、このような情景が、たしかな説明や文脈から逃れ、むしろ混乱を露出させようとしていながら、にもかかわらず混乱という情景を「眼前」に彷彿させる事が、何よりもここで試みられているからに外ならない。

その点において、二つの記述は、同じ技術の系譜に属している。片一方がスタティックであり、もう片一方がダイナミックであるというが如き印象によって区別されるべき差異はあるものの、いずれにしても双方の文は、ある光景なり、感覚なりを彷彿させることに向けられている。

それでは、これもまた高名な作家の手になる、きわめて高名な場面においても、その技術は同じ様に使われていると考えてよいのだろうか。

ところがこのやり方に気がつかないのか、それともまねするのも気がひけるのか、「新入生」は祈禱がすんでも帽子を両膝にのせたままでいた。その帽子というのが、毛皮の騎兵帽とポーランド風槍騎兵帽と山高帽と川獺皮の庇帽とナイトキャップの諸要素が多少とも見いだされるがそのいずれでもないという混合様式の帽子であり、言うなれば、その黙然たる醜さが白痴の顔のような深刻な表情をたたえているといったていの、あのみじめな珍物の一種だった。それは鯨骨を芯に張った中ぶくれの楕円形で、まずいちばん下には三重の腸詰状丸縁が赤糸の筋をあいだにはさんで兎の毛の菱形模様と交互に並び、それから上は袋のような形にふくらんで、その天辺には、刺繡糸でごてごてと一面に縫い取りをほどこした多角形の厚紙があって、そこからやけに長っ細いひもがたれて、その先に飾り総めかして金糸を撚った小さな十字架がぶら下がっていた。帽子は真新しく、庇が光っていた。(3)

ここですべての発見者たちがそうであるように、声を張り上げて見せる事は容易である。確かにそ

(2)『パルムの僧院』スタンダール、古屋健三訳、〈世界文学全集〉25、講談社、一九七七年、四五頁。
(3)『ボヴァリー夫人』フロベール、山田𣝣訳、〈世界の文学〉15、中央公論社、一九六五年、七頁。

ここには明確な差異があると云えるかもしれない。少なくとも、ここで「シャルボヴァリ」なる少年が場違いにも膝の上に据えたままにしている帽子を巡って羅列されている情報は、読者に対して明確な映像を彷彿させることはない。一つ、一つの情報は、参照するイメージをもっているとしても、それらのイメージを一個の帽子のうちに積算して一つの画像にすることは出来ない。その点で、ここでの記述は、情報が彷彿させるべき「眼前」の像の構成から溢れており、過剰でもある。

その横溢なり、過剰なりを把まえて、リアリズムなる思潮の陶酔とされてきたこの書き手は、対象となっている「現実」を激しく逸脱しているのだ、と誰が認めたともしれない公式の文学史なるものにたいして興奮して見せることは不当ではない。またこの記述の、あるいは記述を構成する言語のあり方を、対象からの、意味からの、了解からの上滑りとして論じ、およそ今から百年前に起こったとされている言語なり、意味論なりの革命、転回の先駆として発見することも、けして的はずれとは言えないだろう。

だが、ここでは、すべてを技術の問題として考えることにしよう。

技術という観点から考えた時に、この三番目の引用が、前二者とはそれほど著しく変わっていない事は明らかである。

記述が示す情報が、彷彿とさせるべき現実なる領域と、云わば一対一の如き、明快な対応関係をもっていないことはその通りであるが、しかしにもかかわらず、ある種の彷彿とさせるものが、それが情報としてきちんと積算されていないにしろ浮かぶことには変わりはない。

二番目の引用における、混沌のあり方と、この文章における混乱は、明らかに異質なものである。二番目の記述の混沌が、その指示されている対象に投げかけられているのにたいして、三番目の引用においては、その混乱は言葉の連なりそのもの、記述自体において起こっていると考えられる。

だが、このような差異を由々しいものとして指摘することは、少なくとも小説と呼ばれるような記述を、技術（技法の側面と云う意味ではなく、技術そのもの）として考える視点からは妥当ではない。なぜならば、そのような差異自体が、じつはこの技術自体に、あるいは技術が前提としているものから派生したものであるからだ。その技術の蓄積過程は、けして短い時間——近代小説と呼ばれるジャンルの登場よりも、幾層倍も起源の古い——になされたものではなく、その一致は、ほとんど西欧における言語観の中核に染み込んでいる。

要するに、記述された言葉と、その言葉が想起させ、彷彿とさせる光景なるものがあり、加うるに言葉がその光景を余しもせず、欠落もさせずに造影するという思い込み自体、このような技術から生まれ、派生したものにほかならない。つまりここに段差を見せているのは、むしろ技術それ自体なのである。云う迄もなく、その段差が、小説というテクノロジィの解体と見るか、発展と見るかは別の問題であるが。

にもかかわらず、この記述が一つの限界、あるいは臨界を指し示すように思われるのは、アドルノが指摘したような意味での、「隠語」の原型があらわれつつある、つまり言葉が固有の意味なるものを断念し、読み手と書き手の、多少なりともいかがわしい黙契を前提として語ることへと踏み出されているからである。

技術の限界の認識はしかし、小説的な技術によって賄い得ないような対象の登場や、表現意図の発生によって為された訳ではない。むしろ、技術自体から、技術の進行とともにそれは現れたのである。

群衆がこの人の領分であることは、大気が鳥の領分、水が魚の領分であるのと同じだ。彼の情熱と彼の職務、それは群衆と結婚することだ。完全な漫歩者にとって、情熱的な観察者にとって、数のなかに、波打つもののなかに、動きのなかに、逃れてゆくもののなかに、限りないもののなかに住いをさだめることは、はてしもない歓楽である。（中略）

観察者とは、いたるところにお忍びを楽しむ王侯である。人生の愛好者は、世間をもって自分の家庭とするのであり、これはさながら、美しき性の愛好者が、今までに見いだした美女、見いだし得る美女、見いだし得ぬ美女のすべてをあつめて、自分の家庭を作るのと同じであり、絵の愛好者が画布に描かれた数々の夢の織りなす、魔法の世界に生きるのと同じだ。こうしたしだいで、万人の生括を愛する人は、電流の巨大な貯蔵器に入ってゆくように、群衆のなかへと入ってゆく。この人をまた、相手の群衆と同じほど巨大な鏡になぞらえることもできる。また、意識をそなえたカレイドスコープ、ひと動きごとに、複雑な人生を、人生のあらゆる要素の形づくる動的な魅力を再現するようなカレイドスコープにも。これは、飽きることなく、非我をもとめる自我であって、この自我は、各瞬間ごとに、非我を、いつも不安定で逃げ去ってゆく人生そのものより一段と生気ある形象に変えて、再現し、表現する。「どんな人間でも」と、ある日G氏は、いつものように、強烈な眼差しと暗示的な身振りで会話に光彩をそえながら、言ったものだ。「どんな人間でも、あらゆる能力を呑みこんでしまわずにはおかぬほど確乎とした性質の悲しみの一つに打ちのめされているならともかく、そうでもないのに、多数のさなかにいて退屈するような奴は馬鹿だ！　馬鹿だ！　わたしはそんな奴を軽蔑する！」(4)

これまた高名な詩人の、きわめて画期的とされているエセーをここで引いたのは、この文章が取り上げている版画家が活用したと云うリトグラフという技術について述べるためではないし、またその延長上にあるとされる写真術について語るためでもない。

ここで述べられている街頭のユーフォリスムは、ただ群衆なる存在が、文芸的と呼ばれる記述の対象として浮かび上がり、或いは社会現象と呼ばれるような領域において、量的な指標のもとに実体として観察しうるようになったために、感知されるようになった訳ではない。

街頭における陶酔には、いわばバクーニン的とも云うべきアナーキーな思考への、認識の欲求を見てとることが出来る。

アナーキーとは、ただ既成の秩序が破壊、あるいは崩壊すること、もしくはそれを望むことではない。この件については、後に再検討する必要があるだろうが——一八四八年のワーグナーの政治活動に仄見えるように、寧ろ既成の秩序とは異なる秩序、秩序ならざる秩序への希求であり、その秩序とは法体系なり、共同体的慣習に基づく振る舞いによって規制されたものではない、より完全な秩序をいかにして生成させるかという問いなのだ。

このような秩序を否定する秩序、完全なる秩序を規定するもの、根拠づけるものは一体何なのか。あるいは人は何によって、自分がその完全なる秩序の中にいると実感し、確認することが出来るのか。

そのような疑問に対して、群衆という領域にかかわる認識が要請されている。

云う迄もなく、その要請と応答は、いかなるずれも先取りもそれと見えないような形で完遂される。

（4）「現代生活の画家」、『ボードレール全集』Ⅳ、阿部良雄訳、人文書院、一九六四年、三〇二頁。

群衆なるものを発見し、群衆なるものと一体化することにより、ある秩序が完全なる体制として認識され確認されるというよりも、郡衆そのものが、その完全なる秩序なのである、「意識をそなえたカレイドスコープ」として。

つまり、郡衆にかかわる技術がある。それは完全なる秩序という、政治や社会にかかわる技術から発しながら、まったく異質な技術として自らを発生させる。それ故に群衆の発見と耽溺には代議制を超えようとする普通選挙的情熱と通底する情熱があるのだが、そしてまさしくそこで渇望されているもの――おそらく、先走って、それを本来性と指し示すことは誤っていないだろう――が通底するとしても、その形成と発展は根本的に異なる。その差異とは云うまでもなく、テクノロジィとテクネーの差異であり、ボナパルティズムとファシズムの違いにほかならない。

その差異は、差異ならざる差異ではあるが。なぜならば、「本来」的に、その二つの技術を並べ比較し、重ね得るような場所は、どこにも無いからである。

より正確に云えば、群衆にかかわる技術そのものが、そのような差異ならざる差異への注視と関心によって構成されているからである。

大都会の風景、霧に愛撫され、あるいは日光の平手打ちを食らう、石の風景を彼は眺める。美々しい馬車を、誇らしげな馬を、侍童たちのまばゆいばかりの小ざっぱりとした装いを、波打つ姿の女たちの歩きぶりを生きることでまた立派な服装をしていることで幸福な、美しい子供たちを、わがもののように楽しむ。一言でいえば、万人の生活をわがものとして楽しむのだ。もしも何かの流行が、衣服の裁ち方が、ほんのかすかにでも変わることがあったり、リボンや耳飾りがすたれて別の飾り結びが現れたり、帽子の飾りリボンが大きくなったり、まげが頸の上で一段下へ下ったり、帯の位置が高くなったり、スカートがひろがったり、というようなことでもあれば、彼の鷲の目は早くもそれを見抜いていると、信じてくださってよろしい。(5)

流行なるものは、如何にして存在するようになったのか。

それは当然のことながら、流行なるもの、つまり服飾や風俗のさまざまな様相のなかに差異を見いだし、その差異を変化として位置づけ、その変化からある秩序を、全体性を構想し、時間と空間を分節する事からである。

流行を発見し、構成する技術。

このような技術は、消費の動向なり、あるいは社会の傾向なりの認識に寄与するだけに構成された訳ではないし、また、そのような認識をもとにした衣服なり装飾品なりの生産に貢献することが目的でもない。

むしろこの技術は、世界をそして貫いているとされる歴史なるものを覆うことを目的としている。テクネーは、歴史と世界を消滅させようと試みる。

このようにして彼は行き、走り、索める。何を索めているのか？ むろんのこと、この男、私が描いてきたところからも知られる通り、活発な想像力にめぐまれ、つねに人間の大砂漠を縦横

(5) 同前、三〇四頁。

に旅行するこの孤独者は、ただの漫歩者よりは、一段と高い目的をいだいているのだ。彼は現代性《モデルニテ》と名づけることを許してもらいたいなにものか、を索めているのだ。なぜといって、そうした観念をあらわすのにこれ以上適当な語は見当らないのだから。彼のめざすところは、流行が歴史的なもののうちに含みうる詩的なものを、流行のなかから取り出すこと、一時的なものから永遠的なものを抽出することなのだ。(6)

服装の転変を眺め、その差異に驚嘆し戯れる時に、人間たちの、精神的、あるいは政治的、文化的営為の進行の系譜であり、自己了解である歴史はかき消える。

そのように歴史は終わるが、また云うまでもなく歴史は終わらない。

流行にかかわる技術があらわれたからといって、歴史を作りだしている技術そのものは無効になった訳ではないからだ。ゆえに、様々な事件は起こり、それらの事件は「革命」や「反乱」などと呼ばれ、歴史の上に標として刻み込まれ続けるだろう。

だがまた、流行の技術によって、歴史の技術は、ある限界を、境界を、知らず知らずに画定され、あるいは受け入れる事を余儀なくされる。その画定は、分裂や多重性を事件なり、現実なりの認識や解釈に持ち込む訳ではない。その限界は、歴史をかつてない広さに押し広げる。今やあらゆる事、昆虫の生態変化や種の推移も、科学的技術の変転も、食卓に供される乳製品が含む塩分の量も、すべてが歴史となる。と同時に、すべては流行なのだ。

一見「流行」は、「本来的」なるものと対立するように思われる。ハイデガーは、都市の風俗の浮薄を詰ったのではなかったか。だが、私たちは後段で、ハイデガーの語る森林の本来性は、そのまま突撃隊たちが闊歩する街路のリアリティにほかならないことを確認するだろう。

もっとも鮮明かつ初期のものと見倣すべきテクネーが、産業革命後の都市的なるものに抗すると呟きながら現れたのは事実である。例えば、一九世紀後半のゴシック・リヴァイバルの周辺から発生した工芸運動の中には、その最も理解しやすいあらわれを見て取ることが出来る。

ウィリアム・モリスらの運動の画期的な重要さは、彼らが当時の生産技術に対して、古来の――と彼らが信じ、また称した――技術を復興したからではない。

たしかにモリスたちは、野原を駆けずり回ってさまざまな草花を集めて染料を作り直し、古い倉庫を経巡って手引き印刷機を埃のなかからひっぱり出し、古建築の新技術による修復に反対してピケを張った。

だがモリスらの、比類ない重要性は、産業技術を否定した事にあるのではない。彼らはラッダイト的な、単純な反産業革命の精神の対局に位置していた。云うなれば、彼らは「労働」を発明したのである。

「労働」の発明とは、ごく早い時期のマルクス主義者、というより仏訳『資本論』の読者であり、エレノア・マルクスの支持者であったモリスが、きわめて熱心に従事していた労働者の待遇改善運動にかかわる問題意識ではない。云うなればモリスらが発明した「労働」とは、あるべき、本来的な労働なのである。

モリスが、ラスキンのゴシック建築にかかわる言説をまとめながら、「芸術は労働における人間の

（6）同前、三〇五頁。

喜びの表現である」(7)と語る時に、つまり労働が人間にとって本質的な営為となされた時に、措定されたのは、労働の意味というよりも、人間の本質なのである。要するに、モリスにとっての労働とは、働く事の審美化であるというよりも、人間の審美化なのである。

同時代のイギリス社会が、倫理的精神的な高みを備えていないという理由で崩壊しつつある、古建築を修復するのに反対した時、モリスは「現代の労働者は、かつてそうであったような芸術家ではない。ゆえに、彼が昔の職人たちの精神にもとづく仕事を正しく理解することは不可能なのだ」(8)と語った。このような、あらゆる労働者が、芸術家たらねばならないというモリスの主張を、素朴なものと受け取ってはならない。ポール・トムソンは、そのモリス論の中で、度々モリス商会やケルムスコット・プレスなどでのモリスの活動を、理想主義的かつ非現実的なものと見倣すことが誤りであることを強調している(9)。

最終的には破綻したものの、モリスらの、中世以来の技術にもとづき新規にデザインし直された、家具、壁紙、室内装飾、テキスタイルの販売は、一時期は順調であり、少なからぬ利益を計上していたのである。それは、証券業者の相続人として、債権や為替の変動にきわめて敏感であったことが、彼なりの『資本論』理解に結びついていたことと軌を一にしている。

云う迄もなく、モリスの「労働」観は、その「手仕事」崇拝と切り離せない。「労働」が喜びでありうるのは、それが、労働者個人個人の、二つの手を用いた作業であり、その作業を通して生まれる喜びの表現が、作る製品に装飾を加えて美をもたらす。

マルクス主義が、生産工程の所有と資本の問題から、労働者の疎外の問題を考察したのに対して、モリスらは労働の快楽と美の観点から疎外を把握したのである。そしてこのような把握は、産業技術に抗して生まれたというよりも、その技術からこそ生み出されたと考えるべきなのである。

確かに「手仕事」は、大規模生産が必然的に要求する分業に対置されている。だが、モリスらの語る「芸術」を、全人的な創造としてのロマンチックな芸術観と混同してはならない。分業により断片化された人間性を、あらゆる領域に秀でた天才によって全体的に回復しようとした前世代の気分から、モリスらは完全に醒めている。モリスらにとっての芸術とは、そのような創造から限りなく遠いものであり、むしろ創造を宗とする立場からみれば芸術の否定と考えられるべき性格をもっている。

モリス的な「手仕事」による「芸術」は、天才による創造というオーラをまとった芸術の否定であり、その点において分業により世俗化され拡散された人間のあり方を前提とする。モリスらが、安易に思えるほど頻繁に、「美」を口にし、室内装飾から書物に至るあらゆる領域を美化することを、装飾することを企て得たのは、むしろ創造を滅却してしまったからにほかならない。

その点からすれば、モリスによる、人間の、労働の審美化とは、とりもなおさず、人間にかかわるあらゆる領域、事柄を装飾に、表面のたわむれとすることにほかならない。「手仕事」というテクネーによって。

われわれは、ほとんど、道々ずっと穏やかにゆっくりと進むよりほかになかった。それは、その冷やかなときに外に出ている人が、とても大勢だったからである。それほどたくさんの人を見

（7）*Nature of Gothic: A Chapter of the Stones of Venice*, J. Ruskin, Preface by W. Morris, Kelmscott press, 1892, p.12.
（8）*William Morris, Artisrt, Writer, Socialist*, May Morris, Oxford, 1936, p.123.
（9）『ウィリアム・モリスの全仕事』ポール・トムスン、白石和也訳、岩崎美術社、一九九四年。

たので、それだけよけいにかれらの姿に注目することになった。そして、一九世紀のくすんだ灰色、あるいはむしろ褐色のなかで育てられたわたくしの好みからいって、かれらの衣類の明るくはでなのをむしろ非難しかねなかった。そしてわたくしは、そうしたことをあえてクララにむかっていったりした。彼女がむしろ驚いたようすをして、少しばかり憤慨していった。

「あら、あら、どうしていけないの? あの人たち、なにもきたない仕事をしてるんじゃないのよ。みんな晴れあがった夕べを楽しんでいるだけじゃないの。着物をよごすことなんかなにもないわ。ほら、みんなとてもきれいじゃありませんこと、けばけばしいことなんかちっともありませんわ」。

実際その通りだった。多くの人々が、美しくはあるけれども、とても落ち着きのある色彩の衣服をつけ、色彩の調和は完璧で、じつに楽しかった。

わたくしはいった。「そうその通りですね。でも、どうしてこんな高価な服装が、だれにでもできる余裕があるんでしょうね。ご覧なさいな、あそこに落ち着いたグレーのドレスを着た中年の人がいきますよ。でも、あれはとても上等の毛皮からできていて、縞の刺繍が一面にしてあることが、ここからもわかりますよ」。

クララはいった。「あの人がもしそうしたければみすぼらしい衣服を着ることもできるんですよ——つまり、そんなことをして、ひとさまの気持ちをそこなうなんて考えなければですわね」。(10)

モリスの描く「ユートピア」が、モリス商会の経験に基づいていることは改めて指摘するまでもない。「手仕事」の芸術家たちの共同体というモリス商会の組織原理は、その後センチュリー・ギルド、アートワーカーズ・ギルド、バウハウスといった工芸家の集団の追随を招くが、わたしたちが何よりも留意しなければならないのは、このように審美北された人間の手仕事という「本来的」な労働によって支えられた純粋な労働という発想を、単に美術史、工芸史の枠内で考えてはならないということである。むしろそれは、『ユートピアだより』がいかなる否定のしようもなく示しているように、革命の、そして革命後の純粋な社会のイメージなのである。

確かにモリスは、新しい体制が生まれるに至る経緯を作品の中で書いているが、その「革命」劇は説明でしかない。何よりも重要なのは、このモードが百花繚乱に咲き誇る、誰もが美しくあらねばならないというユートピアの、美的な脅迫である。

それは、誰もが美しい制服を身にまとった、金髪碧眼の帝国を作りあげるための技術を予見している。

こうしてわれわれのところから仕切られた左側の畑では、わたくしの子供のころのような素朴なやり方で、いま忙しく干し草刈りが行われていた。この新しき良き時代に、干し草を刈る者はどんな姿でやるのか、それも見たかったたし、またそこにエレンもいるかもしれないという多少の期待もあって、わたくしの足は本能的にそのほうにむいていた。垣根のそばへきて、干し草畑を見渡しながら立ちどまった。

(10)『ユートピアだより』W・モリス、五島茂・飯塚一郎訳、〈世界の名著〉41、中央公論社、一九七一年、四二七頁。

わたくしは、夜露を乾かすために低い畝に干し草をひろげている人たちの、長い列の端のすぐそばにいたのである。これらの人たちの大半が、おおかたは絹地でなくて、きわめてはでな刺繍をした薄い毛織り地であったが、昨夜のエレンとよく似た服を着た若い女性であった。男たちは明るい色彩の刺繍をした白地のフランネルの服を着ていた。かれらがいるために、この牧草地はまるでチューリップのきれいなベッドのように見えた。かれらは、ちょうど木立に集まる秋の椋鳥のように、陽気な話し声でにぎやかであったが、みんなの手は悠々と、しかもじょうずに絶え間なく働いていた。(11)

余りにも無邪気な、楽しき労働と美しい衣装。

手仕事による、本来的な労働により構成された、美しい共同体のイメージは、繰り返しになるが、単純な産業技術の否定から作り出されたものではない。むしろ本来的な労働への欲求自体が分業に根ざしていたのであり、その実現は、より一層の技術的進歩に待たなければならなかったのである。モリスは、高度の技術的進歩の結果、あらゆる必需品が、機械によって大量に生産されることを予測し、そのような進歩により、機械の管理の手間も必要最小限にまで少なくなると考えていた。

機械の管理も長時間の訓練を必要としなくなるので、前に論じたように労働時間がいちじるしく短くなっても、密度が増して常に慌ただしく機械のために駆けずり回らせられることはない。だから、私たちの工場の仕事は、それ自体で楽しくまた魅力的なのだから、当然その仕事は芸術的な性格を帯びる。それゆえ、そのように進歩した体制の下では、奴隷的な仕事は完全に消滅する。

テクノロジィを前提として、原初としてのテクネーは生まれる。テクネーはテクノロジィと共に進む。

(11) 同前、四四五頁。

建築と共同体（中）

モリスは如何にして、未来における「労働」の消滅を、つまりは働く事の娯楽化を信じることができたのか。

ついには人間に必要なかなりの物が機械で製造される。私には必ずそうなることが分かっている。私自身も機械の有効性を限りなく信頼しており——何でも機械でできるようになると信じている。ただし芸術作品の制作はまったく別である。(1)

間もなくすると、人々は仕事を避けるのでなく、むしろ熱心に求めることになり、大方の現在の無愛想で疲労のはなはだしい労働時間は打って変わり……愉快な社交の時間にもなる。(2)

「労働」が、つまりは非本来的な、分業にもとづく労働の消滅を、モリスはつつましくではあるが、未来における機械の、生産技術の発展に期待しているのだ。

あまりにも素朴すぎるほどに、モリスもまた一九世紀的な科学技術の進歩を信じこんでいたのか。

科学の、生産技術の発展が、人間を労働から解放するだろうという進歩的神話を信奉していたのか。だとすればモリスもまた、一九世紀にあまたいる進歩を前提とした啓蒙家にすぎないのであろうか。

ほとんどの人々が確かに室内的仕事の外に畑や庭の仕事の裾分けにあずかりたいと願い、たとえ収穫や干し草を貯蔵する程度でも、そのような場合は詩人たちが夢見たように本当に楽しく、意気揚々としたお祭り気分を味わうことになるのである。(3)

いささかモリスを啓蒙家たちと分かつ処があるとすれば、それは労働が本来慶ぶべきもの、楽しむべきものであるとする見通しをもっていたことだろう。かような「本来的労働」のイメージをモリスは、中世にたいするイメージ、それも自らがそこから出発したゴシック・ルネサンスのふりまいたイメージから獲得していた。しかし、モリスは、素朴なゴシック信奉者たちが、イギリスにおけるカソリック復興の喜悦を押し隠しつつも漏らすようにしてふりまいていた、黄金の中世のイメージを抱いていたわけではない。

無論、ゴシック崇拝は、ゲーテの『ゲッツ・フォン・ベルリヒンゲン』に先だって書かれたゴシック礼讃の小文に象徴されているように、ルネサンス芸術が体現しているとみなされた、理知的、合理的秩序への反対物として、ロマン主義の中核となってきた。黄金の騎士伝説が、ゲーテからワーグナー

(1)『ウィリアム・モリス全仕事』ポール・トムソン、白石和也訳、岩崎美術社、一九九四年、四一四頁。
(2)同前、四一四頁。
(3)同前、四一五頁。

の世代に至るまで、市民的人間像のアンチテーゼとして機能してきたことは改めて指摘するまでもあるまい。

ケルムスコット・プレスの作品群を眺めれば分かるように、モリスたちもまた騎士伝説と無縁だったわけではないが、しかし騎士的ヒロイズムを奉じるほどは愚かではなかったし、中世を黄金時代と思うほど素朴でもなかった。その点からすれば、ルソーがそうしたように、そして後にアナキストたちが論じたように、モリスらは原初的なユートピアを信じなかったし、素朴に文明を敵視しなかった。審美的なユートピア論者でありながらモリスをアナキストにせず、エレノア・マルクスの傍らにとどまらせ続けたのは、労働の価値にかかわる思惟を、モリスはけして投げうちはしなかったからである。つまりモリスは、プルードンらが主張するようには、所有の問題のみによって解決するものとは考えはしなかったのである。つまるところ、モリスは、労働とその価値につかれていた。

人生というものはぞんざいで不祥かつ迷信、無知、屈従めいて、強暴なものにおそわれることも多い。民衆には慰めが必要であることが痛感され、それに事欠くことはなかったと私は考えざるをえない。それでその慰めというのが仕事の楽しみである。(4)

労働は楽しみであるというのは、それが、安楽になり、快適であるからではない。むしろ楽しみなるものは働くことと切り離せないのであり、働くことから生み出されてくるのだ。ゆえにかような発言もまた、単純に産業的発展による労苦の除去への期待ととってはならないのである。それはむしろ、科学による、労働の本質、本来的な労働の露呈なのである。

機械の番も当然のこととして長期の修業を必要としないから、すでに見たように時間がそのように短縮されても、皆の毎日の全労働で四六時中機械に追われて上や下に駆けずり回らされることもない。さて、私たちの工場の仕事がそれ自体で楽しく魅力的であれば、仕事が芸術的性質を持つことになる。それゆえ、そのような体制下では奴隷的仕事はすべてなくなる。工場で重荷になるものは次々に交代、配分されるので重荷ではなくなり、それが確かにより刺激的で芸術的になる仕事のある種の休息になるのである。(5)

かくして本質的な労働が露呈し、労働はその価値として芸術的性質を帯びることになる。かような図式が、モリスを、ある意味ではマルクス以上に(しかし同時代的に見て、フランス語版とドイツ語版の双方を、ノートを取りながら数度にわたって読み返したなどという篤学者は彼くらいのものであろう、それが有効だったかどうかは別として)規定していたラスキンの、それも『ヴェニスの石』における「ゴシックの精髄」のかのアフォリズム「芸術は労働における楽しみの表現である」という規定によって決定されていただろうことは、今更断るまでもあるまい。

と云うよりも、労働が、芸術に結びつけられた時に、価値にかかわる思惟は、明らかに変質を余儀無くされた。それは、価値の無根拠な審美化などという退屈な事態ではない。それはおそらくより決

(4) 同前、三六九頁。
(5) 同前、四一五頁。

定的に、眼前の労働を、その労働時間とか待遇といった、たしかに看過できるはずもない唯物的条件以上かつ以前に、憎むものと教えて、より短絡した救済の道を教えたばかりでなく、より本質的には、芸術そのものを敗滅させたのである。あるいは芸術の敗滅を通しての美学の流産を、労働の価値の早産的な確立を、強いる力量はなかったとしてもその足場の指図を、なし遂げたのであった。

*

いかなる音楽も抑圧的になりうる。

一八四九年一一月のヴェネツィアにおいては、《青きドナウ》が、最上の抑圧の道具であった。サン・マルコ広場、カフェ・フローリアンとカフェ・クァードリィが、丁度双方正面になる位置に座を占めたウィーン差配の軍楽隊は、昼を過ぎるとウィーン名物のワルツを次から次へと奏でて、ヴェネツィアが、もはや共和国などではなく、ハプスブルグ家治下の小邑に過ぎないことを思い知らせていた。

ヴェネツィア布民は、メッテルニッヒが放逐された前年の三月革命に際して、ローマでガリヴァルディらナショナリストたちが蜂起したのと踵を併せ、半世紀に及ぶオーストリアの軛から脱するべく立ち上がった。蜂起の指導者ダニエーレ・マニンは、ヴェネツィアの古いユダヤ系の名家の血を引いていると云われたが、不吉なことにも、ナポレオン・ボナパルトの前に軍門を開いて、その後一千年に及び共和国の歴史に幕を下ろすことになった最後の統領ロドヴィーコ・マニンと同じ家名をもっていた。しかも、この蜂起の指導者が頼りにしていたのは、ヴェネツィアをしてその独立を失わしめ、ライン沿岸のごく小さな領土と引き換えにハプスブルグ家に譲り渡した男の甥なのだった。

ヴェネツィアの蜂起は、半世紀前に行われたナポレオンの脅迫が正しかった事を証明するような形で進行していった。造船所から火がついた反乱は、短期間のうちに、クロアチア部隊からなるオーストリア軍を放逐した。海上からのオーストリア軍の市内への侵入は、ルイ・ナポレオン大統領が派遣したフランス艦隊によって阻止されたが、海上封鎖は続き、市内の食料、衛生状態は悪化していった。オーストリア軍は、気球を飛ばし、爆弾を市内に投下したが、この攻撃はさほどの効果を上げず、ついでカンパルトとサン・ジュリアーノ島に陣地を築き、砲撃をはじめた。

砲撃は、壁を砕き、窓を割る程度の威力しかなかったが、毎日千発以上の砲弾が落下したため、市内の交通、商業は限害されて、都市活動は休眠状態に陥った。そして夏を迎え、気温が上昇するとともに、市内ではチフスが流行し、数千人の死者が出ると、市民は降伏を決議し、マニンは亡命を余儀なくされた。

一八四九年八月末に、サン・マルコ大聖堂で、凱旋したラデッキー元帥がミサを受けて以来、サン・マルコ広場では、ウィーナー・ワルツが鳴り響いていたのである。

パリに亡命したダニエーレ・マニンが、気まぐれなルイ・ボナパルトからの支援を受けられず――この亡命生活のエキスパートは、自国に迎え入れた亡命者たちには親切ではなかった――、生計のためにイタリア語教師でもしようかと考え始めたころ、ジョン・ラスキンは、新妻エフィーとともに、サン・マルコ広場で、ワルツに耳を傾けていた。

ラスキンは、既に四度もヴェネツィアを訪れていたが、報われない結婚――エフィーの表現に従えば「本当の妻とすることはけしてなかった」――のためばかりではなく、かなり興奮していた。すでに『近代画家論』でターナーを称揚し――一連のターナーのヴェネツィア滞在時の作品が、バイロンの詩論と並んで近代のヴェネツィア観を決定したのは云う迄もない――、『建築の七灯』でゴシック擁護の篝火を掲げていたラスキンは、五度目の滞在に異様な意気込みをもって挑んでいた。ラスキンは、社交を好む新妻を無視して、発明されたばかりのダゲレオ・タイプとスケッチ・ブックを抱えて狭く入り組んだ市街を歩き回り、興味深いファサードや敷石をみつけては立ち停まり、地面に顔をつけるようにして石材の表情を読みとろうとしたかと思うと、石柱によじ上り、柱頭の浮き彫りをスケッチしようと試みるのだった。

ヴェネツィア人たちは、彼が酷い馬鹿なのか、あるいは類い希な学者なのか決めかねていました。彼の空飛な行動を遮る者は誰もいなかったので、人通りの絶えた小道であろうと、雑踏がごった返す広場であろうとお構いなく、頭から黒い布を被って銀板写真を撮ったり、柱頭まで昇って蜘蛛の巣だらけになっています。そういう彼の姿を見つけて、時には四、五十人ほどのヴェネツィア人たちが、彼を遠巻きにしていますが、彼はまったく顧慮することなく、悠々と従者に埃を払わせていたりします。(6)

傍若無人に振るまうラスキンは、一方でヴェネツィアに押し寄せている荒廃の傍若無人にたいして厳しく批判をしている。ラスキンは、ヴェネツィア市街に設けられた「バーミンガム市内を思わせる」ガス灯の無様さを口を極めて非難し、またトルコ商館が荒廃のままに放置され、ロシア皇太子アレクサンドル・トルベツコイが、寵愛するバレリーナ、マリア・タリオーニにヴェネツィアの盛期ゴシック建築の中でも総督宮殿と並んで美しいものとされているカ・ドーロを購入し、修復を名目にマリーノ・コンタリーニが作らせた「栄光の階段」を取り壊し、さらにバルトロメオ・ボンが造った井戸の縁石は取りはずして売り払い、ファザードの大理石と敷石が除かれてしまったことに、卒倒せんばかりの勢いで憤慨している。

だが、ラスキンは、その傍らにあるオーストリア軍の砲撃によって傷のつけられた漆喰の壁にも、さらにその圧政にも配慮を払っておらず、また造船所の閉鎖などで失業した労働者たちの苦境を目にしながら、彼らの労働のあり方と自身の美意識を結びつけて考えることをしなかった。

ラスキンは、ヴェネツィア建築の石の表情に拘りその細々とした変化に富んだ、二つとして同じ物がない手仕事と風雪による表情に感応してみせたが、それが異様であったのは、その手仕事にたいする感激が、傍らで進んでいる生産様式の変化と、そこに由来する市民の窮乏と切り離されていたからである。というよりも、ラスキンがヴェネツィアの手仕事を称揚する事自体が異様ではないのか。ヴェネツィアは、すでにダンテが『神曲』の中で歌ったように、一三世紀から艦船の大量生産能力を備えたマニファクチャー体制を実現した、ヨーロッパ最大の工業国であった。そのヴェネツィアが、蒸気機関の発明と長距離射程砲の開発により、海上覇権を維持できなくなったのと同時に、その工業国としての先進性は一気に形骸化し、かつてヨーロッパ最大の規模を誇った造船所は時代遅れの工房になり下がったのであった。

ラスキンは、かような推移がまったく目に入っていないかのように、ヴェネツィアの石の相貌を眺めていく。しかし、それらの石が、鑑賞すべきものに成り得たのは、間違いなくヴェネツィアが工業

（6）*Venice: The Biography of a City*, Christopher Hibbert, Grafton Books, 1988. p. 226.

国として無力化したからであった。

ちかごろわれわれは、かの分業（労働分割）という偉大な文化的発明についておおいに研究し、おおいに完成するところがあった。ただ、われわれはこれに虚偽の名前を与えたのだ。真実にいえば、分割されたのは労働ではなくて、人間だった。――人間がたんなる人間の破片に分割されたのだ。――生命の小破片と屑片とに粉砕されたのだ。だから、人間のうちに残された知性の小片のすべてをもってしても、一本のピン、一本の釘をつくるにもじゅうぶんでなく、ピンの尖端、釘の頭をつくることで、消耗してしまう。さて、まことに、一日にたくさんのピンを製造することは結構で望ましい。もしピンの尖端がどんな金剛砂で磨かれるかを知るなら――それは、人間の霊魂の砂なのだが、それを見きわめることにはよほど拡大してみないとわからない――、そこには若干の損失もまたありうることを思うべきである。すべての工業都市から、その溶炉の爆風よりも喧しい叫びが起こっているのは、まさに、われわれが人間を除けばなんでも製造するということのためである。われわれは綿花を漂白する。鋼鉄を鍛造する。砂糖を精製する。陶器を造形する。が、一個の生きた魂を輝かせ、強くし、精錬し、かたちづくることは、われわれの損得計算にはけっしてはいることがない。かの叫びが訴える禍悪に対処しうる途はただ一つ。それは教示や説教ではない。教示はかれらにそのみじめさを示すだけだし、説教はそれだけでは、かれらを愚弄するものにすぎない。途はただ、どんな種類の労働が、人間にとって良く、人間を高め、幸福にするかについての理解を、あらゆる階級の人々に正しく理解させることにある。労働者の堕落によってしか得られないような便益、美、安価を断固として投げうち、健全で人を高める労

働の生産物と成果とを、おなじく断固と求めることにある。(7)

「健全で人を高める労働の生産物」とは如何なるものなのか。それはモリス商会のカタログに収められたような品々なのか。

ラスキンは、分業に拘ってみせる。道具や家具を作るにあたって、その過程に携わる者が、その全てに関係しないということが、何よりも労働の、物作りの楽しみを、つまりは労働の本来的なあり方を勤労者から奪っているのだ、と。

だが、分業を否定するかに見えて、けしてラスキン自身が、全体的なものにたいしての指向をもっているわけではない。

その筆法を子細に見ればみるほど、分業の弊を訴えるラスキン自身が、微細なものへ、部分へ、細部へ、心引かれ、そこにしか興味を持っていはしないことが、よく分かるだろう。ラスキンが、分業によってたくさんのピンが作られ、労働者がピン全体ではなく、ただ日々ピンの尖端を作り続ける存在になってしまうことに対して危機感を抱くのは、当の労働が、ただピンの部品を作り続ける存在になってしまう、ということより以上に、「ピンの尖端がどんな金剛砂で磨かれるか」ということに無感覚になってしまい、そういうことを感じる機会がなくなってしまうからにほかならない。

故にラスキンは云うのだ。ヴェニスの聖堂を形作る、不細工なモザイクの一つひとつのかけらをよく見てご覧。それは確かに、不格好で、ときに惨めで滑稽な恰好をしているが、その断面に、輪郭に、

(7)『ヴェネツィアの石』ジョン・ラスキン、福田晴虔訳、中央公論美術出版、一九九四年。

石工たちの鑿の動きが、抑えては逃げようとする石片を抑えようとする掌の力みを、厚さを、柔らかさを感じないか、と。

「芸術は労働における楽しみの表現である」というときの「楽しみ」は、芸術そのものをその敏感さへと、奪われた時間へと閉じ込め、責め閉じるとともに拡大し延長しようとする仕草にほかならないのだ。

かくして槌の動きは、鑢の何とも厄介な往来は、「それ」を感じとり、その感じを受け取ってしまうための、時間を切り開く、感性の空間となったのである。

テンス、テラー&テロワール

文芸評論家（二）

五十一年型のリンカーンを転がしながら、テッドが云ったんだよ。

「Casinos kill Blues」

だが、ぶっ殺されるまでもなく消えていったブルースについて語るには、まだ早い。

ハイウェイ六十一には、新しいのと旧いのがある。

知ってた？

旧東海道とか、旧中山道みたいに。

もちろん、俺たちは旧六十一の方をひた走った。

神様は、エイブラハムに、「おまえのせがれ、殺してくんない」と語ったその道だぜ。

別にどうってことはない、コンクリートの、二車線の道さ。

コットン・フィールドは、遠い。

ちょっと黄ばんだ、真鍮のように撓りながら光彩を放つ麦畑の間を、ポンコツ（おっと、ごめんよテッド）は走っていった。

メンフィス・ミニーの墓にミラービールの缶を供えた。

誰かが置いた、グレッチのピックをギってきた。

荒廃したプランテーションの裏庭に、ハウリング・ウルフのツアー・バスが放置してあった。

本当だぜ。六輪の豪勢なバスだったよ。

近く、遠く、おニューの方の六十一――片側四車線――の車列が見える。

テッドは、いい歳だ。

いい歳なのは、まったく構わないが、運転が危ういのは困るんだよな。

もっとも、ドライバーがだめなのか、車がヨレてるのかは、甚だ判断しにくい状況なんだが。とはいえ、自分でこの鉄の塊を転がす度胸はない。

しかし、テッドという奴はイカレている。

軍隊でなのか、工場でヘマをこいたのか、それともサウジアラビアでワッハーブの宗教警察にケジメをとられたのか知らないが――こいつはアル中でドスケベなクセに、高給に引かれてサウジで英語教師をやっていたという大馬鹿者だ――右手の指が二本ない、プア・ホワイトだ。

要するに半端なロートルのインテリという訳だ、俺と同じくね。

生業が、ヴィンテージのキャデラックで、メンフィス周辺、ミシシッピー辺を案内すること。

一番の特意技は、ブルース・デルタのクルージング。

よかったなあ、こんな便利な奴がいて。

使い物にならないプア・ホワイトと、物好きな日本人だけが、ブルース・マンを尊敬している。

南部にゃあ、レッド・ネックじゃない白人なんていないと思っていたわけじゃないけれど。

「日本人は、ブルースが好きなんだよ、みんなとは云わないけど強烈なファンはいるし、そこそこ聞いている奴は沢山いる。おれは、そこそこ、の方だがね」

「日本の首相が来て、エルビスの家に行ったたって話は聞いたかね」

「そいつは、コイズミって奴で、総理じゃない。ニューオリンズ出身で、日本に惚れ込んで、定住して、ホラー小説をたくさん書いた小説家だ」

「そうか、まあ、どうでもいいや」

「結構、ブルースマン見たよ。ジョニー・ギター・ワトソン、ハウンド・ドッグ・テイラー、スリーピー・ジョン・エステス、ゲイトマウス・ブラウン……」

「全部、日本で?」

「そう、アール・キングも、B・B・キングも。ブラインド・レモン・ジェファーソンも」

「おいおい、ブラインド・レモンは、間に合わないだろう」

「でも、ロバート・ジョンソンを見たと云わないだけマシだろう」

そうだね、チュニカの街の話だ。

旧六十一が途絶えて、新六十一と重なってまた分かれる、その辺りだったか、チュニカのことだ。

ジェイムズ・コットンの出身地。ブルース・デルタのど真ん中。

ここが、今や、全米でナンバー・スリーというカジノ・タウンになっている。

ラス・ベガスには行った事がないけれどね。

熱海の大箱旅館みたいな、建物がみっちり詰まっていたんだ。

「カジノがブルースを殺したのさ」

もう一度、テッドが云った。

「カジノに行けば、ただで酒が呑める。ただで飯が食える。もちろん仕事にもありつける、屋内のね。ここらで畑に出ているのは、メキシコからやってきた、出稼ぎばかりさ」

プランテーションと云ったって、こっちにはフォークナーの小説ぐらいのイメージしかないけれど、かつてはプランテーションの雑貨屋で、金曜日——ペイ・デー——にやってきたブルースマンたちは、農場の機械化されちまった北部へと移住し、そしてその最後の止めをカジノがしたという訳だ。

「そして、マーティン・スコセッシが、思い入れたっぷりのブルース映画シリーズをプロデュースすれば、おしまい」

「スコセッシの音楽のセンスは尊敬できるけどね」

でも、話がそういう事でないのは解る。

出稼ぎのメキシコ人たちは、どんな歌を、音楽を、必要とするのだろう。

*

しかし、まあ、考えてみれば、たかがカジノに、フリー・ドリンクとフリー・フードにかき消されてしまうようなものなら、ブルースがその程度のものならば、はじめからいらないんじゃないか？どうかね。違うかね。

ジョニー・ギター・ワトソンが来日した時の話だ。

二十年以上前だな。

横浜だったか、渋谷だったか。

いきなり、マイケル・ジャクソンの曲をやりやがった。

まったくウケない。

客は、ディープなブルースが聴きたくて来ているわけだからね。

で、何曲かやっているうちに、気づいてコテコテのブルースに切り替えた。

まあ、よかったし、嬉しかったんだけど。複雑な気持ちだった。

要するに、ジョニー・ギター・ワトソンは、「現役」だったんだな。

郷愁をもてあそぶ、リアリティのかけらもない、黒人幻想にとらわれたインテリの白人や日本人ではなく、一晩のダンスとグルーヴのために金を払う客に最高のパフォーマンスを提供し続けてきた、タフなおっさん。

デッかい金歯を唇から溢れさせていた。

フリーではない、歓楽を提供するプロとして。

とはいえ、もうくたばってしまったから云っても仕方がないけれど、実際にジョニー・ギターが生き続けていたとして、彼はやはり、カジノに殺されはしなかったろうか。

メンフィスの、ビール・ストリートに行ったよ。

誰もが知っている、W・C・ハンディの、サッチモの、ルーファス・トーマスの……面倒だが、もう書かないけれど、そういう通りだ。

もちろん、観光化している。

ブルースが生きている場所ではない。

演じられている場所だ。

まあ、なかなかに、いいバンドを聴いたんだけれど。

で、話したいのは、観光化しちゃあおしまいだよね、というような話じゃあない。

どこに観光化されてない、音楽があるのか？

そういうことだ。

すべてが商品化され、再生可能にされ、データ化された後にも、演じられないもの。

もちろん、この問いかけ自体が罠でもある。

アルトーなんて、大層なものを出してこなくてもいいよ。

ロック・スターは、そんな奴らばかりじゃないのか。

演技から逃げる、意識的である事から逃げようとしすぎたがゆえに、演技そのものになってしまい、自らの残骸しか見つけられなくなる。

そこに、一つの切実さはあるのかもしれないが。

NO MUSIC, NO LIFE.

なんて、本当なのかしら。

本当だ、という人もいるだろうが、ここでMUSICとLIFEを直結させている切実さは、かなり怪しいものではないかしら。

二十世紀の日本が送りだした二つの発明によって、造りだされた切実さ。

ウォークマンとカラオケ。

どこでも音楽を聞く事が出来る事、誰でも歌う事が出来る事。

音楽を遍在させる事に成功したテクノロジーは、音楽との関わりを気易くしたのではない。

それは、むしろ、逆に、切実さを発明した。

発明された切実さは、音楽と生命の希薄さを証明する。

「音楽がないと生きていけないなんて、ウオッシュレットがないトイレには行けない、とホザく今時のガキと同じじゃないのか」

フリー・ドリンク、フリー・フードと同様に、フリー・ミュージックもブルースを殺すのか。

もちろん、本当の「フリー」なんてないんだけれどね。

いくらスライを聞いても、おまえの魂は自由になりはしない。

切実な感じが、切実な陶酔があるだけさ。

残念な事だけれど。

いや、そうでもないか。

＊

造りだされた切実さは、耽溺をのみ生むわけではない。

観賞と禁欲が、表裏一体の関係にある事を学ぶのに、そんなに時間はかからない。

禁欲の端正さこそが、いよいよ事態を面倒にするだろう。

その危険を招来するには、ポータブル・オーディオは必要ない。ＬＰが回せれば充分だ。

サイイド・クトゥブは、一九四九年、コロラド州立教育大学で学んでいた頃、クラシックの音楽を楽しむと同時に、ジャズを軽蔑していた。

「ジャズというのはアメリカ独特の音楽で、黒人がその原始的本能、すなわち騒音への愛や、性的刺激への欲求を満たすために生みだしたものである」「アメリカ人は、騒々しい歌と一緒でないと、ジャズ・ミュージックに満足しない。音量がどんどん増大し、それに伴って耳が耐え難いほど痛くなってくると、聴衆の興奮もいよいよ高まり、声が大きくなり、両手がうち鳴らされ、最後はいっさい何も聞こえなくなる」（『倒壊する巨塔』ローレンス・ライト、平賀秀明訳）。

クトゥブの、ジャズに対する評価は、意図せざる黒人への偏見――ライトによれば、クトゥブは、コロラド滞在中、映画館に入ろうとして、黒人と誤解され追い出された後、映画館側から謝罪された事があるという。クトゥブは、謝罪を受け入れたものの、黒人差別に反対を表明するため、入館は拒否したという――を露呈している点も含めて、気持ちよいほどステレオタイプである。ハイファイなオーディオ・セットをもっていたのに。

帰国後、カイロの自宅の壁一面にLPレコードのコレクションを並べていたというから――この、イスラム原理主義の父が、どのような演目、演奏家を好んだのかという問いは、大変に興味深いけれど。ワルターとトスカニーニだったら、どちらが好きだったろうか？――、その点で、ありふれたディレッタントの肖像を示している。

にもかかわらず、彼は深くアメリカを憎み、同時に半端に西洋化し、それゆえによりインチキにアメリカ化する祖国を嫌悪し、西洋的、アメリカ的なるもの、そして一切の「無明世界」（イスラム化されていない世界）としてのジャーヒリーヤを敵とし、エジプト、アラブのみならず、全世界をイスラム化する、そのための闘争を提議するとともに、敬虔なモスレムの義務としたのだ。

私がアメリカ合衆国に滞在していた時、我々と議論した中にこの種の人たちがいて、イスラームの立場を取っていると考えられる人は、ほとんどいなかった。彼らのうち何人かは護教と正当化の立場を取った。これに対し私は、西洋のジャーヒリーヤ、その不安定な信仰、社会と経済の様相、不道徳性を攻撃する立場を取った。私は、「理性にも良心にも調和しない三位一体、原罪、聖餐（せいさん）、贖罪などの概念を考えてもみよ。そして独占、高利貸し、その他の不正に基づく資本主義を考えてみるがいい。利己的自由主義、法の強制によらなければ維持できない人間的思いやりと家族への義務、精神を退化させる物質重視の態度、男女交際の自由という名の野獣的行為、女性の解放という下品さ、実践生活の要求に反し不公正で煩わしい結婚と離婚にかかわる法律、邪悪で狂信的な人種差別、これらすべてに注意せよ。そして、人間の努力では達成することができないイスラームの論理、美徳、人間性、幸福に注目せよ。イスラームは実践的な生活様式であり、その解決は健全な人間性の基盤に基づいている」、と主張した。これが、我々が直面した西洋の生活の実態である。イスラームの光の下でこれらの事実を観照するならば、アメリカの人々は赤面するであろう。それにもかかわらず、ジャーヒリーヤが浸っているこの汚物の集積に敗北し、西洋のごみの山の中に、また東洋の邪悪で不潔な物質主義の中に、イスラームとの相似を追究するほどの、いわゆる「イスラームの代弁者」と呼ばれる人々が存在するのである。

イスラームを提示する人々は、いかにジャーヒリーヤの圧力が強大であろうとも、ジャーヒリーヤのいかなる概念、様式、伝統にも追従する人々ではないことを、もはや改めて確認するまでもないであろう。

（『道しるべ』サイイド・クトゥブ、岡島稔、座喜純訳）

しかし、クトゥブは、クラシック・レコードのコレクターであるにもかかわらず、原理主義者になった訳ではない。

まったくのディレッタントだったからこそ、原理主義者になったのだ。

かの、切実さと、その哀愁のために。

ライトは、アフガン戦線に参集したサウジ人たちのほとんどが、ビン・ラディンと同様に富豪の子弟であり、遠足気分でやってきて、エアコンつきのコンテナで生活し、カラシニコフとロケット砲の乱射に興じていたという。

甘やかされた、英雄気取りの、ディレッタントたち。

けれども、ディレッタントこそが、本当の戦争を起こし、世界を混乱に陥れる。

チェルヌイシェフスキーと、同じく文芸評論家だったクトゥブは。

同業者たる私は、まったく嬉しくはないのだが、十九世紀なかばから今日に至るまで、「文芸評論家」が、世界を支配してきたのだ。どういう手違いだか知らないけれど。今日の、いつ終わるとも知れない「世界戦争」をはじめたのは、間違いなくクトゥブなのだから。

しかも、クトゥブは、優れた批評家であった。何しろ、マフフーズを、世に出したのだから。

文芸評論家（二）

核兵器によっても、環境破腰によっても、疫病によっても、
滅ぶことはないだろう。

無垢な、善意の、何の衒いも帯びないワンクリックが、「世界」を滅ぼす。

かの滅びの竪琴は、かつてのアポカリプス作者たち——バビロニアのダニエル、エチオピアのエノク、シリアのバルク、パトモスのヨハネからトリノのニーチェ、バンドールのロレンス、ナパのコッポラまでが奏でたいかなる和音とも異なった響きを鼓膜に届けるであろうし届く。

いや、その時には、鼓膜すら震えないかもしれない。

空気の、気体の、粘膜の、分泌物の、凝固物の振動も発生しはしないかもしれない。

にも拘わらずあなたがたは聴くだろう。

必ず聴くだろう。

いかなる封印もない。

心を労することはない。

青ざめたる馬を視ることもない。黄泉に従い地の四分の一を統べ剣と飢えと死と地の獣によって

人々を殺戮する事を許された者と出会う事もない。
誠に残念なことに、神の言葉のため、その証のため殺された人々の魂が叫びを挙げる刻も来ないだろう。
月が血液によって彩色され、星雲が風に掠われた無花果のように叩き落とされることも、ない。
戦いのために装甲された金色の蝗の如き女の髪の毛を嗅ぐこともない。
神はなく、人もなく。
このような修辞も、掻き消される。
ただ、主なき槌のなだらかな勤勉さが、
終わりをついに終わらせるだろう。
〝プラント
防波堤に沿い
巨人たちが倒立する
死んだ凪を呼び
もう一度殺す〟

（『詩集工都』）

＊

バスは来ない。
日除けの下にいた。

驟雨の中で甘草ジュース売りが立ち尽くしている。真鍮のゴブレットをカチリカチリと拍ちあわせるそのリズムが、苛立ちと放心を水差しの皮覆いに滴らせる。ハンマームの給湯管に載せられた鉄鍋からフールの、屑豆の、ニンニクの、パセリとパプリカの香りが雨と泥の匂いに混じりあう。軒に張った襤褸の陰で、研ぎ屋が鉄の輪を廻す。横柄に刃の軋みを鼻孔に沁みつかす。傍らに積み上げられた籠のなかでは鶉が犇めき、カフェからテレビドラマの会話が溢れてくるのを一心に聴いている。

日除けの下でバスを待っている。

赤煉瓦の粉を抱えた湿気が、足もとから湧き立つ。その発散を践みしだくようにして裸足の子供が水パイプを抱えて走る。

浮浪児と街娼が罵りあい、その傍らを巨大な籠を背負った行商が通り、雨音が強くなればなるほど、屋台に並べられたオレンジ、レモン、石榴、紫の無花果はいよいよ鮮やかになり、代書屋の傾いだ机の前で、白いターバンを巻いた男が、バザールから駆けてきたならず者、五人がかりで殴られている。顎髭を生やした警官は、目をくれようともしない。

バスは来ない。

消し炭色の唇から血と反吐を溢れさせながら、ターバンの男は、品物を売り損ねたレモネード売りのように路傍によろけ、よろけ、ふらついた後に足を踏みならした末、水たまりの中に立ち、演説をはじめる。

ならず者たちは聞き入る。

「ナセルは、共和国は、なぜイスラエルに敗北したのか」

警官は何もしない。

エル・グーリ門の方角から、二台のシュコダが走ってくる。

一台は赤く、もう一台は巡礼のサンダルのように、元の色が分からない。

競い合い、軋み合い、逆るように加速し、した結果、赤いシュコダは横転し、サンダルのようなシュコダがブレーキ音を発する事もなく赤に突っ込んでいく。

マリウドめいた騒ぎにも、警官は一瞥もしない。

緑と金、紅とクリーム色の房のついた乗具を備えた駱駝の隊列が、ヴェールを被った敬虔な女たちとすれ違う。

雨は止まない。

日除けの下には、いつの間にか大勢が犇めいている。

使い古されたポリエチレンの袋が、擦れ合う音。

蜜蜂の巣を紐で結わえて、振り分け荷物にしている老婆。

割れた鏡を、大事そうに抱える青年。

床屋の傍らで、男女が抱き合っている。

ターバンの男は、演説を続ける。

赤いシュコダから、ガソリンが流れ出す。

駱駝は真鍮の金具を揺らす。

ゆっくりと進む。

ヴェールの、貞淑な女たちの、その下の、鍵穴のような眼。

男女は、互いに身体をまさぐる。
日除けの下で、犇めいている。
警官は、無関心を訝しさに取り違える。
「一体、誰が、集会を許可したのだ」
バスを待っている。
シュマイザーは、扱い易い機関銃だ。
日除けの下に、射殺体が重なる。
バスは来ない。
血が水たまりへ、側溝へ、溢れていく。雨水に叩かれながら。

*

十五の郡で指名手配、殺人、強盗、治安判事と州立銀行と郵便局を襲撃、教会の聖器を略奪、刑務所に放火、偽証、重婚、妻子の遺棄、売春斡旋、営利誘拐、恐喝、盗品故買、偽札使用、細工した骰子での賭博、処女強姦、未成年者との婚姻……、悪党と卑劣漢と善玉を兼ね備えた男たちに等しい、わがウィリアム・エグルストンよ。

*

ニュー・カラー？
寝言は寝て云え、って。そうだろ？

何も考えてなかったんだよ、そもそも、ビルは。

あいつは、一日どころか、一時間もまともに働いたことがない奴なんだぜ。

ただ、あったものを撮っただけさ。

メンフィスをうろつけば、あんなもん、そこらに、いくらでも転がってる。

無職のクセにツイードなんか着やがって。

ライカなんて抱えやがって。

撮りゃあしねえのに。

だろ。

K・K・Kにくっついて、歩いてたような奴だぜ。

取材？　冗談としても、まったく面白くないぜ。

文明の終わりだって？

うまい事云うじゃねえか。

だから、インテリは嫌ぇだ。

どうして、エルビスや、ジョニー・キャッシュや、ジェリー・リー・ルイスが出たか、考えてみなよ。手前の頭でさ。

そうすりゃ、分かるだろうが。

もう、ドン詰まりなのさ。どこにも行きようがない。行き場がない。

そういう事さ。

ビル・エグルストンも、同じ事。

エルビスやキャッシュみたいに、働き者じゃないだけでね。

チルトンも同じ。まったくね。

都市なんてもんじゃねえんだよ。

ハイウェイが通って、河が流れている、それだけさ。

そこに、「文明」らしきものが、へばりついている。カビみたく、包皮みたく。

トラムの走る、メイン・ストリートと、ビール・ストリート、それぐらいだろ。

スタックスの辺なんざ、地元の奴だって、そうそう歩かねえ。

何が起こるか分からないからな。

そうだよ、確かにな、ビルはあの辺をマメに歩いた。

歩いて、プア・ホワイトを撮ったわけだ、何の変哲もねえ、知恵もねえ、文化も、趣味もねえ、連中のよ。

小汚い入れ墨や、TVディナーで一杯の冷蔵庫や、ひからびたロースト・ビーフや、通りに放りだされた花柄のカウチ、泥水を啜る犬、三輪車、ガレージに倒れ伏したバカガキ、バーベキュー焜炉、拳銃を持つ老人、全裸でペニスを剝き出しにした男、クラッカーのおまけ、履き古した靴、街頭のゴミ袋、白人老婆の盛り上げた髪、ボンネットの上の清涼飲料、ボンネットの上のソフトビニールの人形、ホットドッグ・スタンドのケチャップ、ショウ・ウインドウのなかで金色に輝くベビー・ドール、床に置かれた電話機、三つ叉配線の電球、金色のグランド・ピアノ、グレース・ランド、チェックのテーブル・クロスの上のロースト・チキンと玉蜀黍、ぶち壊された煙草の販売機とコーラの瓶、拳銃のカタログに見入る少年、アルミフォイルの上に並べられたコルゲートの空箱、子鹿の模型、フルカラーの聖母マリア……

＊

おまえの母親は死んだ。
おまえは、ゴミのような顔をしている。
おまえは、悲しい目をした大嘘つき。
おまえは、ホロコースト。

（"Holocaust"）

＊

ウィリアム・アレクサンダー・チルトンは、一九五〇年十二月、メンフィスで四人兄弟の末っ子として生まれた。
七歳の誕生日に、ジェリー・リー・ルイスの〝火の玉ロック〟のシングル盤を贈られる。十六歳でボックス・トップスを結成した。チルトンが歌った"The Letter"は、全米ナンバー1ヒットとなり、四百万枚を売り切った。同曲は、ブルー・アイド・ソウルの名曲として、ラスカルズらにカバーされている。このヒットによりボックス・トップスは、ビーチ・ボーイズの前座として、全米ツアーに同行する〝栄誉〟を得た。ブライアン・ウィルソンの指名によるものだが、ブライアンとの格別なエピソードは残していない。"The Letter"は、ビートルズの"Sgt. Peppers"、モンキーズの"Daydream Believer"とともに、グラミー賞にノミネートされたが、受賞は出来なかった。

翌年、スージー・グリーンと結婚。十八歳の誕生日は、ロス・アンジェルスでブライアン・ウィルソンとデニス・ウィルソンに、彼らの家で祝って貰った。

これが、ショー・ビジネスにおける、チルトンのキャリアの頂点を成すことになる。

十九歳でバンドを脱退、ニューヨークに行き、妻と離婚。

メンフィスに戻ったチルトンは、クリストファー・ベル、アンディ・ハンメル、ジョディ・スティーブンスと、アルデント・スタジオでセッションをはじめ、ビッグ・スターとして再デビューした。

一九七三年前後に、チルトンは、――おそらく――タブ・ファルコの紹介でウィリアム・エグルストンと出会っている。

アンディ・ハンメルの証言
「ビルは、とんでもない厄介者――"major hell raiser"――だった。僕はアレックスと一緒だったんだ、バーで。たしかに、俺たちもかなり呑んでいた。そこにビルがやってきて、非道い事になった。一晩中、あらゆる種類の薬を、あらゆるやり方でやった。解ると思うけれど、とにかく非道かった。で、ジャケットの話をしたのさ、アレックスがね。俺もビルのテクニックは凄いと思ったし、本物の輝きをもっていると感じたのさ。その後、月曜にオバトーン・スクエアのクラブにいった。月曜はロック・ナイトだったんだ。街中で一番、厄介な夜で、DJは古いシングルをかけて、いつも満員だった。そこでビルと会って、あの、天井に電球がついている写真はどうか、と云われたんだ。俺は、完璧だと思ったよ、バッチリだってね。けれど、ビルの奴は、写真の意味だの、デザインだのの話は全然しない。魚みたいに酒を呑み続けるだけ。見つけられるだけの二十歳の女の子に絡んで、口説いて、写真を撮っていた。素晴らしい写真だったけどね、後で見たら。でも、あいつが、魚みたいに大酒を呑んでいたのも、事実さ」

（*Big Star*, Rob Jovanovic）

その後、CBSが、エグルストンの写真を使用することに反対する一幕の後、一九七四年一月、セカンド・アルバム“Radio City”がリリースされている。

この間の経緯が、レコード会社との関係を悪化させると共に、バンドを崩壊に導いていった。いや、チルトン自身が崩壊しつつあった。

スタジオに現れるとチルトンは、デメロールを注射器で喉にうった。

ジョディ・スティーブンス以外のメンバーが逃げてしまったため、エグルストンが、ピアノを弾いた。惨憺たる状況のなかで、ビッグ・スターの、三枚目のアルバムは制作された。よくある話だ。

初出一覧

「露伴彬彬――露伴的近代のためのノート」(『文學界』一九九六年五月号、八月号、一九九七年九月号、一二月号)
「ヨーロッパの死――トーマス・マンとフルトヴェングラー」(『文學界』一九九八年六―八月号、一一―一二月号、一九九九年一―二月号、七―八月号、一〇―一一月号、二〇〇〇年三月号、一一月号、二〇〇一年五月号)
「アドルフ・ヒトラーとハイデガー哲学――テクネーによる「本来性」の喚起」(『批評空間〔第二期〕』一九九六年六月号、一九九七年一月号、一九九九年七月号)
「テンス、テラー&テロワール」(『新潮』二〇一〇年一月号、五月号)

福田和也（ふくだ・かずや）

1960年東京生まれ。慶應義塾大学文学部仏文科卒。同大学院修士課程修了。慶應義塾大学環境情報学部教授。1989年、『奇妙な廃墟――フランスにおける反近代主義の系譜とコラボラトゥール』（国書刊行会）を刊行し、文筆家としての活動を開始。1993年、『日本の家郷』（新潮社）で三島由紀夫賞を受賞。『甘美な人生』（ちくま学芸文庫）で平林たい子文学賞、『地ひらく――石原莞爾と昭和の夢』（文春文庫）で山本七平賞、『悪女の美食術』（講談社文庫）で講談社エッセイ賞を受賞。『現代人は救われ得るか――平成の思想と文芸』（新潮社）、『人間の器量』『死ぬことを学ぶ』（新潮新書）、『昭和天皇』全七巻（文春文庫）、『大宰相・原敬』（PHP研究所）、『鏡花、水上、万太郎』（キノブックス）等著書多数。

ヨーロッパの死

未完連載集

2018年1月10日　第1刷印刷
2018年1月25日　第1刷発行

著者　福田和也

発行人　清水一人
発行所　青土社
東京都千代田区神田神保町1-29　市瀬ビル　〒101-0051
［電話］03-3291-9831（編集）　03-3294-7829（営業）
［振替］00190-7-192955

印刷・製本　シナノ印刷

装幀　菊地信義

ISBN 978-4-7917-7031-1　Printed in Japan